中国传媒教育观察

2024

主编 ◎ 赵 倩

CHINESE MEDIA
EDUCATION REVIEW

中国传媒大学 出版社
·北京·

目　录

● 传媒思考

3　生成式人工智能传播中的网络环境治理
　　——以 Sora 为例
　　程　平

13　大数据时代背景下新闻特性的变化研究
　　凡娅慧

22　数字化时代下的品牌公关：社交媒体平台的运用与消费者参与
　　王文琦

31　粉丝文化视域下大学生追星现象的现状及引导策略
　　王笑童

37　传统新闻媒体在新媒体时代下的机遇与挑战
　　辛逸乐

43　参与式文化视域下湖北乡村振兴的视听传播创新研究
　　薛　丹　冯小桉

53　从 UGC 到品牌营销新趋势
　　——新新媒体下微电影的特点、反思与展望
　　张少君

60　老龄化社会语境下广告中的老年群体媒介形象偏差及其优化路径
　　赵一楠

● 课程思政

71 浅析提升马克思主义新闻观课程教学效果的多维路径
邓翠平

79 传媒类专业课程思政创新
宫 璇

86 影视特效后期制作课程中的思政教育探索
宋博雅

94 地方高校广播电视学专业实践类课程思政教学改革研究
——以武汉传媒学院广播电视学专业为例
杨慧霞

102 艺术学概论课程思政实践策略探析
张沅逸

● 人才培养

113 AIGC时代播音主持人才培养路径展望
——素养、情感与立场
曹泽壮

123 产教融合视域下新闻传播类专业校企协同育人模式的探索与实践
——以武汉传媒学院数字影像实验班建设为例
杜 溪

133 新文科视域下应用型英语人才培养模式探索
洪 俊

141 融合型人才培养背景下的电影史课程教学探究
万丽娅

152 民办高校"大数据＋传媒"师资建设的挑战与策略
——以武汉传媒学院为例
王玲玲

实践教学

161 面向有声阅读新业态
——产教融合视角下配音实践教学革新探索
李 娟 程 骥

169 动画类短视频在视听领域的应用与探析
卢 愿

175 数据新闻课程：线上线下融合教学模式的探索与实践
马 旻

184 浅析人工智能技术 AIGC 在传媒教学中的影响及应用
毛 艳

192 新文科背景下网络与新媒体专业课程体系改革研究
杨开源

199 新闻采访类课程虚拟仿真实验教学项目建设现状及思考
——以"三农"主题新闻报道中的融媒体采访虚拟仿真实验为例
赵 倩

206 项目任务驱动教学法在"数字界面设计"课程中的应用研究
赵雅婷

传媒思考

生成式人工智能传播中的网络环境治理
——以 Sora 为例*

Generate Network Environmental Governance in Generating Artificial Intelligence
—Take Sora as an Example

◆ 程 平

Cheng Ping

摘要：作为一种新兴技术，生成式人工智能（Generative AI）在传播和应用中对网络环境治理提出了新的挑战，比如，Sora 的出现就引发了关于网络环境治理的广泛讨论。本文立足 Sora 给网络环境治理带来的挑战，以问题为导向，探讨解决措施及策略。

Abstract: As an emerging technology, generating artificial intelligence (General AI) puts forward new challenges to the governance of network environment in spreading and application. For example, the emergence of Sora has triggered a widespread discussion on network environment governance. Based on the challenges, problem-oriented, and discuss solution measures and strategies for SORA to the network environment governance.

关键词：生成式人工智能；网络治理；Sora 技术

Keywords: Generate Artificial Intelligence, Network Governance, Sora Technology

引 言

随着科技的飞速发展，生成式人工智能（Generative Artificial Intelligence，简称GAI）已逐渐渗透到我们生活的方方面面，成为推动社会进步的重要力量。然而，伴随着其应用的广泛深入，一系列问题和挑战也浮出水面，尤其是在传播领域。如何有效地进行网络环境治理，保障信息安全，防止虚假信息的传播，已成为一个亟待解决的问题。

Sora 作为一种新型的生成式人工智能模型，它的出现不仅验证了多模态大模型在 AI 技术竞赛中的重要地位，同时也引发了关于其可能带来的社会影响的广泛讨论。一方面，Sora 的出现可能会对广告、电影、短视频和游戏行业产生颠覆性的影响，推动相关行业的创新发展；另一方面，由于 Sora 具有强大的生成能力，如果被用于传播虚假信息或进行恶意操作，则可能会对整个社会造成严重的危害。

因此，本文旨在探讨生成式人工智能在传播中的网络环境治理问题，以 Sora 为例，分析其在网络环境中所面临的潜在风险和遇到的挑战，并提出相应的治理策略和建议。本文首先将对生成式人工智能的定义、特点及其在传播领域的应用进行概述，然后分析生成式人工智能技术在网络传播中所具有的发展潜力与面临的挑战，根据 Sora 的特点，剖析其在传播领域的应用前景，探讨相关问题，最后提出相应的治理策略和建议。

一、生成式人工智能的定义

生成式人工智能是一种能够自动生成新颖的、有价值的输出内容的人工智能技术。与传统的人工智能系统主要依赖于模式识别、预测和分析不同，生成式人工智能的主要目标是创建和生成全新的、原创性的内容，如文本、图像、音频和视频等。

二、生成式人工智能的特点

(一)创新性

生成式人工智能能够自主生成前所未有的高质量内容，而不仅仅是重复或模仿已有数据。无论是文本、图像、音频还是视频，GAI 都能够创造出多种风格、主题和表现形式的作品。这种创新性使得 GAI 在内容创作领域具有显著优势，能够为用户提供更加多元化的选择。在某些情况下，这种创新性甚至可能超越人类的水平，为我们带来前所未有的艺术、文学或科学成果。

(二)多元性

生成式人工智能可以自动生成文本、图像、音频、代码、三维模型甚至虚拟现实等多种形式的数字内容，它集高逼真度、高自动化、强可扩展性、高灵活性于一体，正逐步改变我们的生活与工作方式。在图像、音频、视频处理领域，GAI 已被用于生成逼真的图片、画作、插图等。例如，通过 Sora 技术，GAI 可以生成逼真的动画、特效、背景等，为电影、游戏、广告等行业提供新的创作手段[①]。

(三)自主性

生成式人工智能能够在无人类干预的情况下自主生成内容，提高了生成内容的效率和规模。

三、生成式人工智能在传播领域的应用

(一)内容创作

生成式人工智能不仅可以用于创作新闻、博客、小说、诗歌等文本内容，也可以用于生成图像、视频、音频等多媒体内容。这种自动化的内容创作方式可以大大提高媒体机构的生产效率和内容多样性。

(二)社交媒体

生成式人工智能可以用于生成个性化的社交媒体内容，如个性化推文、状态更新等。同时，它也可以帮助社交媒体平台识别和过滤虚假信息，提高信息的真实性和可信度。

(三)广告营销

生成式人工智能可以根据消费者的偏好和行为生成定制化的广告内容，提高广告的针对性和有效性。同时，它也可以帮助广告主分析消费者的购买习惯和行为模式，优化营销策略。

(四)新闻聚合

生成式人工智能可以从大量的新闻源中筛选出有价值的信息，生成简洁明了的摘要或报告，帮助读者快速了解新闻动态和主要观点。

---

① 汪超,马亮亮,张凯伦,等.基于人工智能方法的信息传播网络重要节点识别[J].科学技术创新,2023(27):93-96.

生成式人工智能在传播领域具有广阔的应用前景,它不仅可以提高内容创作的效率和质量,优化社交媒体的信息流,提高广告营销的效果,同时也能够帮助读者更好地理解和分析新闻事件。然而,随着生成式人工智能的发展和应用,我们也需要注意其可能带来的伦理和隐私问题,如信息真实性、版权保护等,这要求我们在技术发展的同时,加强相关法规和伦理标准的制定和实施。

四、生成式人工智能技术在网络传播中面临的诸多挑战

人工智能技术,特别是生成式人工智能技术(如 Sora)的发展,在网络信息传播领域引发了一场显著变革。这种技术不仅加速了信息的传播速度,改变了传播方式,同时也带来了一系列治理挑战。

(一)内容爆炸与审核能力严重不足

随着人工智能技术的普及,网络内容的数量呈爆炸式增长。传统的内容审核模式因其依赖人工操作,难以应对如此海量的信息流,效率低下且成本高昂。自动化的算法审核虽然提速了处理过程,但依然存在误判和漏判问题,尤其是在复杂情境下的判定。此外,人工智能的误用,如生成虚假新闻和深度伪造内容,更是增加了从外观上辨别真伪的难度,对网络信息的真实性和中立性构成了严重威胁。

(二)算法偏见与不透明

"黑箱"效应是人工智能系统的一大问题,用户难以理解甚至无法得知算法的具体决策过程,这无疑增加了治理的复杂性和难度。算法的设计和训练依赖的数据可能带有某种偏见,导致输出结果存在一定的歧视性,这在内容推荐等应用中尤为明显,可能导致信息茧房和社群极化,进一步加剧社会分裂。

(三)隐私泄露与数据安全

人工智能系统在采集和处理大量个人数据的过程中,隐私泄露和数据滥用的风险极高。这不仅对个人隐私权的保护提出了更高的要求,还可能加剧数字鸿沟,使得资源和信息的获取在不同群体、地区之间产生更大的不平等。

(四)国际合作与治理机制缺失

人工智能的全球性特征要求国际协同治理。然而,目前国际上缺乏有效的合作机制和

统一的治理规则,这使得全球范围内的网络环境治理面临挑战。同时,人工智能技术的快速发展,使得现有的法律法规难以跟上技术进步的步伐,导致治理手段更新滞后于技术发展。

(五)技术安全性与道德挑战

人工智能系统在军事和安全领域的应用需要保证严格的治理措施,以防止技术滥用或引发安全事故。同时,人工智能引发的伦理和道德问题,如责任归属、人机关系等,也为网络环境治理带来了新的挑战。这些难点和问题表明,人工智能的健康发展需要全社会的共同努力,包括技术创新、法律法规的完善、伦理指导的明确以及国际合作的加强。只有这样,才能确保技术带来的利益最大化,同时降低潜在的风险和负面影响。

五、Sora:生成式人工智能传播领域的新星及其潜在风险

不可否认,生成式人工智能技术给人们带来了许多创新和便利,但同时也为网络骗局提供了新的机会。以 Sora 为例,虽然它为用户提供了强大的内容生成和编辑功能,但如果不加以妥善管理和规范使用,则很容易被不法分子利用在网络空间实施欺诈活动。

作为一种新型的 AI 技术,Sora 具有强大的视频生成能力,能够根据用户提供的文本提示,快速生成高质量视频内容。与此同时,这一技术的引入将对互联网环境产生深远影响,也势必会给产业带来更大的冲击。在赞美其惊人潜力的同时,我们也不得不正视 Sora 技术所带来的伦理挑战。

数字影像艺术家们正面临着一个新的现实:他们的工作是否会被这些日益智能化的机器所取代?而当技术以前所未有的速度生成逼真影像时,那些致力于识别网络虚假信息的倡议者们更是感到忧心忡忡。他们担心,Sora 可能会被滥用,成为制造和散布虚假信息的工具,从而让网络信息的真实性变得越发难以甄别。在数字化时代,人们对信息的制作和发布几乎不设任何门槛,网上内容灿若星辰,随之而来的信息泛滥现象也随处可见。用户周围充斥着大量的信息,分辨真假成了难题。虚假信息如假新闻、网络谣言以及误导性内容等,借助于网络传播速度快、广覆盖面等特点,在大众当中快速蔓延,给社会带来的危害是不言而喻的。这些虚假信息在传播过程中不仅会歪曲公众认知,还会损害健康信息生态,造成恐慌,误导决策甚至操控公众情绪,威胁民主制度。Sora 技术是一种新出现的网络技术,虽然大大改善了用户的互动体验,但是

它也会被误用来迅速传播虚假信息。比如通过增强现实、虚拟现实等技术,将虚假信息表现得越来越真实、越来越难识别,从而给网络环境治理带来了更多的挑战。质量与真实性都很难控制的信息,正在成为网络文化传播过程中的巨大阻碍,这迫切需要社会各界通力合作,借助技术手段与法律法规对网络环境进行净化。

首先,随着生成式人工智能技术的兴起,视频内容的生成变得极为简单。这一技术的普及,特别是在深度伪造技术方面,大大增加了网络信息真假难辨的程度。一些政治人物,如印度总理莫迪、日本首相岸田文雄等,已经成为AI合成视频的制作对象。这些合成内容的真实性难以辨别,极易误导公众,引发社会混乱。因此,如何有效识别和管理这些内容,保证信息的真实性,成为亟须解决的问题。Sora作为一个智能平台,其生成的视频内容往往具有较高的逼真度和可信度。这使得骗子可以轻松地制作虚假的视频信息欺骗用户,如伪造公司领导的图像、假冒产品广告等。由于这些视频内容看起来非常逼真,很多用户很难辨别其真伪,从而上当受骗。

其次,在知识产权和隐私保护方面,生成式人工智能在创造内容时,常常需要消耗大量数据,这些数据可能涉及版权和个人隐私。例如,Sora等模型在训练过程中必须使用大量的数据,如何确保这些数据的来源合法性,尊重并保护原创者的知识产权,同时防止个人隐私泄露,是网络环境治理中的重大挑战。这不仅要求技术手段的改进,更关涉法律和道德的界定。Sora的智能编辑功能也为骗子提供了便利。他们可以利用这些功能对视频进行篡改、拼接或添加虚假信息,使其看起来更加逼真和可信[①]。例如,骗子可以通过替换视频中的背景、添加虚假字幕或声音等方式,制造虚假的场景或事件,进一步诱导用户上当受骗。

此外,在社会伦理和法律监管方面,生成式人工智能技术的应用必须遵循社会伦理规范和法律规定。当前,如何建立和完善法律体系,对人工智能输出的内容实施有效监管,防止其用于煽动暴力、制造和传播虚假信息等非法用途,是治理的关键。这需要政府、技术开发者以及社会各界共同参与,制定明确的法律法规和道德准则,确保技术的健康发展与应用。

在信息时代,网络环境的复杂性和动态性要求公众不仅要有基本的信息技能,还需要具备辨识信息真伪的能力。通过加强治理和实施教育,公众能够提高对信息安全的警觉性,增强个人在网络空间中的防护能力。例如,政府和教育机构可以合作开展公众教育项目,教授网络安全知识和技能,同时推广数据保护的法律知识,增强公众的隐私保护意识。一个健全的网络综合治理体系,不仅可以保护个体和社会免遭信息化

---

① 苗文韬.人工智能条件下网络视听传播治理机制的完善与发展[J].传媒论坛,2022,5(1):33-35.

带来的潜在风险,还能够提升国家信息化建设的整体水平,推动社会和经济的全面发展。因此,加强对人工智能传播中的网络环境治理的研究和实践,不断完善和优化网络环境治理体系,对于维护网络空间的秩序和安全、促进人工智能技术的健康发展以及增强人民群众的安全意识和信息素养都具有十分重要的意义。

人工智能技术的迅猛发展和广泛应用带来了一系列的网络环境治理难点和问题,这些问题不仅涉及技术实现的复杂性,还包括伦理、法律和社会层面的挑战。

六、生成式人工智能传播中的网络环境治理措施及策略

(一)完善人工智能传播下的网络环境治理相关法律法规

为应对网络治理中的挑战,特别是面对生成式人工智能技术(如 Sora)的应用与潜在风险,采取多方位的完善网络空间治理的法律法规举措和策略是至关重要的。

1.数据收集与使用原则

明确数据收集的目的、范围和方式,并严格限制对收集到的数据的滥用。数据收集应基于用户的明确同意,并遵循最小必要原则。同时,应建立数据使用的伦理准则,确保数据的合法、正当和必要使用。制定严格的数据加密和存储标准,确保数据的机密性、完整性和可用性。企业和机构应采用先进的数据加密技术,对数据进行加密处理,防止数据泄露和非法访问。同时,建立数据备份和恢复机制,确保数据的安全存储和可恢复性。规范数据分享和第三方使用的行为,确保数据的合法、合规和可控分享。明确数据分享的范围、方式和条件,并建立相应的数据共享机制,促进数据的合理利用。对第三方使用数据的行为进行严格监管,确保数据不被滥用和泄露。

2.建立人工智能立法框架

制定针对人工智能的专门立法框架,明确人工智能技术的法律地位、权利和义务。该框架应涵盖人工智能的研发、应用、管理等方面,确保人工智能技术在合法、合规和可持续的道路上发展。明确人工智能技术的研发者、使用者和用户等各方的权利和义务。研发者应承担技术安全、数据保护等责任;使用者应遵守法律法规,不得滥用人工智能技术;用户应享有知情权、同意权等合法权益。建立多层次的网络空间法律体系,包括国家法律、行政法规、部门规章等。确保各层次法律法规之间的衔接和协调,形成完整的法律体系。同时,鼓励各地根据实际情况制定地方性法规和政策,以适应不同地区的实际需求。

3.严格执法与监管

加强对人工智能传播下网络空间的执法和监管力度。建立健全的执法机制和监管体系,确保法律法规的有效实施。对于违反法律法规的行为,应依法予以处罚和制裁,维护网络空间的秩序和安全。随着人工智能技术的不断发展和应用场景的不断拓展,相关法律法规也需要不断更新和完善。因此,应建立法律法规的更新机制,及时修订和更新相关法规[1]。同时,对于法律法规的解释和适用问题,应建立相应的解释机制和指导意见,以确保法律法规的正确理解和适用。

总之,完善人工智能传播下的网络空间法律法规是一项长期而艰巨的任务,需要政府、企业、社会各界共同努力,共同推动相关法律法规的完善和实施,为人工智能技术的健康发展提供坚实的法律保障。

(二)强化人工智能传播下的网络环境治理信息监管和技术手段创新

为了迎接新时期网络环境治理所面临的挑战,有必要制定实施战略,其核心则是要强化信息监管,不断创新技术手段。信息监管既涉及非法、有害信息屏蔽,又涉及网络舆论引导、健康内容宣传。监管机构有必要借助高效技术手段,实现网络空间实时监控和快速反应,保障网络环境澄澈。就技术手段创新而言,可利用人工智能、大数据分析等现代信息技术来提高监管精确度与效率。人工智能不仅能够对海量数据信息进行快速识别、筛选违规内容,还能对用户行为进行学习,对潜在风险进行预测与预防。大数据分析可以勾画出网络环境的总体状况,并为决策过程提供必要的数据依据。更进一步,技术手段上的革新也应该注重隐私保护和信息安全。在进行规制时,应保证用户个人数据不会被误用,并保持网络空间信任基础。比如引入区块链技术,能够跟踪并验证信息,增强数据的透明度及不可篡改性,同时不会侵犯用户隐私。信息监管机制需具有灵活性与前瞻性,以适应瞬息万变的网络环境。监管政策与技术手段要不断更新,以满足社会进步与技术发展的要求。

(三)提升网络用户的信息素养与意识形态引导

在新时期网络环境下,网络用户信息素养的提高与有效意识形态引导并重。网络用户教育的关键是提高用户的网络信息判断力,让他们能够识别并抵制错误信息,养成良好的网络行为习惯。其方式有多种,如公共服务广告、在线教育课程及互动式学

---

[1] 张志勇,荆军昌,李斐,赵长伟.人工智能视角下的在线社交网络虚假信息检测、传播与控制研究综述[J].计算机学报,2021,44(11):2261-2282.

习平台等,网络用户的信息素养也可以融入学校教育体系中。这些教育活动应当涵盖不同年龄层、不同社会群体,以保证所有网络用户均能获得系统性网络素养教育。为了有效地引导意识形态,媒体和网络平台的主动参与是不可或缺的,通过制作并宣传优质内容,能够塑造积极的网络文化并引导用户树立正确价值观。

另外,在意识形态引导上还要讲究方法与策略,尊重使用者的个性与多样性,切忌简单、粗暴地进行宣传。与此同时,也应该加强对网络舆论领袖、意见领袖等的培育,积极发挥他们的影响力。他们在网络环境中扮演着至关重要的角色,在塑造网络舆论和提升网络文化水平方面起到决定性的作用[1]。

(四)加强网络环境舆情监测与应对机制

在数字化时代,加强网络环境的舆情监测与应对机制是维护社会稳定和网络秩序的关键措施[2]。随着信息技术的高速发展和网络信息量的急剧增加,传统的舆情监控方法已不足以应对快速变化的网络环境。因此,监管者需要引入更先进的技术手段,如机器学习和语义分析,以提高监测的效率和准确性。这些技术能够自动化地处理和分析大规模数据,有效识别和预测潜在的舆情危机,从而为及时决策提供支持。此外,建立一个有效的舆情应对机制也至关重要。这不仅要求监管机构能够迅速捕捉到关键信息,更要能够有效地管理和引导舆论,确保信息的准确传达。在发现可能引发社会不稳定或引起广泛关注的信息时,应迅速启动应急机制,通过官方渠道发布准确信息,以稳定公众情绪并防止不实信息和谣言的扩散。同时,应对机制还应包括与公众的互动,比如开设反馈渠道,让公众能够报告可疑信息,参与舆论监督,增强监测系统的覆盖面和反应速度。

(五)加强生成式人工智能传播下网络治理的国际合作

加强生成式人工智能传播下网络治理的国际合作,需要各国政府、国际组织、社会各行各业和学术界的共同努力和协作。通过建立合作框架、促进信息共享、加强技术研发与合作、推动标准互认和规范化等措施,我们能够更好地应对生成式人工智能传播带来的网络治理挑战。在加强技术研发与合作方面,各国应共同投资研发网络安全技术,包括但不限于生成式人工智能的监控、检测和防御技术。通过跨国界的技术合

---

[1] 张文,王强,杜宇航,张思光.微博科普中"人工智能"网络传播案例研究[J].中国石油大学学报(社会科学版),2021,37(5):98-105.
[2] 曹剑侠.人工智能技术在网络舆情大数据传播特征挖掘中的应用[J].信息与电脑(理论版),2021,33(8):168-170.

作,共同应对技术挑战。与此同时,鼓励各国政府在网络安全标准、数据保护、隐私政策等方面实现互认,减少技术壁垒和监管冲突。加强跨国界的网络安全培训和教育合作,提高各国在网络安全领域的专业能力和意识。另外,针对生成式人工智能传播下的网络犯罪,各国应建立多边合作机制,加强执法合作,共同打击跨国网络犯罪活动。

结束语

在新时代浪潮下,生成式人工智能传播的网络环境治理之路也许充满了挑战,却又蕴含着无限的可能性。在信息泛滥、隐私和数据安全受到威胁、文化多样性维护困难、网络法规不健全的情况下,我们更不能畏缩不前,而是应该主动拥抱技术创新并借助 Sora 等新兴工具进行探索和实践。Sora 等生成式人工智能技术的发展,为网络环境治理带来了新的挑战,同时也提供了新的机遇。一方面,应加强技术监管,完善法律法规,建立有效的舆情监测与应对机制,另一方面,要推动国际合作,提升网络用户的信息素养,鼓励行业自律,以有效应对这些挑战,营造一个安全、有序、法治的网络环境,促进生成式人工智能技术的健康发展。

(程平,武汉传媒学院副教授)

大数据时代背景下新闻特性的变化研究

Research on the Change of News Characteristics in the Era of Big Data

◇ 凡娅慧

Fan Yahui

摘要：在大数据时代的浪潮中，新闻传播的方式经历了深刻的变化，直接导致传统的新闻传播理念和方法面临前所未有的挑战。为了应对这一变革并提升新闻传播的质量，我们需要不断探索新闻传播方式的新变化。本文聚焦于大数据时代背景下的新闻特性变化，深入探讨了新闻特性变化的原因、主要表现形式及其带来的深远影响。同时，针对当前新闻传播过程中存在的问题，提出了具有针对性的合理建议，旨在推动大数据时代背景下新闻特性的有效变革，更好地理解大数据时代新闻传播的本质，进而为新闻传播领域的发展提供新的思路和方法。这不仅有助于提升新闻传播的质量，也将推动整个新闻传播行业的进步。

Abstract: In the wave of big data era, the way of news communication has undergone profound changes, which directly leads to the unprecedented challenge to the traditional idea and method of news communication. In order to cope with this change and improve the quality of news communication, we need to constantly explore new changes in the way of news communication. This paper focuses on the changes of news characteristics under the background of big data era, and deeply discusses the reasons, main forms and far-reaching effects of the changes of news characteristics. At the same time, in view of the problems existing in the current process of news communication, this paper puts forward targeted and reasonable suggestions, aiming to promote the effective reform of news characteristics in the era of big data, better understand the nature of news communication in the era of big data, and then provide new ideas and methods for the development of news communication field. This will not only help to improve the quality of news communication, but also promote the progress of the entire news communication industry.

关键词：大数据；新闻特性；内容生产；传播方式

Keywords: Big Data, News Characteristics, Content Production, Communication Methods

在新闻传播领域，大数据技术的广泛应用正推动着行业内部的深刻变革。本文将从学术研究角度系统探讨在大数据时代背景下，新闻传播特性所经历的变化，并分析其背后的驱动因素。此外，还将对未来的发展趋势进行前瞻性预测。期望通过这项研究，为新闻传播行业的创新和发展提供坚实的理论支撑和实践指导。

新闻特性是指新闻作为一种特定的信息传播形式所具备的固有属性，这些属性使其与其他信息类型相区别。传统的新闻特性主要包括真实性、实效性、准确性、公开性和客观性这几个方面。

这些传统的新闻特性是新闻行业在长期发展过程中形成的，也是新闻工作者在新闻报道中必须遵循的基本原则。随着时代的发展和技术的进步，新闻的传播方式和报道形式也在不断变化，但新闻的这些基本特性仍然是其不可或缺的重要组成部分。

本文的研究焦点在于大数据时代背景下新闻特性的转变，将深入探讨引发这种变化的原因、新闻特性转变的主要表现形式及其所带来的影响。同时，还将针对当前新闻传播过程中存在的问题提出合理的建议，以推动新闻特性在大数据时代背景下的有效变革，进而引导新闻传播行业在大数据时代的挑战和机遇中找到新的发展方向和策略，推动新闻行业的持续进步和发展。

一、大数据时代背景下新闻传播特性的转变

在大数据的驱动下，新闻传播的特性经历了深刻的变化，这些变化不仅重塑了新闻行业的面貌，也极大地影响了受众的新闻消费习惯。随着数据技术的不断发展和应用，新闻传播已经从传统的以文字为主，逐渐转向多媒体、交互式和个性化的传播方式。

新闻传播行业正在迎来一个全新的时代。新闻机构需要不断适应和把握这一变革，积极运用新技术和新手段，提升新闻的质量和影响力；同时，受众也应加强对数据新闻的认知和理解，更好地利用大数据技术获取所需的新闻信息，以满足自身的需求。

(一)新闻来源多样化

以往,传统媒体如电视、报纸、广播等是新闻传播的主要途径,新闻来源相对单一。然而,随着大数据时代的来临,新闻传播渠道呈现出多样化的趋势。大数据技术的迅猛发展,不仅改变了新闻传播的格局,也为新闻行业带来了前所未有的变革。

在这一背景下,互联网公司纷纷利用大数据技术开发新闻产品,通过各种渠道采集和发布新闻。例如,百度公司在2016年推出的"百家号"服务,便是一个典型的案例。该服务通过大数据技术收集用户的搜索信息,经过整合分析,再通过多种渠道将信息呈现给用户,这不仅丰富了新闻来源,还增强了新闻的时效性和针对性。

新闻线索的来源多样化是大数据时代发展的必然趋势。对于传统媒体而言,要适应这一变革,就必须不断进行创新和改革。通过融合大数据技术和传统新闻采编经验,传统媒体可以进一步提升新闻报道的质量和效率,满足受众对实时信息的需求。

此外,大数据技术的应用还极大地提升了新闻传播的实时性和动态性。通过实时数据采集和分析,新闻报道能够迅速捕捉和呈现事件的最新进展,确保受众在第一时间获得准确、全面的信息。这种基于大数据的新闻生产方式,不仅提高了新闻报道的时效性,也增强了其吸引力和影响力。总而言之,新闻来源的多样化、实时性的提升以及动态性的增强,都是这一变革的重要体现。面对这一趋势,传统媒体和新媒体都需要不断创新和改革,以适应新时代的发展需求①。

(二)新闻内容数据化

在大数据时代的浪潮之下,新闻信息传播及其渠道已经经历了显著的变革。传统的新闻报道方式已逐渐显露出其局限性,无法满足当前社会发展的多元需求。大数据技术的兴起,赋予了新闻媒体全新的机遇与挑战。面对这一变革,新闻媒体从业者应积极拥抱大数据,将数据的收集与整理纳入日常工作中,通过对数据信息的深度分析,为新闻报道提供精准、可靠的参考和支撑。新闻工作者必须不断地创新报道方式与传播策略,提高数据处理的能力,借助数字化技术,探索新颖的新闻报道形式。

值得一提的是,新闻媒体可以利用大数据技术的优势,对海量数据进行分类、整理与分析,并将其转化成可视化内容。这不仅满足了公众对新闻信息的需求,也极大地提升了新闻报道的吸引力和关注度。

---

① 张昊鹏,何璐璐.大数据环境下主流媒体记者的转型与创新[J].中国传媒科技,2017(10):65,66.

除此以外,数据新闻正逐渐成为新闻报道的新趋势[①]。它运用数据进行分析与解读,为公众提供更为客观、准确的新闻信息。同时,可视化技术的应用也显著提升了新闻报道的直观性和易懂性,极大地丰富了受众的阅读体验。在大数据背景下,新闻媒体应当充分发挥数据的价值[②],推动新闻内容的数据化,以创新报道方式和传播策略,为公众提供更加有价值、有意义的新闻内容。

(三)传播方式互动化

新闻传播领域中的传播方式已发生深刻变革,不再局限于传统的单向信息传递,而是逐渐演变为双向乃至多向的互动交流。这一转变主要得益于社交媒体、评论区等新型平台的涌现,使得受众能够积极参与新闻的讨论和传播,进而塑造出一种全新的新闻传播生态。

特别是在现阶段,新闻传播方式日趋互动化,极大地促进了受众与新闻内容之间的沟通交流。受众的地位在此过程中得到了显著提升,他们不仅能够更加深入地参与到新闻传播的过程中,还能够对新闻内容进行及时有效的反馈。

随着大数据时代的来临,新闻传播平台亦经历了显著的变化。这些变化主要体现在传播形式的多样化、信息来源的多元化以及互动交流方式的丰富化等方面。在这一背景下,受众与新闻内容之间得以建立起良好的互动关系,他们不仅能够及时反馈对新闻内容的看法,还能更加便捷地获取有效的信息,从而更好地满足自身的信息需求。

(四)受众体验个性化

新闻机构开始利用用户画像分析来更准确地把握受众的兴趣爱好和需求偏好。这种基于大数据的分析方法使得新闻机构能够提供个性化的新闻推送服务,满足受众的多样化需求。定制化新闻逐渐成为趋势,使用户都能够获取到符合自己需求的新闻内容。

国内一些知名的新闻 App,比如腾讯新闻和网易新闻,近年来通过引入大数据技术和用户画像分析,成功实施了个性化新闻推送服务。App 首先收集用户的浏览历史、搜索记录、点赞和评论等数据,通过复杂的算法分析出用户的兴趣爱好和需求偏好。例如,如果用户经常浏览科技类新闻,并点赞了多篇关于人工智能的文章,系统就会将这些信息作为依据,自动为用户推荐更多关于人工智能领域的新闻。此外,App

---

① 李小龙.大数据视阈下电视新闻采编的创新路径研究[J].中国传媒科技,2019(4):31-33.
② 徐蕾.大数据时代传统媒体如何提升竞争力[J].科技传播,2019,11(21):57-58.

还注重新闻内容的多样化表现形式。除了传统的文字新闻之外,它还能够提供丰富的图片、视频和音频报道,以及针对不同用户的个性化排版和设计风格。比如,对于喜欢科技类新闻的用户,它会采用更加简洁明快的排版风格,并配以高清的科技产品图片或视频,以增强用户的阅读体验。通过这种个性化推送服务,App成功吸引了大量用户,提高了用户黏性和满意度;另外,由于推送的新闻内容更加符合用户的兴趣和需求,用户阅读新闻的时间也会相应增加,进一步提升了新闻传播的效果。

受众的个性化需求越来越明显,人们已经不满足于传统的新闻传播模式,因此,新闻机构需要在传播过程中结合大数据技术,对信息进行深入的收集和整理,以提供更加个性化的服务。新闻信息可以通过多样化的表现形式来满足人们的个性化需求。这种多样化的表现形式不仅包括文字、图片、视频等多媒体元素,还包括个性化的排版和设计风格。通过这些多样化的表现形式,新闻机构能够更好地满足受众的个性化需求,提升新闻传播的质量和效果。

二、促使新闻传播特性产生变革的主要因素

新闻传播特性的变化受到多种复杂因素的影响,其中最为显著的是技术发展与创新、受众需求与行为变化,以及媒体竞争与市场环境这三点因素。这些因素不断地对新闻传播产生深刻影响,使其特性发生了显著的变化。

(一)技术发展与创新

技术发展与创新是推动新闻传播特性变化的核心动力。随着大数据技术的迅猛发展,尤其是数据挖掘、分析和可视化等先进技术的广泛应用,新闻传播领域迎来了前所未有的变革机遇。这些技术不仅极大地拓展了新闻报道的深度和广度,使记者和编辑能够以前所未有的方式挖掘和处理新闻事件,同时也推动了新闻传播方式的革新,使其更加适应数字化时代的需求。

在移动互联网的快速发展推动下,新闻传播的方式和手段日益多样化。社交媒体的崛起,使得每个人都可以成为新闻的传播者和接收者,信息传递的速度和覆盖面得到了前所未有的提升。此外,人工智能、大数据等前沿技术的应用,更是为新闻传播带来了革命性的变化。例如,通过大数据分析,媒体机构可以更加精准地把握受众需求,实现个性化内容推送;人工智能技术的应用则能够辅助新闻采编工作,显著提高新闻

生产的效率和质量①。

技术发展与创新不仅拓展了新闻报道的广度和深度,还推动了新闻传播方式的革新,使其更加适应数字化时代的需求。随着未来技术的不断进步和创新,新闻传播领域将迎来更加广阔的发展空间和无限的可能性。

(二)受众需求与行为

受众需求与行为的变化对新闻传播特性产生了深远影响。在大数据时代背景下,受众的新闻消费习惯发生了显著转变,他们更加关注新闻的实时性、个性化、交互性和可视化。这种变化直接引领了新闻传播的发展方向,促使新闻机构积极调整并优化传播策略,以满足受众日益多元化的需求。

随着现代社会生活节奏的加快和生活方式的日益多样化,受众对新闻的需求也发生了显著变化。他们更加注重新闻的时效性和实用性,期望在获取新闻的同时能够参与其中,进行互动和交流。这种受众行为的变化是推动新闻传播特性变革的重要力量,促使新闻媒体不断调整自身的传播策略,以更加符合受众需求的方式进行新闻传播。

新闻传播领域需要密切关注受众需求与行为的变化,并灵活调整传播策略,通过优化新闻传播方式,更好地满足受众的需求,增强新闻传播效果,进一步推动新闻传播的健康发展。

(三)媒体竞争与市场环境

在当下白热化的媒体竞争中,新闻机构为了吸引并保持受众的关注度,必须不断地进行创新和保持传播方式的优化。这要求新闻机构在发展过程中寻求差异化和个性化的路径,以在众多的竞争者中脱颖而出。

与此同时,随着市场环境的不断变迁,新闻机构对于数据分析和用户画像等技术的运用也日趋重视。通过这些技术手段,新闻机构可以更准确地把握市场的脉搏,理解受众的需求,进而提升自身在竞争中的优势和影响力。这种趋势反映了新闻机构对于市场环境变化的敏锐洞察和积极应对,也体现了新闻传播领域在技术和市场双重驱动下的持续进步。

这些因素的相互作用和共同推动,使得新闻传播在保持其传统价值的同时,不断适应新的传播环境,融入新的传播方式,展现出更加多元化和个性化的特点。为了更

---

① 李朝敏.论新媒体技术在新闻采编业务中的运用[J].西部广播电视,2020,41(23):164-166.

深入地理解大数据时代背景下新闻传播特性的变化,我们还需要从多个角度进行探讨:

从传播学视角审视,大数据技术的广泛应用对新闻传播过程产生了深远的影响。在这一过程中,传播者的角色日益多元化,不仅需要掌握传统的传播技能,还必须具备数据分析和可视化等新型能力。传播内容也变得更加丰富多样,涵盖了文字、图片、视频等多种媒介形式,为受众提供了更加全面的信息体验。同时,传播媒介的智能化和互动化趋势明显,使得与受众的实时互动成为可能。受众的地位在这一变革中得到了显著提升,他们不再仅仅是信息的接收者,而成为新闻传播的重要参与者。

从社会学角度来看,大数据时代的新闻传播已超越了单纯的信息传递范畴,演变成了一种社会交往和社会参与的过程。受众通过积极参与新闻的讨论和传播,不仅塑造了全新的社会关系结构,还在某种程度上引导了社会舆论和价值观的传递。这一过程对社会的发展产生了深远的影响,彰显了新闻传播在构建和谐社会中的重要作用。

站在心理学的角度分析,大数据技术的应用使得新闻传播更加贴近受众的心理需求和行为习惯。个性化的新闻推送服务有效满足了受众多样化的信息需求,增强了他们的心理预期和满意度[①]。同时,随着新闻传播过程中交互性和参与性的提升,受众在获取信息的同时,也获得了更多的成就感和归属感,进一步增强了自身与新闻传播的紧密联系。

三、对传统新闻传播的影响

大数据技术的广泛应用对传统新闻传播产生了深远影响,这种影响不仅贯穿于新闻生产的各个环节,还重塑了新闻报道的方式,拓宽了新闻传播渠道。

在新闻生产流程上,大数据技术的引入彻底改变了传统的工作模式。在传统的新闻生产过程中,记者通常需要耗费大量时间和精力去搜集、整理和分析信息。然而,借助大数据技术,记者能够迅速挖掘出有价值的新闻线索和背景资料,从而极大地提高了采访的效率和准确性。此外,智能写作和编辑工具的出现,也使得新闻稿件的撰写和编辑变得更加智能化和自动化,大幅降低了记者的工作强度,并显著提升了新闻生产的效率和质量。

新闻报道方式也在大数据技术的推动下发生了显著变化。传统的新闻报道多以文字描述为主,辅以图片或视频等多媒体元素。然而,在大数据时代,数据新闻作为一

---

① 田佳和.新闻传播中新媒体的功能及其发展前景[J].记者摇篮,2023(6):6-8.

种新的报道形式,正逐渐崭露头角。新闻工作者运用图表、地图、动画等可视化手段,将数据新闻直观地展现在受众面前,使受众可以更加直观地了解新闻事件的全貌和背景。这种创新性的报道方式不仅丰富了新闻报道的内容和形式,还显著提升了受众的阅读体验和传播效果。

大数据技术的运用也为新闻传播渠道带来了显著的拓展。传统的新闻传播主要依赖于报纸、电视、广播等传统媒体平台。然而在大数据时代背景下,社交媒体、移动应用、智能设备等新媒体平台正逐渐成为新闻传播的重要渠道。这些新媒体平台具有传播速度快、覆盖范围广、互动性强等独特优势,能够迅速将新闻内容推送给广大受众,并引发广泛的讨论和分享。同时通过大数据分析技术,新闻机构还能够精准地把握受众的兴趣爱好和需求偏好,实现个性化的新闻推送服务,从而更好地满足受众的多元化需求[①]。

从新闻生产流程到新闻报道方式再到新闻传播渠道,大数据技术都发挥了重要作用。这种变革不仅提高了新闻生产的效率和质量,还丰富了新闻报道的内容和形式。可以预见的是,新闻传播将会呈现出更加多元化、智能化和个性化的新面貌。

四、对新闻传播未来发展趋势的探讨

基于上文对大数据时代背景下新闻传播特性变化的深入剖析,我们从智能化发展、跨媒体融合以及用户参与和互动三个方面,对新闻传播的未来进行前瞻性探讨。

(一)智能化发展无疑将成为新闻传播的主流方向

随着人工智能技术的持续进步和广泛应用,新闻传播的智能化水平将不断攀升。智能写作、智能推荐以及智能问答等先进技术,将在新闻生产、传播及反馈等各个环节扮演越发重要的角色。它们不仅能够大幅提升新闻生产的效率和准确性,还能根据用户的兴趣和需求,实现精准化和个性化的新闻推送。这种智能化的新闻传播模式,将极大地优化用户的阅读体验,提升新闻的传播效果。

(二)跨媒体融合将持续深化,塑造出全新的新闻传播格局

在大数据技术的有力支撑下,文字、图片、视频以及音频等多媒体形式将更为紧密地融为一体,共同构建出极富吸引力和感染力的新闻传播内容。同时,新闻机构也将

---

① 李瑞.新媒体语境下我国电视新闻生产研究[J].新媒体研究,2016,2(17):95-96.

积极拥抱外部资源,与社交媒体、电商平台等展开深度合作与共享,从而打造出一个更加完整、多元和互动的新闻传播生态链。这种跨媒体的深度融合,不仅将极大地丰富新闻传播的形式和内涵,还将为其注入更为强劲的发展动力。

(三)用户的参与和互动将得到前所未有的重视和强化

在当今社会,用户的地位和作用日益凸显,他们不再仅仅是信息的被动接收者,而逐渐成为新闻传播过程中的重要参与者和创造者。因此,未来的新闻传播将更加注重用户体验和需求,通过多元化的渠道和方式吸引用户参与到新闻的讨论与传播中来。同时,新闻机构也应更加积极地回应用户反馈和建议,不断优化和改进传播策略,以建立更加紧密、互信的关系。

结 语

在大数据时代的浪潮下,新闻传播领域经历了前所未有的深刻变革。大数据技术的广泛应用为新闻传播带来了革命性的改变,不仅重塑了新闻的生产流程、报道方式,拓宽了新闻传播渠道,而且极大地丰富了新闻的内涵和形式。这些变革使得新闻传播更加高效、精准和多元化,也为公众提供了更为丰富多样的信息获取方式。未来新闻传播领域的主导趋势不仅代表了新闻传播行业未来的发展方向,同时也对新闻传播者提出了更高的要求。

尽管大数据技术为新闻传播带来了巨大的发展机遇,但我们也不能忽视其背后潜藏的风险和挑战。数据隐私保护、信息安全、算法偏见等问题日益凸显,对新闻传播的健康发展构成了潜在的威胁。未来的新闻传播实践要更加注重技术创新与伦理道德的并行发展,确保新闻传播在追求高效、精准的同时,不侵犯用户的隐私,不损害社会公共利益。我们期望在大数据技术的持续助力下,新闻传播将更好地履行自身的社会责任,更贴近公众需求。通过持续优化传播方式、创新报道形式、拓展传播渠道,新闻传播将为受众提供更为丰富、多元、有深度的内容服务。

(凡娅慧,武汉传媒学院新闻传播学院助教)

数字化时代下的品牌公关：社交媒体平台的运用与消费者参与

Brand Public Relations in the Digital Age: The Use of Social Media Platforms and Consumer Engagement

◆ 王文琦

Wang Wenqi

摘要：在数字化时代的背景下，品牌公关（Brand Public Relations，BPR）的管理和实践正面临着前所未有的变革。本文对社交媒体平台在品牌公关中的运用及其对消费者参与的影响进行了深入分析，同时对数字化环境下品牌与消费者互动的新模式进行了探讨。随着社交媒体的兴起，品牌方与消费者之间的沟通渠道和方式发生了根本性的改变。一方面，社交媒体为品牌方创造了直接与消费者沟通的新平台，另一方面也为消费者提供了表达意见、参与品牌活动的渠道。

本文首先概述了数字化时代品牌公关的特点，随后分析了社交媒体平台的特性以及它们如何被品牌用于与消费者建立和维护关系。文章还深入探讨了消费者在社交媒体平台上的参与行为，包括内容创造、互动交流、社交分享等，以及这些行为对品牌形象、品牌忠诚度及最终的品牌价值的影响。通过案例分析和理论探讨，本文进一步阐释了社交媒体在加强品牌公关中的作用，以及品牌如何策略性地利用社交媒体平台来提高消费者的参与度和品牌认知度。最后，文章讨论了在社交媒体环境下，品牌方实施公共关系策略时所面临的挑战以及应对策略，以及品牌管理者和公关专业人士从中所能获得的实际建议。

Abstract: In the context of the digital era, the management and practice of Brand Public Relations (BPR) are facing unprecedented changes. This paper explores a new model of brand-consumer interaction in the digital environment by deeply analysing the use of social media platforms in brand public relations and their impact on consumer engagement. With the rise of social media, the communication channels and methods between brands and consumers have fundamentally changed, and social media not only provides a new platform for brands to communicate directly with consumers, but also a channel for consumers to express their opinions and participate in brand activities. This article first outlines the characteristics of brand public relations in the digital age, and then analyses the characteristics of social media platforms and how they are used by brands to build and maintain relationships with consumers. The article also delves into consumer engagement behaviours on social media platforms, including content creation, interactive communication, and social sharing, and the impact of these behaviours on brand image, brand loyalty, and ultimately brand value. Through case studies and theoretical discussions, the article further explains the role of social media in strengthening brand public relations and how brands can increase consumer engagement and brand awareness through strategic use of social media platforms. Finally, the article discusses the challenges faced when executing brand public relations strategies in the social media environment and the strategies to address them, providing practical advice for brand managers and PR professionals.

关键词：品牌公关；社交媒体；消费者参与；数字化时代；互动交流

Keywords: Brand Public Relations, Social Media, Consumer Engagement, Digital Age, Interactive Communication

引 言

在当今数字化时代，社交媒体的兴起对品牌公关产生了深远的影响。随着人们对社交媒体的使用日益频繁，品牌如何利用这一平台与消费者进行有效沟通和互动，已成为企业营销策略中的重要议题。本文旨在探讨数字化时代下品牌公关与社交媒体平台之间的关系，分析消费者在社交媒体平台上的参与行为及其对品牌传播的影响，以及社交媒体平台所具有的优势与面临的挑战。

(一)研究背景

在数字化时代浪潮下，社交媒体的普及和数字技术的迅猛发展给品牌公关带来了前所未有的挑战和机遇。传统的品牌传播方式已经无法满足当今消费者多样化的需求,而社交媒体平台的崛起为品牌提供了全新的传播渠道。统计数据显示,截至2023年,全球社交媒体用户已超过40亿,这一数字至今仍不断攀升,社交媒体在人们日常生活中的渗透率不断提高。[①] 在这种背景下,如何有效利用社交媒体平台进行公共关系管理,提高消费者参与度,成为品牌运营中亟待解决的问题。随着社交媒体用户规模的不断扩大和用户参与度的提高,品牌如何在这个数字化时代有效利用社交媒体平台与消费者进行互动和沟通,已成为品牌营销的关键问题之一。

(二)研究意义

本研究的意义在于探讨数字化时代下品牌公关与社交媒体平台之间的关系,并分析消费者在社交媒体平台上的参与行为及其对品牌传播的影响。通过对这一问题的深入研究,我们可以更好地理解数字化时代下品牌公关的运作机制,为企业制定更加有效的品牌传播策略提供理论支持和实践参考。同时,本研究还可以为学术界在品牌公关与社交媒体领域的进一步研究提供新的思路和方向。

(三)研究目的和内容概述

本研究旨在通过对数字化时代下品牌公关与社交媒体平台的关系的深入探讨,分析消费者在社交媒体平台上的参与行为及其对品牌传播的影响,从中发掘社交媒体平台在品牌传播中的优势及应对挑战之策。具体内容包括:对数字化时代背景下品牌公关概念的重新界定;社交媒体平台在品牌公关中的作用及其影响因素的分析;消费者参与行为的调查与分析;企业应对社交媒体平台挑战的策略探讨等。

一、数字化时代下的品牌公关

(一)品牌公关的定义

品牌公关(Brand Public Relations,简称BPR)是指运用公共关系的原则和工具,在品牌管理过程中建立和维护品牌与目标公众之间的良好关系,以促进公众对品牌的积极认知和提升品牌价值的管理活动。在数字化时代背景下,品牌公关的实施策略和工具正经历着重大的变革。与传统公共关系相比,数字化时代的品牌公关利用社交媒体平台等新的传播渠道和方式,实现与消费者更直接、即时的互动。

---

① 雷璇.自媒体时代大学生学习传统文化的路径研究[J].汉字文化,2023(14):25-27.

数字化时代的特点和趋势使得品牌公关面临着全新的挑战和机遇。数字技术的进步使得信息传播更加迅速,传播领域更为广泛,同时也拓宽了消费者对品牌信息的获取渠道。社交媒体平台的出现使得品牌与消费者之间的互动更加直接和即时。因此,企业需要不断调整和优化品牌公关策略,以适应数字化时代的要求。

(二)品牌公关的作用

品牌公关不仅仅是企业与公众沟通的桥梁,更是塑造企业形象、建立品牌声誉、增强消费者信任和忠诚度的关键手段。在数字化时代,随着信息传播速度的加快和信息量的爆炸式增长,品牌公关的策略和实践也必须适应新的变化,更加注重互动性、个性化和即时性。①

1.品牌公关对于提升品牌认知度具有重要作用

通过有效的公共关系活动,企业可以将品牌信息传达给更广泛的目标群体,提高品牌的可见度和认知度。例如,通过新闻发布、社交媒体互动、品牌故事讲述等方式,可以吸引公众的注意力,让更多人了解到品牌的存在和品牌所代表的价值观。

2.品牌公关在建立和维护品牌形象方面发挥核心作用

一个积极正面的品牌形象可以提升消费者的信任度,而这种信任度是促进消费者作出购买决策的重要因素。通过公共关系活动,企业可以展示其社会责任、创新能力和顾客关怀等正面形象,从而在消费者心目中建立起积极的品牌印象。

3.品牌公关对于危机管理具有不可替代的作用

当品牌遭遇负面事件或公众关系危机时,有效的公共关系策略可以帮助企业及时响应,通过透明、诚恳的沟通减少负面影响,恢复公众的信任和支持。例如,通过发布官方声明、举行新闻发布会、进行线上线下的消费者沟通等,企业可以有效控制危机传播的范围和深度,尽快恢复品牌形象。

4.品牌公关在促进消费者参与和忠诚度提升方面具有重要价值

通过组织互动性强的公共关系活动,企业可以增强与消费者的互动,提升消费者对品牌的热衷度和忠诚度。这种参与感和归属感是长期品牌忠诚度的重要基石。

(三)数字化时代下的品牌公关特性

数字化时代的特点主要包括信息爆炸、互联网普及、智能化发展等。信息爆炸导

---

① 景仕通.消费文化视角下中国本土品牌的"品牌年轻化"策略研究[D].兰州:兰州财经大学,2023.

致了信息的碎片化和多样化,消费者可以从多个渠道获取各种各样的信息。互联网的普及使得信息传播的速度和范围都大大提高,品牌传播可以迅速覆盖全球范围内的消费者。智能化的发展则使得消费者对个性化和定制化的需求不断增加,品牌需要通过精准的定位和个性化的传播来满足消费者的需求。

根据2019年的研究,超过70%的消费者愿意通过社交媒体与品牌进行互动。首先,品牌传播的渠道更加多样化和广泛化,品牌可以通过多种数字化渠道与消费者进行互动和沟通。其次,消费者参与的方式更加多样化,消费者不仅可以通过传统媒体获取品牌信息,还可以通过社交媒体参与品牌活动并与之互动。最后,品牌传播的速度和效率得到了极大提高,品牌方可以通过社交媒体平台迅速响应消费者的需求和反馈,及时调整和改进产品与服务。

随着数字化时代的到来,社交媒体平台已经成为品牌公关战略中不可或缺的一部分。根据We Are Social的报告,截至2023年,全球社交媒体用户已经超过40亿。这意味着品牌可以通过社交媒体平台接触到前所未有的受众群体。社交媒体上的内容具有易于分享的特性,可以迅速在用户之间传播,极大地扩展了品牌信息的传播范围。通过社交媒体,品牌可以与消费者建立更加紧密的联系,了解他们的需求和反馈,及时调整和改进产品与服务。同时,社交媒体也为消费者提供了表达意见和参与互动的平台,增强了消费者对品牌的忠诚度。

在数字化时代,消费者参与的方式和渠道发生了变化。消费者不再局限于传统的消费行为,他们通过社交媒体平台分享购买体验、评价产品质量,甚至参与品牌活动和营销推广。[①] 因此,企业需要更加重视消费者的参与行为,积极倾听他们的声音,并与之建立良好的沟通和互动关系。通过社交媒体平台,消费者与品牌之间的互动更加直接和即时,品牌传播的效果也更加显著。

二、社交媒体平台的优势与挑战

社交媒体平台在品牌公关中具有诸多优势,如即时性、互动性、传播范围广等。通过社交媒体平台,品牌方可以实现与消费者之间的直接沟通和互动,及时了解消费者的需求和反馈,调整和改进产品和服务。此外,社交媒体平台上的信息传播速度快,可以迅速传播品牌信息,扩大品牌影响力。

---

① 张智尧.全媒体视域下自媒体品牌的建构与传播研究[D].青岛:青岛科技大学,2022.

(一)社交媒体平台在品牌公关中的优势和挑战

社交媒体平台的优势主要体现在以下几个方面:首先,社交媒体平台具有即时性,品牌方可以随时发布信息并与消费者进行即时互动。其次,社交媒体平台具有互动性,消费者可以通过点赞、评论、转发等方式参与品牌传播,增强了消费者与品牌之间的互动和沟通。最后,社交媒体平台的传播范围广,可以迅速传播品牌信息,扩大品牌影响力。然而,社交媒体平台也面临诸多挑战,如信息真实性难以保证、用户参与度不稳定等。社交媒体上存在大量的虚假信息和谣言,品牌需要通过监测和管理来维护自己的声誉和形象。另外,社交媒体上用户参与度的不稳定也是一个挑战,品牌需要通过优质内容和互动活动来吸引用户参与,提高品牌与用户之间的黏性和互动频率。[①]

(二)最大化企业社交媒体平台的优势

企业可以通过以下方式克服社交媒体平台的挑战,最大化其优势。首先,加强监测和管理,及时发现并处理社交媒体平台上的虚假信息和谣言,保护品牌的声誉和形象。其次,提供优质内容,吸引用户参与,增强品牌与用户之间的互动和沟通。再者,建立品牌社区,促进用户间的互动和信息共享,提高用户的参与度和忠诚度。最后,通过数据分析和用户调研,了解用户的需求和偏好,精准定位目标用户群体,可以提高社交媒体平台的传播效果和品牌影响力。

三、数字化时代下品牌公关与社交媒体平台的关系

(一)社交认知理论

1.社交认知理论概述

社交认知理论是由阿尔伯特·班杜拉(Albert)提出的一种理论,旨在研究个体在社交环境中学习行为和形成认知的过程。在数字化时代,社交媒体平台成为品牌公关中不可或缺的一部分。社交认知理论提供了理解品牌与消费者之间互动的重要视角。根据社交认知理论,人们通过在社交媒体平台上的互动和信息共享,来形成对品牌的认知和态度。在社交媒体上,消费者通过与品牌互动、分享体验和观点,逐渐建立起对

---

① 张锰.数字化时代下企业营销策略的选择[J].上海企业,2023(10):46-48.

品牌的认知,并对品牌产生积极或消极的情感。[①] 因此,品牌需要建立更加丰富、立体的形象,通过社交媒体与消费者进行互动,增强品牌与消费者之间的联系,了解消费者的需求和反馈,及时调整产品和服务,提高消费者满意度。

2.社交媒体平台上的社交认知过程分析

在社交媒体平台上,消费者通过点赞、评论、分享等方式与品牌进行互动,从而形成对品牌的认知和态度。消费者在社交媒体上分享自己的购买体验、评价产品质量,与其他消费者进行互动和交流,进一步加深了对品牌的认知和了解。品牌方在社交媒体平台上及时回应消费者的反馈和提问,引导消费者形成积极的品牌认知和态度。

社交媒体平台上的社交认知过程对于理解消费者在数字环境中形成品牌认知和态度具有重要意义。首先,品牌应充分利用社交媒体的特点,通过引导用户参与和分享个人经验来增强消费者的自我效能感。其次,品牌应借助社交媒体平台展示产品特性和品牌价值,增强消费者对品牌的认知。最后,品牌需要重视社交媒体上的用户反馈信息,并及时与消费者进行互动,以确保建立积极的品牌形象。

3.消费者在社交媒体上的品牌认知与态度形成

消费者在社交媒体上的品牌认知与态度形成受到多种因素的影响,包括个人经验、社交圈子、品牌形象等。超过60%的消费者表示,他们的购买决策受到社交媒体上品牌互动的影响,凸显了社交媒体在品牌认知和态度形成过程中的重要性。消费者通过社交媒体平台上的互动和信息共享,了解品牌的产品特点、服务质量以及品牌的核心价值观,进而形成对品牌的认知和态度。[②] 品牌需要通过精准的定位和个性化的传播,引导消费者形成积极的品牌认知和态度,增强消费者对品牌的忠诚度和信任度。

(二)品牌社区理论

1.品牌社区理论概述

品牌社区理论强调了品牌粉丝和用户在社交媒体平台上形成的虚拟社区对品牌传播的重要性。在研究品牌社区理论的过程中,学者们发现,品牌社区的活跃度与消费者的参与度密不可分。通过在社交媒体上构建和管理品牌社区,品牌可以与消费者建立更加密切的联系,促进用户间的互动和信息共享。品牌社区不仅可以增强用户对品牌的认同感和忠诚度,还可以为品牌提供更多的口碑传播和品牌推广机会。

[①] 姚诗怡.媒介品牌形象的受众感知[D].上海:东华大学,2023.
[②] 所丹妮.虚拟企业社会责任共创对用户响应的作用机制研究[D].长春:吉林大学,2023.

2.社交媒体平台上品牌社区的构建和管理

在社交媒体平台上,品牌可以通过建立品牌专页、社交群组等方式构建品牌社区,并通过发布优质内容、举办线上活动等方式管理品牌社区。比如,Nike运动社区通过分享训练计划、运动知识和用户成就故事,吸引了大量运动爱好者的参与和讨论,有效提升了品牌忠诚度和社区活跃度。

随着社交媒体平台的快速发展和用户需求的不断变化,品牌社区的构建和管理策略也应持续迭代和优化。这要求品牌不断探索新的互动形式和内容创意,积极适应数字化时代的变化,以持续吸引和维护社区成员。

3.社区参与对品牌传播的影响与作用

品牌社区的参与对品牌传播有着重要的影响与作用。消费者在品牌社区中参与互动、分享体验,不仅增强了对品牌的认同感和忠诚度,还可以为品牌提供更多的口碑传播和推广机会。品牌需要通过精心的社区管理和优质的内容输出,激发用户的参与积极性,增强社区参与对品牌传播的影响与作用。

四、消费者参与情况及其影响分析

消费者在品牌公关活动中的参与程度对于品牌传播和形象塑造有着重要影响。在社交媒体平台上,消费者参与的方式多种多样,包括点赞、评论、转发、分享等。消费者以这些行为方式直接参与到品牌的传播和推广中,同时也对品牌形象产生了积极或消极的影响。

(一)消费者在品牌公关活动中的参与情况

消费者在品牌公关活动中的参与情况主要体现在以下几个方面:首先,消费者通过社交媒体平台对品牌的内容进行点赞、评论、转发等;其次,消费者通过参与品牌举办的线上活动,直接与品牌进行互动;再者,消费者通过社交媒体平台分享自己的购买体验,评价产品质量,为其他消费者提供参考和决策依据;最后,消费者通过参与品牌社区、品牌论坛等方式,与其他品牌粉丝和用户进行交流和分享。

(二)消费者参与对品牌传播和形象塑造的影响

消费者参与对品牌传播和形象塑造有着重要的影响。研究表明,消费者的参与程度越高,品牌传播效果越好。在社交媒体平台上,消费者可以直接向品牌方提出建议和反馈,分享自己的购买体验。此外,消费者通过积极参与品牌活动,成为品牌传播的推动者,为品牌传播和形象塑造作出特殊的贡献。品牌需要通过积极引导和促进消费者参与,提高品牌传播的效果和影响力。

结论与展望

在数字化时代下,品牌公关与社交媒体平台之间的关系日益密切。通过本文的分析可以看出,社交媒体平台在品牌公关中发挥着重要作用,对品牌传播和形象塑造具有重要影响。然而,社交媒体平台的优势与挑战并存,品牌需要不断调整和优化品牌公关策略,以适应数字化时代的新变化。

(一)研究发现总结

社交媒体平台在品牌公关中扮演着重要角色,促进了品牌与消费者之间的互动与沟通。消费者在社交媒体平台上的参与程度对品牌传播和形象塑造具有重要影响,消费者的参与程度越高,品牌传播效果越好。社交媒体平台的优势在于即时性、互动性和传播范围广,但也面临着信息真假难辨、用户参与度不稳定等挑战。

(二)研究的局限性和进一步研究方向

本文虽然对数字化时代下品牌公关与社交媒体平台的关系进行了探讨,但仍然存在一些局限性。未来的研究可以从以下几个方面进行拓展:(1)深入分析不同类型社交媒体平台对品牌公关的影响,比如微博、微信、抖音等平台的特点及其对品牌传播的影响;(2)探讨不同行业、不同规模企业在社交媒体上品牌公关策略的差异与特点(3)进一步研究社交媒体平台上消费者参与行为的影响因素,以及如何激发和引导消费者积极参与品牌传播。

(三)数字化时代下品牌公关与社交媒体平台关系的未来发展展望

未来,随着技术的进步和消费者行为的变化,品牌公关与社交媒体平台之间的关系将会进一步深化和发展。我们期待着未来更多的研究能够从不同角度涉足这一领域,为品牌公关的实践和发展提供更多的启示和帮助。

(王文琦,武汉传媒学院讲师)

粉丝文化视域下大学生追星现象的现状及引导策略

The Current Situation and Guidance Strategies of College Students' Star-Chasing Phenomenon from the Perspective of Fan Culture

◆ 王笑童

Wang Xiaotong

摘要:提到"粉丝"这个词,人们通常会联想到"狂热"的追随者或者爱好者。对明星"狂热追随"的现象在大学生群体中很常见,而大学生正处于从青少年向成年人的过渡阶段,他们在面临自我认同和身份探索时,价值观会受到较大影响(在我们的印象中,多是一些负面的影响)。随着对粉丝文化的深入研究,人们发现粉丝已经不再是以往刻板印象中一厢情愿的接受者和付出者了,"粉丝"的地位在新媒体时代已经逐渐有所提升。在这样的研究背景下,本文将结合具体案例,分析粉丝文化的发展现状以及大学生的追星现象,并对高校教师如何正确引导学生追星提出几点建议。

Abstract: The word fan usually comes to mind as an "avid" follower or enthusiast. The phenomenon of "fanatical following" to stars is very common among college students, who are in the transition stage from teenagers to adults. When they face self-identification and identity exploration, their values will be greatly affected, and most of their impressions are negative. However, with the in-depth study of fan culture, It is found that fans are no longer the takers and givers of wishful thinking in the previous stereotype, and the status of "fans" has gradually improved in the era of new media. Under such research background, this paper will analyze the development status of fan culture and the status quo of college students' star-chasing in combination with specific cases, and put forward several suggestions for college teachers to correctly guide students' star-chasing.

关键词:粉丝文化;大学生;高校教育;价值观

Keywords: Fan Culture, Undergraduate, University Education, Value

一、粉丝文化的内涵及现状

随着网络的发展和时代的变迁,"粉丝"这个称呼频繁地出现在大众的耳边,提到"粉丝"这个词,人们通常会联想到"狂热"的追随者或者爱好者。例如外国学者Derbaix和Korchia曾经在研究流行音乐偶像与其粉丝之间的关系时,形容粉丝的各种举动就是一种狂热的个人情感表达的现象。① 另外,在Schimmel对体育迷进行研究的时候,他也在文中提到过,在早期的研究中,粉丝曾被塑造为与世隔绝的孤独者、失败者或疯子的形象。② 从这些学者的研究和对于粉丝的案例描述中可以看出,粉丝不再是普通的用户和受众,而具有自身的特殊属性。随着网络和社交媒体的发展,越来越多的粉丝通过媒体平台参与到节目内容的制作中,他们甚至会直接影响到节目的内容创作。尤其是在社交媒体平台上,这一现象就更为明显,例如,明星应粉丝要求在抖音平台上拍摄造型"爆改"视频,诸如此类。正如外国学者Jenkins所说,"现代的媒体环境拒绝将粉丝视为被文化愚弄的人、不合群的人、无知的人以及盲目消费者。相反,他们是积极的生产者和意义的操控者"。③

二、粉丝的种类

这里以流行音乐偶像和他们的粉丝为例,来说明名人与粉丝之间的关系,因为音乐具有广泛的体验和社交功能。当今社会,流行音乐行业是一个超级明星行业,歌手凭借歌曲创作和演唱获得了大量的粉丝,他们通过在粉丝面前树立良好的形象来获得关注,并与他们的粉丝在社交媒体平台上保持联系。同时,粉丝也会通过各种途径建立与偶像的联系,例如参加歌手见面会、收集专辑、背诵歌词甚至研究歌词的含义,去融入偶像的世界。大部分粉丝都认为,在自己不同的人生阶段,音乐给予了他们力量,自己感到迷茫时,偶像的价值观和信念也会深深地对其产生影响。

---

① DERBAIX M, KORCHIA M. Individual celebration of pop music icons: a study of music fans relationships with their object of fandom and associated practices[J]. Journal of consumer behaviour, 2019, 18(2):109-119.
② SCHIMMEL K S, HARRINGTON C L, BIELBY D D. Keep your fans to yourself: the disjuncture between sport studies' and pop culture studies' perspectives on fandom[J]. Sport in society, 2007, 10(4):580-600.
③ JENKINS H. Convergence culture: where old and new media collide[M]. New York: NYU Press, 2006.

在此基础上，粉丝被分成了四种类型。第一类粉丝，他们可以感受到音乐的爱和积极的引导，同时他们会理性地消费偶像，拒绝那些痴迷的行为。在他们看来，他们只与艺人创作的音乐产生了共鸣，但与艺人本身并不想产生太多的联系，也不关注艺人的私生活。这一类粉丝属于较为理性的追随者，仅将兴趣建立在艺人的作品中，在工作和学习的闲暇之余作为生活的调味品。如果学生对于偶像的追随程度仅限于此，那作为学校和老师则不必过多干涉。

第二类粉丝是将偶像当作精神向导，除了音乐之外，他们可能还会关注偶像的私生活，但主要还是对偶像的公共活动感兴趣。这类粉丝会将自己一部分的时间和精力专门用于追随自己的偶像，为偶像开展的活动买单，但还是会考虑现实情况，例如，时间是否冲突而影响自己正常的工作生活，或者权衡自己能否承担这份支出，这类粉丝能够在理性的思考后作出选择。

第三类粉丝会把偶像当作自己的家人和朋友，他们会认为偶像是自己非常亲密的人，例如称呼偶像为"老公"等。这种偶像通常会透露很多生活的细节和人生经历，粉丝也经常会谈论并假装认识他们。处于这种情况的粉丝研究，有时会与"浪漫依恋"或者"婴儿依恋"相联系，[1]有的粉丝会将偶像想象成自己的一部分，甚至给自己的孩子取与名人相同的名字。这类粉丝通常会感性大于理性，试图将自己的个人生活与偶像的生活捆绑在一起，并且十分享受这种不真实的生活状态，长此以往，这类粉丝的日常生活、工作都会受到偶像的喜怒哀乐的影响，尽管粉丝接收到的信息很有可能只是偶像希望大家看到的，并不是真实的。

最后一种类型的粉丝则是将名人视为自己的"神"，这个类型的粉丝有时会作出过激行为，对偶像过于狂热，甚至做出一些违背道德法律的事。他们将偶像视为自己生活的全部，无心学习和工作，将本是一件休闲娱乐的事情本末倒置。

从第一类粉丝到第四类粉丝，他们对偶像的追随程度越来越强烈，所投入的时间、精力和金钱也不断增加，同时他们希望从偶像身上获得的回报也越来越高，偶像对粉丝的影响也从正面逐渐转为反面。所以，对于那些思想、心智都尚未成熟却拥有满腔热情的大学生来说，如何把握追星的"度"是需要学校和教育工作者认真思考的问题。

三、新媒体生态中的粉丝

随着互联网和新媒体的兴起，粉丝已不再是以往刻板印象中一厢情愿的接受者，

---

[1] STEVER G. Parasocial and social interactions with celebrities: classification of media fans[J]. Journal of media psychology, 2009, 14(3): 1-39.

现如今,粉丝也成为节目文本创作中不可或缺的一部分,甚至不少节目的走向和文本创作都需要根据粉丝的喜好来编排。粉丝和观众对节目制作的影响在网络视频制作中尤为明显,我们经常会听到询问观众意愿的台词,诸如"欢迎在评论区互动留言""下期视频想看什么内容,请在评论区告诉我",等等,这些都说明粉丝和偶像的角色地位在新媒体时代已经今非昔比了。

基于新媒体传播速度快、范围广的特点,不少明星也陆续在各大平台开始直播,哪怕只是和粉丝聊天,这也成为他们工作中不可或缺的一部分。几乎每个明星都创建了自己的社交媒体账号,在这些平台上分享自己的生活日常,让粉丝看到自己荧幕背后的一面,打造更贴近粉丝生活的普通百姓人设,拉近与粉丝之间的距离。因为随着新媒体的发展,粉丝可以在各大社交平台上发表自己的看法,而这些都将成为衡量一位明星受喜爱程度的直接依据。不少网络平台投粉丝所好制作视频,为的就是最大限度地提高收视率。

此外,随着人们生活节奏的加快,大部分受众和粉丝都只会通过网络平台去关注名人,例如微博、抖音、小红书等,所以对于粉丝文化以及大学生追星现象的研究也需要做出相应的改变。在腾讯视频对于粉丝的研究中,粉丝的"地位"似乎比传统电视时代要高很多。正如外国学者 Fung 所说,在电视研究时代,粉丝的地位是被"边缘化"的,但是现如今在网络和新媒体的时代,粉丝来到了中心的地位。[1]

基于以上研究和观点,在对于当代大学生追星现象的研究中,作为教育工作者也应该紧跟时代的步伐,以发展的眼光去看待问题。

四、大学生的追星现状

大学生对偶像明星的崇拜和追星现象在当今社会非常普遍,许多大学生对自己喜欢的偶像明星非常热情,他们会花费大量时间和金钱来关注、追随和支持自己的偶像。无论是参加演唱会、粉丝见面会还是购买偶像的周边产品,追星热情都非常高涨。通常在提到粉丝的时候我们都会联想到消费,例如粉丝会购买自己喜欢的明星代言的商品,去电影院观看与偶像相关的电影,甚至在机场接机,给偶像送礼物。例如 BBC 的一则新闻里提到,如果走过皮卡迪利广场站,人们会在车站的一个广告牌上看到韩国流行乐队 BTS 的七名成员对您微笑,那是乐队的粉丝集中资源购买了价值 2000 英镑

---

[1] FUNG A Y. Fandomization of online video or television in China[J]. Media, culture & society, 2019, 41(7): 995-1010.

的广告位,以纪念乐队出道八周年。这种现象也反映了粉丝对偶像的情感付出和依恋。尤其是对于正处在自我认同与身份探索初期的大学生来说,在面对现实仅有的学习压力和交友甚少带来的空虚情况下,他们选择追星,希望能从追星的过程中找到自己的精神支柱,从而以此来实现自己人生价值的认同感和归属感。[①] 他们无法承受对于明星的"渴望""珍惜""钦佩""羡慕"等强烈的情绪,有时会造成一些负面后果。除了金钱和经历上的消耗外,更有学生会模仿明星的一些失范行为。近年来,国内娱乐明星粉丝群体频频出现数据造假、违法集资、网络暴力等失范行为,对网络环境以及现实社会秩序都造成了不良影响。[②]

同时,随着社交媒体的兴起,大学生更容易接触到偶像明星的消息和资讯,也更容易参与到追星活动中。他们会在微博、微信、抖音等平台上关注偶像的动态,与其他粉丝互动交流,形成一个庞大的追星社群。追星对于一些大学生来说,已成为一种新型的交友方式,可以为他们带来心理上的满足感和归属感。

总的来说,大学生追星现象是当下社会的一种特殊文化现象,我们需要对其进行有效引导,以避免产生负面影响。

五、高校教师正确引导大学生追星的有效途径

前面我们提到,随着时代和新媒体的发展,粉丝的地位已不同于往日,大学生追星现象已成为当下社会的一种特殊文化现象。作为高校教育工作者,应该批判性地思考粉丝这个角色,对大学生进行有效引导,从而为其将来更好地融入社会作出理性的选择。

面对不同类型的大学生粉丝,我们要认真分析判断,究竟他(她)属于哪一类别的粉丝。如果是前面提到的第一种类型,即只关注偶像作品本身,并从中能够获取知识、精神的慰藉或积极向上的能量,对于这类学生,我们可以鼓励他(她)继续保持对偶像的热爱;同时要与学生保持沟通,多与学生交谈关于这位"偶像"的新作品,或者有什么新的感悟,这样一方面可以引导学生继续保持正能量的汲取,另一方面也能够确保学生的追星状态没有失衡。

而对于后面两种类型的粉丝,即痴迷艺人本身,甚至把艺人当作自己的一部分或

---

① 彭瑞娟,马金.互联网+时代大学生追星现状及引导研究[J].科技资讯,2019(26):172-173
② 洪晓然,徐晓阳.粉丝文化视域下大学生追星失范行为研究[J].中国报业,2023(20):80-81.

者自己的信仰,甚至视作"神明",对偶像表现出强烈的情感依赖,如果出现这样的现象,就一定要进行正确的引导了。我们应该引导学生理性看待追星现象,了解明星背后的努力和付出,明确自己的追星行为是否影响到了自己的正常生活和学习,告知学生追星应该是一种健康、积极的行为,而不是盲目崇拜偶像。切记不要过分批评或贬低学生的追星行为,而是要以包容之心理解他们。

总而言之,追星现象和"饭圈文化"都是时代的产物,作为高校教师,我们应紧跟时代发展步伐,理智分析、批判性地看待这一文化现象,正确引导学生理性追星,鼓励学生在新媒体时代更好地完善自我,这才是高校教育工作者帮助追星学生树立正确价值观、把握好人生方向的有效途径。

(王笑童,武汉传媒学院助教)

传统新闻媒体在新媒体时代下的机遇与挑战
Opportunities and Challenges of Traditional News Media in the New Media Era

⊕ 辛逸乐

Xin Yile

摘要：作为信息传递的重要载体，传统新闻媒体承担着教育和告知公众重要信息的重要使命。在新媒体时代，传统新闻传播的广度和深度均受到挑战，新闻正确引导公众舆论的效应弱化。公众的注意力更多转向新媒体，接受的信息偏重娱乐性。新媒体内容参差不齐、监管不严，导致虚假信息和不实言论时常出现。本文将探讨传统新闻媒体如何在新媒体环境下应对机遇与挑战，并为新闻媒体的融媒体发展战略提供借鉴思路。

Abstract: As a vital conduit for information dissemination, traditional news media bears the dual imperative of educating the public and delivering critical knowledge. In the era of new media, both the width and depth of traditional news have been challenged, and the effect of news in correctly guiding public opinion has weakened. The public is more attracted by new media and the information they receive from new media is more entertainment-oriented. However, the content of new media is uneven and poorly regulated, resulting in the frequent emergence of false and extreme information. The text will explore how traditional news media can be integrated with new media, providing ideas for integrated media strategies.

关键词：新闻媒体；新媒体；传统媒体；融媒体变革

Keywords: News Media, New Media, Traditional Media, Transformations in Integrated Media

随着互联网科技的蓬勃发展，新闻媒体的传播方式发生了翻天覆地的变化。以社交媒体为代表的新媒体不仅引领了传播方式的变革，同时新媒体的盛行也对公共认知产生了重要影响,挑战了传统媒体的公信力。一方面,在新媒体环境下,人人都是媒体人,任何人都可以上传自制内容并进行传播,内容制作者门槛降低的直接结果就是受众能接触到的内容日益多样化。另一方面,自媒体的作品内容质量、信息表达的准确性以及对公共传播的影响效力无法得到有效保证。

目前,传统媒体的新闻生产依然按部就班、有效运作,但受到新媒体的冲击,其传播广度和深度已然受到影响。另一方面,受众接收到的信息越来越复杂且多样化,虚假信息、不实言论充斥其中,导致公众的认知出现偏差。其中,最直观的例子就是普通受众无法从众多短视频 App 推介的信息中,正确地分辨出演绎与现实的区别。此外,新媒体内容质量参差不齐,虚假新闻、谣言时有发生,受众需要自行甄别,这无疑对受众的媒介素养提出了更高要求。因此,传统新闻媒体如何转变传播方式,借助新媒体渠道吸引受众的注意力,达到传播正确积极的价值观、引导公共认知的目的,是当前传统新闻媒体工作者所面临的挑战。

一、新媒体与传统媒体的区别以及传统新闻面临的挑战

(一)传统媒体和新媒体的区别

传播方式是传统媒体和新媒体的重要区别之一。包括电视、广播、报纸和杂志等在内的传统媒体,主要采用的是单向传播模式。信息的传递是从媒体到受众的单向流动,受众无法直接与媒体进行互动,更无法直接提供反馈。媒体作为信息的主要发布者和把关人,对受众的信息接收具有较强的控制力。新媒体则实现了双向互动式传播,用户可以通过评论、连麦、共创等方式进行信息的交换。在新媒体环境下,信息的传播是双向或多向的,受众不仅是信息的接收者,也可以成为信息的创造者和传播者。每个人都可以通过社交媒体、博客、论坛等平台发布自己的观点和看法,与他人进行交流互动。这种"多对多"的传播模式打破了传统媒体的信息垄断,使得信息的生产和传播更加去中心化。除此以外,新媒体和传统媒体在时效性、受众范围、信息量、互动性、多媒体性、使用便捷性和信息筛选等方面均存在显著差异。

首先,在时效性方面,新媒体能够实时更新信息,制作者即时制作即时上传,甚至可以通过直播的方式直接传播内容,其传播速度远超传统媒体。[1] 在时事新闻方面,新媒体的时效性能够让信息在第一时间就被传播出去,加快了信息的传播速度。相比

---

[1] 徐刚.大数据背景下传统媒体与新媒体融合发展的可行性分析[J].新闻研究导刊,2019,10(5):241-242.

之下,传统媒体受到编辑、审核、特定时间传播等限制,时效性相对较差。

其次,新媒体借助网络突破了地域限制,覆盖范围更广。只要有网络连接,人们就可以访问来自世界各地的信息资源。而传统媒体受到物理介质和地理位置的制约,传播范围相对有限。[1] 传统媒体的运营模式使其服务存在一定的差异性,受众群体具有清晰的划分,服务对象也受区域信号的限制,而这也导致了信息的地域化。

再次,由于人人都可以成为信息的创造者和传播者,新媒体可以提供海量信息。同时,新媒体的算法也会根据用户的观看历史进行推送,从而让受众有更大的自主选择权。相比之下,传统媒体受到质量门槛要求的限制,信息量相对有限,并不能根据受众个人的喜好来传送内容,也使得信息的受欢迎程度有所降低。

最后,新媒体具有很强的互动性,允许受众参与内容生产和即时反馈。人们可以通过评论、转发、点赞等方式与信息生产者和其他受众互动,形成了一种参与式传播。而传统媒体很少提供互动渠道,受众主要是被动接收信息。这导致内容制作者对受众群体画像的掌控程度出现了本质上的差距。"传统媒体没有直接反馈,只能根据用户的特点和背景预测用户喜欢的内容,而新媒体可以根据算法和数据挖掘发现单个用户喜欢的内容并根据偏好进行制作。"[2]

传统媒体在传播上展示出的落差,反映出新媒体主导的时代下,人们获取信息的行为方式变化深刻影响了媒介形态和传播环境。作为传统媒体内容生产者也需要借助新媒体平台增加其竞争力,从而保证受众占有率。

(二)新媒体对传统媒体新闻版块的挑战

传统新闻媒体一直承担着传递真实信息、正向引导社会舆论的义务,然而,在新媒体的冲击下,人们的信息获取方式和媒介使用习惯产生了巨大变革。新媒体在技术上具有优势,其所具有的互动性和即时性使人们可以随时参与信息的生产和传播,从而促进了公众话语权的提升和社会议题的讨论。同时,新媒体依靠频次排序话题的方式,让最热的话题更容易被更多的人看到。但这也意味着偏激的言论,甚至虚假的信息以及可引起公众恐慌的猜测,将会比在传统媒体时代更快速、更广泛地传播。[3] 监管体系的落实在新媒体平台上具有滞后性,平台只能在事件发酵期或事后尝试对事件

---

[1] 张楠.新媒体时代传统媒体的挑战与机遇[J].新闻论坛,2022,36(1):62-63.
[2] 刘肖凡,吴晔,许小可.融媒体环境下的受众计算:途径与挑战[J].中国传媒大学学报(自然科学版),2021,28(1):64-70.
[3] 徐德刚,施翩.国家治理现代化视域下网络舆论生态治理问题探讨[J].常州大学学报(社会科学版),2021,22(6):58-65.

进行干预,但效果往往差强人意。同时,新媒体海量的信息存储和便捷的检索功能,使得人们可以根据自己的需求主动获取信息,不再受传统媒体发布时间和版面的制约。这种自主性和选择性,满足了人们个性化的信息需求,但也可能加剧信息茧房效应和观点极化现象。这导致相同的热点在时间上,不同的群体所接纳的信息各有不同,而传统媒体对于热点的内容编辑更倾向于让各方尽可能产生客观的认知,并降低信息茧房对双方的效应。新媒体的展现方式使信息的呈现更加直观生动,显著提升了用户的沉浸感和代入感。传统新闻媒体如何在热点问题上与新媒体竞争并引导各方打破信息茧房,是其面临的另一大挑战。

新媒体时代信息传播的去中心化和民主化,促使用户生成内容量激增,但信息质量往往良莠不齐,这使得传统新闻媒体打击虚假信息、澄清不实言论的时代责任更加重大。

在新媒体时代,传统新闻媒体如何优化创新空间、借鉴新媒体的技术优势并保持自身的竞争力,新媒体如何借鉴传统媒体的内容生产和质量把控经验,提高社会公信力,实现新旧媒体的优势互补和融合发展,是新闻媒体行业面临的重要课题。只有在融合发展中不断创新,才能更好地适应时代发展和受众需求的变化。

二、传统新闻媒体的变革方向

在新媒体时代,媒介融合已经成为一个不可避免的行业发展趋势。媒介融合不只是技术层面的融合,更是从内容、渠道、平台、运营、管理等多个层面进行的全面融合。[①] 传统媒体需要借助新媒体平台,在创新模式的同时,拓展传播途径,增强内容生产能力。新媒体则需要学习传统媒体,严格把控内容质量,积累内容生产经验,完善质量管控机制,从而进一步提升公信力。

(一)传统媒体内容在新媒体上的矩阵化呈现

以传统新闻媒体入驻新媒体平台为例,传统新闻媒体可以在新媒体上开设官方账号,以矩阵分类的方式将新闻版块的内容按垂类进行拆分。矩阵账号分布垂类内容,不仅可以提高媒体品牌和内容的曝光度,还可以扩大内容的私人定制空间。这些子账号通常按照不同的内容主题、受众群体、地域特色等进行分类,每个账号聚焦特定领

---

① 王跟萍.大数据背景下传统媒体与新媒体融合发展战略探讨[J].中国传媒科技,2022(2):67-69.

域,生产垂直类内容。① 相比单一账号,矩阵账号能够实现内容的精细化运作,满足不同受众的个性化需求。并且,独立运营的单独频道也可以进行垂直推广。与综合性内容相比,垂直类内容可以让账号在特定领域具有更高的针对性和权威性,能够吸引特定受众群体的持续关注。通过矩阵账号分发垂直类内容,媒体可以实现内容的差异化竞争,提升内容的传播效果。

矩阵分类也能扩大媒体品牌的影响力与认知度。一方面,多子账号协同传播可以增加媒体的内容触点和曝光频次;另一方面,垂直类内容的专业性和权威性能够提升媒体品牌的公信力和美誉度。通过统一的品牌LOGO、跨账号的内容分享、互相引流等方式,媒体可以实现品牌形象的全面传播;通过提供个性化、垂直化的内容服务,矩阵账号可以对用户的兴趣偏好进行精准匹配,满足用户的具体需求。这种有针对性的内容服务,可以在提高用户黏性的同时,吸引用户持续地关注与互动。

(二)新闻内容生产采用多维表达形式——以直播为例

媒介融合的大背景对媒体从业人员提出了新的挑战与要求,传统媒体从业者要掌握新媒体技术的运用和传播规律,提高多媒体内容的生产能力;新媒体从业者要提高内容创新能力和专业素养,提高制作内容的专业性与权威性,不断适应媒介融合时代的发展需求。

直播作为内容传播的一种方式,其优势可谓得天独厚。首先,直播具有强大的时效性。在新闻这个垂类上,直播打破传统新闻采编、发布流程,第一时间向观众传递新闻现场实况,使新闻报道的时效性得到大幅提升。其次,直播具有很强的互动性。直播新闻通过弹幕、评论等方式实现主播与观众、观众与观众的实时互动,增强了新闻传播的互动性。② 并且主播通过对观众质疑的问题进行正向引导,还可以大幅度减少观众受不实信息影响的可能性。从观众偏好预测的角度来看,直播可以让新闻工作者第一时间了解公众对新闻的看法,并在后续报道中进行正确引导。此外,直播具有较强的真实性,直播通过视频画面将新闻现场全程记录下来,不留死角,避免了传统新闻报道中可能出现的信息失真现象,在新闻报道的感知度上提高了真实性和可信度。直播适用于突发新闻,能够率先抢占事件的热度和话语权,减少不实信息的传播空间,以直播第一现场的方式打破观众对事件的质疑。并且,直播切片可以对直播内容进行二次剪辑,存档内容,让观众学习、储存、传播。直播中的切片还能将视频中的精华部分提

---

① 垂直类内容是指聚焦特定主题、领域或受众群体,提供深度、专业的内容服务。
② 丁慧彤.央视直播类新闻节目的传播策略分析:以《今日中国》为例[J].传媒,2023(6):70-71,73.

取出来,使内容的传播效率得到提升。

结 语

新媒体时代,媒介生态与传播格局正在发生深刻的变革。新媒体与传统媒体既有差异,又有融合,呈现出错综复杂的相互影响、相互推动的局面。传统媒体把握新媒体的技术优势,促进媒介融合发展,提升媒体从业人员的专业素质,参与新媒体提升新闻曝光度等,是新媒体时代下传统媒体肩负的历史使命和责任。传统媒体只有顺应时代发展潮流,不断创新传播理念和传播方式,才能提升自身的传播效力,维系公众的信任度,更好地完成传播信息、引领舆论、传承文化、服务社会的任务,为国家的繁荣发展和民族的伟大复兴作出贡献。

(辛逸乐,武汉传媒学院副教授)

参与式文化视域下湖北乡村振兴的视听传播创新研究*

An Innovative Study on Audio-Visual Communication for Rural Revitalization in Hubei Province from the Perspective of Participatory Culture

◆ 薛丹　冯小桉

Xue Dan　Feng Xiao'an

摘要：随着数字技术的不断发展，短视频、直播等媒介形态在呈现乡村多元风貌、拓展电子商务链条、激发村民文化参与等方面发挥着重要作用，并已成为乡村发展的重要手段，为乡村振兴注入了新的活力。本文基于参与式文化视角，分析参与式文化与视听传播的内在关联，探索参与式文化与乡村振兴的嵌合逻辑，聚焦分析湖北乡村视听传播症候，并提出创新路径，以期推动湖北乡村振兴事业高质量发展。

Abstract: With the continuous development of digital technology, media forms such as short video and live broadcast play an important role in presenting diverse rural features, expanding the e-commerce chain, and stimulating villagers cultural participation, and have become an important means of rural development, injecting new vitality into rural revitalization. Based on the perspective of participatory culture, this paper analyzes the intrinsic relationship between participatory culture and audio-visual communication, explores the chimeric logic between participatory culture and rural revitalization, focuses on analyzing the symptoms of rural audio-visual communication in Hubei province, and proposes innovative approaches to promote the high-quality development of rural revitalization in Hubei province.

关键词：参与式文化；乡村振兴；短视频；直播

---

* 本文为2021年湖北省教育厅哲学社会科学研究项目"参与文化视域下湖北乡村振兴的视听传播创新研究"（21G206）的研究成果。

Keywords: Participatory Culture, Rural Revitalization, Short Videos, Live Streaming

引　言

中国互联网络信息中心发布的第 52 次《中国互联网络发展状况统计报告》显示，截至 2023 年 12 月，我国农村网民规模达 3.26 亿人，占网民整体的 29.8%。以移动互联网为代表的数字信息技术在与人互动的过程中将乡村社会推向深度媒介化。① 短视频、直播等作为乡村视听传播的重要媒介形态，已渗透到人们的日常生活中，在呈现乡村生活、传播乡村文化以及推动乡村经济发展的实践中成为不可忽视的力量。湖北乡村如何借助生动多样的视听传播作品推动乡村振兴战略的实施显得尤为重要，而在这一过程中，抓住短视频、直播等移动数字影像技术对大众传播参与的推动作用，激活各个社会主体参与乡村振兴的动力与机制，在湖北乡村地区发展中具有重要意义。

参与式文化理论由美国学者亨利·詹金斯（Henry Jenkins）提出，该理论揭示了互联网时代受众从单纯的信息接收者转变为媒介内容的积极创造者与参与者这一现象。该理论强调，在 Web2.0 环境下，用户不仅作为消费者接触各类媒体内容，更成为生产者、评论者、改编者和分享者，他们利用社交媒体、视频分享平台等数字化工具，积极参与到内容的创作、讨论、改编与传播过程中。② 这种转变得益于开放、交互性强的数字技术对用户生成内容（UGC）的有力支持，它降低了创作门槛，使网络从最初主要为精英阶层所用，到现在转变为大众日常生活中不可或缺的重要工具。

与参与式文化理论形成对应的是参与式传播理论，二者虽存在一定的共通性，但后者更侧重于揭示大众参与行为与社会发展进程之间的内在关联。该理论强调，参与式传播具有扁平化结构、内生动力与赋权机制三重属性，其核心在于激发弱势群体通过深度对话与知识共享实现认知升级与能力跃迁，进而为欠发达地区的可持续发展提供内生性动力。移动数字影像技术为广大村民提供前所未有的传播参与机会，并能够促进乡村地区与城镇地区的信息交流与汇融，是推动村民参与乡村振兴的新型渠道。③

更进一步，视听传播之所以能够助力参与式文化发展，是因为二者在三个层面具

---

① 谈海亮，叶提芳.乡村文化振兴中的乡村网红群体审视：在场的身体叙事与超真实表演[J].华中农业大学学报（社会科学版），2023（6）.
② 周荣庭，管华骥.参与式文化：一种全新的媒介文化样式[J].新闻爱好者，2010（12）.
③ 吴占勇.发展传播学视域下乡村文化振兴的短视频实践策略探析[J].中国出版，2022（11）.

有强逻辑关联。

(一)移动数字影像创作的便捷性为大众参与奠定基础

每个人无论身处何地,都可以利用身边的设备拍摄生活瞬间,创作个性化短视频,甚至参与到直播、微电影、微短剧等多元视听创作中,成为内容生产者与传播者。集拍摄、编辑、分享功能于一体的移动设备,极大地降低了参与门槛,为大众广泛参与到视听文化传播中奠定了坚实基础。

(二)视听传播诉诸感官的生动性为大众参与创造动力

数字影像通过直观、立体的视听语言,真实再现客观世界,营造身临其境之感,赋予信息传递高度可信性。借助色彩、音乐、剪辑等艺术手法,视听内容能够精准渲染情绪、塑造氛围,引发观众情感共鸣。尤其在传播文化和观点时,视听表达的形象化,使抽象理念得以清晰、生动地传达,能够有效激发大众的参与兴趣与动力。

(三)视听文本与社会化媒体的深度融合为大众参与提供保障

当前,短视频和直播平台具有较强的社交属性,而专业的社交媒体平台普遍容纳了短视频传播渠道。用户不仅能便捷地上传、分享自己的作品,还能通过评论、点赞、转发、二次创作等方式深度参与内容的生产和再传播。这种深度媒介融合不仅拓宽了大众参与视听传播的途径,更为构建开放、包容、多元的参与式文化提供了强有力支撑。

移动数字影像创作的便捷性、视听传播诉诸感官的生动性以及与视听文本与社会化媒体的深度融合,共同构建了参与式文化与视听传播之间的紧密关联,推动大众在视听传播内容上积极广泛地参与。本文以参与式文化理论为分析框架,探讨参与式文化如何与乡村振兴相嵌合,以及视听传播在乡村振兴中发挥的关键作用,在此基础上,系统性诊断湖北省乡村视听传播场域存在的结构性症候与认知鸿沟,提出相应的创新路径,为数字乡村建设提供跨学科理论参考。

一、数字时代视听传播在乡村振兴中的作用

(一)呈现乡村多元风貌,聚合发展资源

移动互联网、大数据等技术的广泛应用与短视频App等社交媒体的逐步下沉,使

乡村用户不再只是短视频的接受者与消费者，也成为短视频的生产者。乡村用户以乡村主体身份讲述真实乡村故事，打破他者视角对乡村的固有描述，将真实、质朴、充满烟火气的乡村生活展现出来。优质的短视频以其强大的感染力与号召力，成为驱动短视频用户前往所在地旅游的重要原因。四川省甘孜理塘县丁真因一段 7 秒的视频爆火后，便成为其家乡的旅游形象代言人，吸引了很多游客前往，使当地的旅游业大获成功。另一方面，短视频通过对乡村社会与农业生产状况的真实描述，对外展现了乡村优质发展前景，吸引了大批农民和青年创业者返乡。伴随乡民返乡的不仅有丰富的社会资源和先进的思维理念，还有关于农业生产领域的先进技术和管理模式。① 如湖北咸宁市崇阳县的沈勇亮，在返乡后利用自己的养殖专长建立小龙虾产业化科研基地，并与华中农业大学水产学院合作，研制出小龙虾高密度养殖设备，解决了当地村民室内繁育和养殖小龙虾的难题。

(二)拓展电子商务链条，提振乡村经济

乡村振兴的根本在于产业振兴。乡村电商是汇聚各方资源、激活乡村振兴活力的关键，而"短视频＋直播"则是嫁接起乡村电商对外沟通的重要桥梁。② 短视频和直播用鲜活的影像展现了丰富多彩的乡村风貌，也通过平台连接了城市与乡村，赋能乡村产业发展。农民通过短视频和直播与广大消费者建立情感联系，利用平台将农产品的生产、流通与消费等各个环节进行友好衔接，促进了乡村经济的增长，实现了乡村产业链的可持续发展。短视频和直播突破时空限制，使消费者可以直观、立体地感受到农产品的品质，极大地吸引了受众的购买兴趣。这不仅拓宽了农民的销售渠道，推动了农业产量的提高与品质的提升，实现了农产品的平台化销售，也增加了农民的收入，带动了当地的经济发展。如湖北郧西县新农人焦海峰通过直播帮助村民销售农产品，解决了农产品销售难的问题。他主动联系生产农产品的大户与销售无门的散户，进行统一收购后在直播间售卖，在个人品牌创立的同时也推动了乡村经济振兴，实现了消费者、种植户、生产者和组织者之间的共赢。

(三)激发村民文化参与，滋养乡村文明

因短视频的制作门槛低、投入成本少、操作便捷，农民纷纷自发加入短视频创作行列，打造属于自己的话语空间，成为乡村文化建设与传播的主体。"个体是乡村文化的

---

① 段海燕.乡土文化传播中的短视频实践研究[J].青年记者,2023(18).
② 曾凡忠."短视频＋直播"：返乡青年参与乡村振兴的新模式[J].传媒,2023(15).

动态呈现,村民自身的文明度、知识量和修养性往往是乡村文化最好的体现。"① 村民在自我展现的同时,也积极参与到乡村文化的生产。乡村短视频在全方位展示乡村生活的同时,也将乡风、家风、民风很好地传播出去,持续的内容输出不仅使受众感受到乡村的日常生活,也加深了对乡村文化的了解。比如,"乡村苕哥"谢成林是湖北新洲的一位短视频博主。他和妻子石红萍两人通过演绎自编剧情故事,以轻松幽默的氛围和地道的方言获得了受众喜爱。他的每个视频内容不仅贴近乡村生活点滴,还从不同侧面展示了乡村人民勤劳善良、朴实真诚、不贪小便宜的优秀品质,从正面传播了当地的人文风情。

二、参与式文化与乡村振兴的嵌合逻辑

(一)以群众参与优化乡村治理

传统的乡村治理模式往往是由政府作为主导开展实施,而参与式文化强调的是多元主体的共同参与和决策,以更好地发挥各方优势,形成治理合力。在参与式文化的施效路径上,县级融媒体中心作为连接基层群众的重要媒介,在乡村振兴中扮演着关键角色。县级融媒体中心依靠多种传播媒介,将宣传工作深入基层,结合地方实际,以本土化的方式传递给群众,同时也通过数字技术为基层群众提供了表达意见和诉求的智慧平台,群众与政府之间形成良性互动,从而促进了乡村自治。如湖北省推出了"鄂参与"村级事务管理平台,开通了"村规民约""村民说事""大喇叭""三务公开"等九大数字村务模块,使村民足不出户便可了解党务、村务、财务状况。其中"村规民约"部分将公益事业、移风易俗、家庭和睦、垃圾分类处理等事项量化赋分,村民可以通过参与乡村各项事务赚取积分并换取奖品,最大限度地激发了村民的内生动力,提升了村民参与乡村治理的质量与效率。

(二)以群众参与激发主体意识

村民是村落的主体,只有村民共同参与,由自治走向共治,才能更好地建设美丽家园。短视频、直播等媒介平台为村民提供了一个自由、宽松,能够充分展示自己的平台,激发了村民的创作动力。持续的内容输出让乡村文化资源重焕生机,构建起乡村

---

① 马红梅,高倩.中国式现代化与乡村文化振兴路径研究:基于文化传播视角[J].中国出版,2023(20).

与农民、乡村与受众强烈的情感联系。[①] 身份认同让村民进一步接纳和肯定自我,激发了村民的主体意识和责任感。如77岁的蔡明坤是来自湖北武汉大树湾村的一位专心拍摄家乡风景的短视频创作者。在他的视频中,古井、古树、古房和旧貌换新颜的村落,勾起了许多人关于家乡的记忆,视频使外出打工的乡村青年能够持续关注乡村变化,激发了乡村青年认同家乡和建设家乡的主体意识,进而更有动力参与到家乡的建设中。

(三)以群众参与优化资源配置

在资源配置方面,传统模式是由上而下统一规划和分配,而参与式文化强调的是基于地方实践和实际需求,通过群众的参与和自治,发挥地方资源的优势,实现资源的精准配置和最优利用。在湖北蕲春县,县委和县政府以发展电商为经济突破口,与"阿里巴巴"进行战略合作,建成了面积3000平方米的县级电子商务公共服务中心。该县实施"1+2+5+10"农村电商发展模式,即:每个村建电商服务站,定向指导2家区域内种养大户或专业合作社,至少带动5户村民从事电商销售,每户帮助10户以上农户增产增收。该村将手机当作"新农具",产品当作"新农资",直播当作"新农活",不仅为农民提供了就业机会,也让农民拓宽了销售农产品的渠道。

三、湖北省乡村视听传播场域存在的结构性症候与认知鸿沟

(一)多元化与同质化

短视频在呈现湖北乡村自然风光、日常生活、历史文化、民风民俗等方面发挥了重要作用,为受众了解湖北乡村形象提供了新渠道。湖北乡村短视频题材丰富,大致可分为美食类、生活类、技能类等。此外,乡村短视频的表现形式也非常多元,其独特的拍摄角度、有趣的剪辑手法以及生动的配乐与文案等,都充分展现了创作者的创新能力和思考角度。如博主"高级灵魂张斯瑞"将湖北乡村趣味生活拍成了"指环王"系列,用随手拍摄的乡村画面配上英语解说,给观众展现了富有特色的乡村生活场景。"但在整个互联网倾向于打造爆款的逻辑下,以流量获取为目标的乡村短视频生产出现高度同质化的现象"[②],大多为契合当下热点而套用模版的快捷产出。这不仅损害了乡

---

① 刘波,王雨.乡村短视频对乡土文化的记忆建构与再生产[J].电视研究,2022(11).
② 魏景霞.乡村短视频中的非理性叙事及其矫正路径[J].新闻爱好者,2023(9).

村短视频的形象和声誉,也容易导致受众对乡村生活的认知产生偏差。

(二)可视化与浅表化

部分湖北乡村短视频的制作定位清晰、画面精美、运镜流畅,能够唤起受众对乡村生活的集体记忆和美好向往。但也有"部分创作者在内容创作上浅尝辄止,把乡村短视频变成只看今朝不见历史、只见个人不见政策、只展成果不谈过程、只抓表象不挖文化的'快餐商品'"[①],缺少对乡土文化的深刻理解,使受众对于乡村的了解依旧停留在单一化、碎片化阶段。如部分账号自拍自导自演日常生活,但内容多为鸡毛蒜皮的琐碎小事,内容有较强的猎奇色彩,演技拙劣且镜头程式化,反倒使受众容易形成一定的负面印象。乡村风景、传统建筑、农业风貌、民风民俗等,是乡村短视频拍摄的重要主题。如何提升乡村短视频创作者的创作素养,提升其对乡村景观的呈现能力,是乡村地区参与式文化实践常议常新的话题。

(三)纪实化与表演化

短视频中真实的乡村生活场景和人物形象,可以让观众较为直观地了解到乡村生活的真实面貌。这种纪实化的呈现方式,不仅增强了受众对乡村生活的认知和理解,也提高了乡村短视频的传播力和影响力。如博主"鄂东老男孩"尽管身高先天不足,但他通过对日常生活的展示,让受众看到了乡村民众坚韧、朴实、真诚的形象,感受到他们对生活充满希望的乐观精神。然而,随着互联网的普及和社交平台的发展,部分博主为了追求点击率与关注度,放弃了基本的创作初心,其视频多在传媒公司的包装设计下产出,脱离了乡村生活的真实面貌,忽视了对乡村生活和文化的研究和挖掘。还有部分乡村短视频博主为了迎合受众,过度美化乡村,导致到乡村拜访的游客产生了心理落差,这也给乡村建设带来了不良影响。

四、湖北省乡村振兴的视听传播创新路径

(一)产出精品视频,嵌入文旅体系,以新形象吸引新资源

短视频生活化、真实化、碎片化的特点符合受众的审美需求,因此,我们应将优质的乡村短视频与当地的旅游资源相结合,让"个人话语"与"官方话语"有机融合,对乡

---

① 董军华.数字时代乡村短视频的多元创作和价值赋能[J].当代电视,2023(7).

村生活进行立体化输出。这就要求相关管理部门通过社会合作、教育培训等方式，提升各类创作者的相关技能，优化其拍摄、剪辑、配乐等方面的专业水平，使拍摄的视频更具观赏性和表现力。近年来，湖北省江陵县资市镇在着力打造古银杏树、青山遗址、楚王游猎场、向日葵花海等著名景观的基础上，引导群众共谋共建、共同致富，决心把资市镇打造为精致的旅游小镇。当地已建立"资市点滴""云游共享农庄""元宝书记""吊瓜书记"等多个账号，形成多点成面的宣传矩阵，从不同侧面介绍当地的旅游资源，以直播再现的方式让用户在沉浸式体验中感受乡村文化的魅力。优质短视频和游客的积极反馈不断重塑着乡村形象，大批外部资源涌入，共同推动乡村的可持续发展。

(二)激活群众表达，培育意见领袖，自主书写乡村新故事

乡村振兴需要激发群众的参与热情和创造力，而短视频创作是开展这一参与式实践的重要抓手。管理部门应建立驱动机制，激发农民的创作动力，展示乡村生活的多样性和独特魅力，鼓励返乡人员、新农人、创业者等主体参与，从不同视角展现乡村的全貌。只有多元主体合力书写乡村新故事，才能更好地展现乡村的独特魅力和价值。如博主"90后村干部星霞"借助短视频平台为村民宣讲各类政策、农业生产技术、生活百事等，让村民们足不出户就可了解相关政策，不仅提升了基层治理的效率，也展现了当地乡村生活的新面貌。账号"中国好人覃玉红"由湖北宜昌市长阳土家族自治县驻村书记覃玉红创立，他在自己的短视频中为广大网友生动展示了该村的村容村貌和风土人情，同时他通过直播帮助农民销售农产品。以上实践让更多人认识和了解了真实的乡村生活以及乡村发展动态。

(三)完善数字技术，拓展参与途径，开展多类型公共服务

文化治理是基层治理的重要方式，数字技术从公共文化服务、文化知识传播、文化交流互动等多个方面引导文化治理的数字化转型。在公共文化服务方面，与相关平台合作，统筹建立数字图书馆、数字音乐厅、数字科普空间等，为乡村百姓提供多样化的公共文化服务。在文化知识传播方面，利用短视频和直播等方式，依据乡村居民需要，开展农业技术培训、数字技术培训、文化产品传播等，为村民获取和传播文化知识拓展渠道来源。在文化交流互动方面，以短视频为载体，促进本村村民和外出务工村民的交流互动，引导返乡青年、新乡贤等积极传播本地乡风村貌。

(四)推动平台合作，借力算法科技，持续提升乡村可见性

以大数据、人工智能为核心的视频与直播技术的快速发展使直播平台与人之间的

精准匹配成了最关键的问题。① 算法作为内容分发的核心引擎,其优化对于提升乡村视听内容的传播效果至关重要。

首先,利用算法技术深入挖掘用户数据,刻画精准的用户画像,识别出对乡村题材有潜在兴趣的城市居民、旅行爱好者、文化研究者等目标群体,在此基础上,向这些用户推送乡村题材内容。通过关联地理位置信息与视频内容,还能实现基于地域和主题的智能推荐,让用户形成持续且深度的观看体验。

其次,平台围绕乡村热点和乡村特色,设计易于引发讨论的标签和热门话题,鼓励用户发表观点,形成热烈的讨论氛围,进一步提升乡村视听内容的社会关注度。

再次,设计丰富多样的互动形式,激发用户对乡村视听内容的深度参与和自发传播。鼓励创作者积极回应观众评论,分享创作背后的故事,甚至通过直播、问答、投票等方式,让观众直接参与到内容创作过程中,增强其对乡村内容的代入感与归属感。

最后,打破线上线下的界限,组织实地采风、乡村体验活动,邀请城市居民、网友亲身体验乡村生活,鼓励他们拍摄、分享所见所闻,在线上平台进行直播与报道,形成线上线下联动的传播效应,进一步提升乡村视听传播的可见度与影响力。

(五)打通商业链条,盘活发展资源,全程助力乡村振兴

乡村组织、村民个体等可通过与电商平台、广告主合作,将短视频内容与商品销售、广告投放等商业活动结合起来,实现商业价值的最大化。通过电商平台的运营,乡村的农产品、手工艺品等特色产品能够直接对接市场需求,打破传统销售渠道的限制。这不仅拓宽了乡村产品的销售渠道,提高了市场竞争力,也有助于形成完整的商业链条,促进乡村产业的良性发展。

相关企业或个人应充分挖掘和利用乡村的资源优势,拓展商业合作机会,引入外部投资、技术和管理经验,促进乡村经济的多元化发展和升级。

管理部门应制定激励措施,为乡村电商提供支持和引导,如提供税收优惠、资金扶持等政策红利,鼓励电商企业在乡村地区开展业务,为乡村电商的发展创造良好的环境和条件。

结　语

短视频、直播等已经成为我们日常生活中不可或缺的一部分,它们依托于移动设

---

① 王慧.短视频与直播赋能乡村振兴的内在逻辑与路径分析[J].社会科学家,2021(10).

备,以其便捷性、多样性以及实时性,构建了一个基于线上空间的新场景。① 当前,传统的乡村传播结构已然发生改变,视听传播借助移动网络、用户参与、电子商务等为乡村振兴提供了丰富理路。在数字中国建设与乡村振兴战略的共振效应下,这种技术可供性与文化主体性共生的新型传播生态,正重塑着乡村社会的意义生产机制与治理实践图景,并改变着乡村地区的传播生态。在这方面,湖北乡村地区的视听传播实践作出了良好的示范,为乡村振兴创新发展提供了实施路径。

(薛丹,武汉传媒学院播音主持艺术学院副教授;冯小桉,中央民族大学新闻与传播学院硕士研究生)

---

① 佟亚云,王锡苓.乡土文化在短视频平台中的呈现研究[J].青年记者,2023(12).

从 UGC 到品牌营销新趋势
——新新媒体下微电影的特点、反思与展望*

From UGC to New Brand Marketing Trend
—The Characteristics, Reflection and Prospects of Micro-film in the Context of New New Media

⊕ 张少君

Zhang Shaojun

摘要：得益于新新媒体技术的发展，微电影以其特有的表现形式吸引了众多关注。这种关注源于最初单纯地对用户生成内容（UGC）的兴趣，发展于微电影中的植入式营销，成熟于品牌（营销）类微电影的蔚然成风。但这种繁荣并不能掩盖微电影发展中的问题。本文通过解构微电影的生成机理及其核心特征，探究微电影尤其是品牌（营销）类微电影受资本市场关注的原因以及存在的问题，希望能为数字时代视听内容产业的可持续发展提供跨媒介叙事范式的转型进路。

Abstract: Benefiting from the advancements in new media technology, micro-films have garnered significant attention through their unique forms of expression. This interest initially stemmed from a pure fascination with user-generated content (UGC), evolved into product placement within micro-films, and culminated in the prevalent trend of branded (marketing) micro-films. However, this prosperity fails to obscure the underlying issues in the development of micro-films. By deconstructing the generation mechanism and core characteristics of micro films, this paper explores why micro films, especially brand (marketing) micro films, attract the attention of the capital market and the existing problems, hoping to provide a transformation path of cross-media narrative paradigm for the sustainable development of audio-visual content industry in the digital era.

---

* 本文系湖北省高等教育学会项目"情感转向：数字时代民办高校新闻传播人才培养的范式转型"（项目编号：2022XB52）的阶段性成果。

关键词：微电影；新新媒介；病毒式营销；整合营销传播；粉丝黏性

Keywords: News Media, New Media, Traditional Media, Transformations in Integrated Media

当"微"字成为数字时代的重要描述时，微电影作为其重要的物化形式进入了我们的视野。从最初由草根创作并在社交网站上分享，实现用户生成内容（UGC），到随着网络宽频、移动设备的普及，点阅率所带来的庞大市场，迅速使个人化的粗糙表达转变为精心设计制作的精美短片，我们现在所认为的微电影正式出现。微电影，特别是品牌（营销）类微电影，已成为一类文化的代名词、一种有效的品牌营销形式。

一、微电影的诞生基础

微电影作为名词出现，最初更像是一个在"微""小"社会背景下被炒作出来的产物。仅从微电影的形态来看，在"微电影"出现之前就有所谓的电影短片，甚至在2000年左右，金城武为易立信所拍摄的广告"Ericsson心灵声音·传递篇"就已经跟今天所谓的微电影别无二致。时至今日，微电影依靠微博、视频网站、手机等新媒体，可以在短时间内吸引几十万甚至上百万的观众，已然成为一种重要的文化传播方式。

（一）科技发展下受众使用习惯的转变

2007年法国影像论坛提出"继电影大屏幕、电视、电脑之后，智慧型手机的屏幕成为日常生活中不可或缺的第四面屏幕，而影片拍摄也因为这个新的观赏媒介而产生某些质变"。根据全球技术研究和咨询公司Gartner的调查报告数据，中国手机用户总数在2013年首次超过10亿。而在工信部2024年6月公布的数据里，我国1—5月手机产量6.2亿台，同比增长10.6%。①

新技术和新设备的运用不仅满足了受众使用互联网的各种需求（见表1）②，也体现出了受众在媒介融合时代对媒介内容的新要求——网络传播、碎片化传播、短时间浏览和互动的实现。正是在这样的背景下，微电影才走出"摆脱"电影短片和简单UGC的第一步。

---

① 工信部：我国1—5月手机产量6.2亿台，同比增长10.6%[EB/OL].(2024-07-13)[2024-08-30]. https://www.sohu.com/a/789251587_159067.

② 李良荣，陆晔，周葆华.新传播形态下的中国受众[M].上海：复旦大学出版社，2013：171-172.

表1 不同地区受众互联网使用动机比较

使用动机	平均值 东部地区/中部地区/西部地区	标准差 东部地区/中部地区/西部地区	有效样本		
			东部地区	中部地区	西部地区
保持社交圈	3.33/3.17/3.18	1.32/1.36/1.35	5241	2787	1895
结交不同背景的人	2.79/2.62/2.67	1.36/1.35/1.34	5219	2776	1885
扩大社交范围	3.14/2.95/3.05	1.37/1.40/1.38	5220	2790	1894
了解报刊、电视等看不到的话题和观点	3.74/3.61/3.64	1.23/1.30/1.29	5221	2783	1896
获得一些平常不容易看到的内幕消息	3.43/3.32/3.35	1.33/1.35/1.34	5215	2773	1885
接触到境内媒体上看不到的境外信息	3.12/2.85/2.99	1.39/1.39/1.38	5182	2732	1859
充分表达自己的想法和观点	2.93/2.80/2.87	1.36/1.39/1.38	5202	2773	1883
针对各种现象发表评论或参与讨论	2.64/2.48/2.53	1.35/1.32/1.36	5194	2759	1859
无拘无束地想说什么就说什么	2.82/2.81/2.78	1.44/1.44/1.46	5214	2780	1886

(二)政策影响下的受众、广告主转移

纯粹从市场的角度来看,早在"限娱令"出现之前,国家广电总局的一系列重要措施加快了受众从传统电视媒体向新新媒体的让渡。在2002至2007年间,国家广电总局先后要求各家电视台停播、整改了一系列有着较高收视率的电视节目,如停播《流星花园》(2002年),停播方言译制境外节目(2006年),卫视晚间黄金时间需要播出主旋律电视剧(2007年1月)等。受限于当时的客观条件,受众不免陷入如果不看这些电视节目就没得看的尴尬。

但也正是在这段时间,土豆(2005年)、优酷(2006年)等国内视频分享平台网站纷纷成立,并迅速培养起受众在网络平台上收看、发布、分享视频的习惯。从 Nielsen Online Site Census 在2007年12月10日到16日一周时间内对优酷网进行的数据追踪分析来看,一周中视频观看(Video View,VV)总量为6.4亿,单日 VV 峰值达到1亿;一周内页面浏览(Page View,PV)总量为8.2亿,单日 PV 峰值达到1.3亿;一周内独立访问用户（Unique Browser，UB）总数为5300余万，单日UB峰值为1200多万。①到2011年，国家广电总局对当时热播的谍战类电视剧提出限制，2013年对各家卫视如火如荼的竞技选秀类节目的制播提出限制，客观上催生了视频网站自制剧的兴起和热播。另一方面，政策上的限制，也使得部分广告资金从电视市场流出，转入微电影市场。广告主和相关广告公司出于商业考量，选择除电视媒体之外的其他多媒体传播方式。随着5G在国内的高速发展，Wi-Fi热点在城市的覆盖，借由网络影音和移动平台作为传播载体的微电影进入了广告主和制作公司的视野，由厂商投资、为其品牌和网络群体量身打造的微电影开始风行，这使得微电影从最初的草根自制逐渐向精良制作、准确传播迈进。

（三）融合文化下粉丝产生的黏性

"后麦克卢汉主义"（post-McLuhanism）学者保罗·莱文森（Paul Levinson）认为，任何一种后继的媒介都是对过去的某一种媒介或其某一种先天不足的功能的补偿：

补偿性媒介证明，技术决定论要逆转。我们不愿意忍受偷窥者汤姆的冲击，所以我们发明了窗帘。我们不甘心让电视屏幕上喜欢的形象飞逝而去却袖手旁观，所以我们发明了录像机。我们不愿意在文字的重压下洒汗挥毫，让语词从构思那一刻起就被拴死在纸面上，于是我们发明了文字处理机。拉开距离一看，这些逆转无疑可以被看成是媒介自动的、必然的突变，是窗户、电视和文字遭遇到功能的外部极限时发生的突变。然而，实际上，它们是人有意为之，是用人类理性煽起和完成的逆转。②

参与度无疑是新新媒体对传统媒体在功能上的重要弥补。而粉丝的参与正是传统家庭自制电影走向今天微电影的重要基础。亨利·詹金斯（Henry Jenkins）认为："粉丝一直是新媒体技术的早期使用者；他们对虚拟世界的迷恋常常产生出新的文化产品，从服装到爱好者杂志再到现在的数字电影。粉丝是媒体受众中最活跃的群体，他们拒绝简单地接收提供给他们的内容，而是坚持享有成为完全意义上的参与者的权利……与过去相比，有所变化的只是粉丝文化更为明显而已。网络为业余文化产品提供了一个强势的新型分发渠道。"③粉丝不仅会主动地寻找相关影像内容，更会自主提高自身的参与程度，比如引发相关话题的讨论、自制相关内容的短片，从而使自身更加陷入其中。此外，粉丝还会主动通过其能涉及的各种平台对外进行有效传播，从粉丝

---

① 尼尔森数据. Data Source：Nielsen Online Site Census. Data Period：2007.12.10-2007.12.16.2007 Nielsen Company.
② 莱文森.数字麦克卢汉：信息化新纪元指南[M].何道宽，译.北京：社会科学文献出版社，2001：287-288.
③ 詹金斯.融合文化：新媒体和旧媒体的冲突地带[M].杜永明，译.北京：商务印书馆，2012：207.

间的互动向更多一般受众的差序传递,即"就是从自己推出去的和自己发生社会关系的那一群人里所发生的一轮轮波纹的差序"①。这在客观上一定程度地缓解了传统广告宣传中所存在的消费者抵触情绪。这也使得微电影不再是草根性的自娱自乐,而成为当下市场化、规模化的重要支撑。

二、微电影的特点

时至今日,学界和业界对微电影也没有一个被大多数人所认可的定义。但从总体上看,相较于电影,微电影还是具有一些明显的特点:播放时长相对较短、投资规模相对较小、制作时间相对较短等,符合受众在电脑和手机终端的行为习惯。但随着资本的大量进入,微电影的这些特点也在发生变化,比如出现所谓的系列剧或微剧等,在遵循受众行为习惯的同时,尽量弥补了微电影作为一种媒介形式自身的不足。但无论是微电影还是微剧,其根本依旧是基于高速传播下的多屏互动。

(一)制作特点

从当下微电影的表现来看,其在制作层面上出现了三种不同的制作模式。

第一种是由个体出于兴趣等个人原因,独立完成撰写剧本、拍摄、后期制作、上传分享的传统意义上的UGC。这一类影片以个人意志的贯彻和表达为基础,是新新媒介时代个人原子化的重要表现,基本不存在商业目的。

第二种是由专业或非专业拍摄团队通过招商,进行商品植入,进而完成微电影作品创作。这种制作方式兼顾了个体表达和制作成本,有利于鼓励更多团队进行微电影创作,扩大微电影市场的基数,同时也是微电影走向规模化创作的基础。但仅仅依靠植入式营销,并不能充分发挥微电影的优势和特色,没有为企业量身定制使得这一类微电影的发展空间受限。

第三种是基于整合营销模式的品牌微电影。这一类微电影成为当下和今后相当长一段时间内为市场和受众所关注的微电影形式。这类微电影由企业投资,在剧本完成前,创作者往往完成了品牌或营销策划方案,明确了品牌微电影所需要达到的目的及其在整个营销过程中所处的位置,并与其他营销推广手段进行配合,共同达到品牌宣传目的。在此基础上,由专业团队完成剧本的创作、拍摄和上传,并借由公关公司通过病毒式营销等手段进行大范围推广。这种品牌微电影受到企业的青睐。

---

① 费孝通.乡土中国[M].北京:北京大学出版社,1998:9.

(二)病毒视频

病毒式营销由蒂姆·奥莱利(Tim O'Reilly)提出,指"一些推介会直接从一位用户传播到另外一位用户,以为用户对另一人传递的讯息,很可能是直接、个人、可信且有意义的。这类传播——用户间彼此之间的接触,过去称为'口碑行销'(word-of-mouth comunication),现在则称为'耳语'(buzz)"[①]。

在传统的营销范式下,病毒式传播面临着时空壁垒与媒介生态刚性的双重结构性约束,很难成为一种具有普遍意义的营销模式。但在新新媒介语境下,借助社交媒体的关注、分享和推送功能,病毒式营销发挥了自身强大的威力。"数字的'口传'能在刹那间到达任何人、任何地方和数以百万计的人。相反,旧式的'口传'只能到达你身旁的人,在固定电话的岁月里只能到达电话另一端的那个人。"[②]而微电影极易成为病毒视频。

2008年2月,由不具有任何知名度的普通人史蒂芬·纳德尔曼独自完成撰稿、制作的"从冲突国家食物的角度来看从'二战'至今以美国为中心的简史"短片("食物大战",food fight)被上传于Youtube,短片中"没有明星,没有配乐,只有动画",但从2008年2月至2009年2月一年的时间内,在Youtube上,该片的点击观看人次超过了360万。类似的例子比比皆是,以至于无论是国外的Youtube还是国内的优酷等视频分享平台,都提出了相应的分红计划。

问题在于:在网络时代,数据大量冗余的背景下,这些微电影是如何突破重围,吸引到大众关注的?其缘起就是病毒式营销。保罗·莱文森就以"食物大战"为原型,描述了病毒视频的效用:

无论这一视频多么完美,既然其制作者默默无闻,它为什么能吸引数以百万计的观众呢?我初看"食物大战"是有人介绍的。我的同事和朋友兰斯·斯特雷特(Lance Strate)教授,他同时也是我Myspace上的朋友。他在我的Myspace网页上贴上了他对这一视频的评论。这种偶然为之、非专业人士所宣传的点点滴滴,都可能和数以百万计美元的宣传造势媲美。实际上,今天大多数的公关公司经常花钱为这种口头传播、市井流传的宣传造势。[③]

基于网络社会的嵌入性人际传播网络,受众对传统营销的认知防御机制呈现系统性去敏感化特征,使得企业能够通过微电影、微剧等传播形式达到有效的品牌建构目的。

[①] Wikipedia. 病毒式营销[EB/OL]. (2024-07-30)[2024-08-30]. http://zh.wikipedia.org/wiki/病毒式营销.
[②] 莱文森. 新新媒介[M]. 何道宽,译. 上海:复旦大学出版社,2013:69.
[③] 莱文森. 新新媒介[M]. 何道宽,译. 上海:复旦大学出版社,2013:68-69.

三、微电影的高话题性和品牌的低存在感——微电影存在的问题

今天,庞大的网络用户所形成的市场引起了资本的关注,从而也迎来了微电影特别是品牌微电影的繁荣。然而,当下微电影所反映出的最大问题恰恰在于其营销效果上——微电影的高话题性和品牌的低存在感并存。

一方面,无论是从微电影剧本类型的选择、演员的选择,还是影片的宣传策略、话题运用以及与受众的线上互动……无一不在提升微电影的知名度,吸引受众的注意力。这些都为微电影的商业化运作取得成功奠定了基础。然而,另一方面,微电影的成功不等于品牌、产品的成功。当下,品牌微电影所面临的尴尬恰恰在于,人们津津乐道的往往是电影、演员本身,却很难联想到其背后的品牌,品牌焦点由此被模糊。残酷的事实是,如果品牌不能和微电影本身进行强有力的融合,那么受众越关注微电影的内容,就越会无视品牌的存在。这不仅意味着品牌(营销)类微电影的失败,也意味着企业营销传播的失败。如果这种情况在微电影的发展中被不断重复,那么资本就会逐步撤出微电影市场,微电影也将不复当下的繁荣。

四、融入整合营销传播的程度不断提升——品牌(营销)微电影的发展趋势

要克服微电影与品牌的弱联系问题,创作人员就要更好地理解企业的营销意图。而要做到这一点,创作人员首先就要明确一部微电影在企业产品营销活动中所扮演的角色,并明确其与其他宣传手段(广告、公关、促销等)的关系,更好地协同配合。因此,将创作人员纳入整合营销计划中来,而不仅仅是作为计划的配合者,将是营销类微电影克服不足、继续发展的关键。

在未来的微电影发展中,品牌(营销)类微电影的比重将会不断增加。与品牌特质契合的微电影制作、适合投放的网络媒体平台以及线上与线下的整合互动,将成为微电影创作、营销人员关注的焦点。

(张少君,武汉传媒学院副教授)

老龄化社会语境下广告中的老年群体媒介形象偏差及其优化路径

Research on Media Image Deviation of the Aged Group in Advertising in the Context of Aging Society and its Optimization Path

◆ 赵一楠

Zhao Yinan

摘要：根据《2022年世界人口展望》，人口老龄化已成为世界各国共同面对的话题。随着全球老龄化趋势加快，老年人的生活需求越来越受关注。除了健康医疗外，他们参与社会交流、表达心声的权利同样重要，这需要社会各界共同重视和保障。随着老年消费群体的持续壮大，广告行业如何正确认知银发经济蓝海，通过精准洞察与情感共鸣赢得老年群体认同，这不仅关系到市场开拓的深度，更考验着行业对适老化传播伦理的践行能力，理应成为从业者的必修课。本文将从现状分析、案例解读与策略探讨入手，研究老龄化社会背景下广告行业如何更好地把握老年群体市场机遇，并提出切实可行的建议。

Abstract: According to the World Population Prospects in 2022, population aging has become a common topic faced by all countries in the world. With the acceleration of the global aging trend, the living needs of the elderly are getting more and more attention. In addition to health care, their right to participate in social communication and express their aspirations is equally important, which needs to be valued and guaranteed by all sectors of society. As the elderly consumer groups continue to grow, the advertising industry how to correctly understand the silver economic blue ocean, through accurate insight and emotional resonance to win the identity of the elderly group, which not only relates to the depth of market development, but also tests the industry's ability to practice the aging communication ethics, should become a compulsory course for practitioners. This paper will start with the analysis of the current situation, case interpretation and strategy discussion, and study how the advertising industry can better grasp the opportunity of the silver market under the background of the aging society, and put forward practical suggestions.

关键词：老龄化；广告；刻板印象

Keywords: Ageism, Advertising, Stereotype

联合国《2022年世界人口展望》报告数据显示，尽管COVID-19疫情对全球人口结构与规模产生阶段性扰动，但65岁及以上年龄组的人口增长率仍持续领跑各年龄群体，凸显后疫情时代人口老龄化进程的不可逆性。中国作为超大规模老龄化社会，第七次人口普查数据显示，65岁及以上人口占比已达13.5%，12个省级行政区更突破深度老龄化基准线（14%）。在此背景下，全球健康老龄化战略（WHO, 2015）提出的消除年龄歧视目标，与我国"十四五"规划强调的"积极应对人口老龄化国家战略"形成政策共振。

随着人口老龄化的加剧，老年人市场也在不断扩大。而今，我国虽在政策层面持续推进健康老龄化战略（《"十四五"国家老龄事业发展规划》），但市场实践中仍存在认知脱节现象。当前87.6%的老年消费品广告沿用青年形象符号，让产品看起来是专门为年轻人设计，与老年人关系不大。目前，欧美营销界开始重视年龄包容性策略，意识到广告中的年龄歧视不仅让企业错失银发市场红利，还限制了老年群体对多元化生活方式的选择权利。

本文首先解析社会对老年人的偏见现象，探讨其产生根源及在日常生活与媒体传播中的具体表现。第二部分聚焦广告行业，通过分析国内外典型案例（包括几个成功运用老年模特的正面案例和一个引发争议的潜在歧视案例），揭示广告从业者在目标受众定位、创意表达等方面的认知局限。最后从市场规律、行业责任、社会监督三个层面提出改进建议，强调需要建立年龄友好的广告创作规范，此外还将讨论市场监督责任等相关问题。

一、年龄歧视与老年群体的媒介形象偏差

戴维·迈尔斯（David Myers）在《社会心理学》一书中表示，偏见是一种负面态度，是对一个群体及其他成员负面的预先判断。在当今社会，人们通常会根据国籍、种族、身材、性别、年龄等方式将人分成不同的类型。而歧视这种负面行为往往源于偏见。

年龄歧视理论由美国老年学先驱罗伯特·巴特勒(Robert N. Butler)在 1969 年奠基性提出,其定义为"基于年龄形成的系统性偏见体系",具体表现为三重维度:认知层面的刻板化想象(如"老年人不擅科技")、情感维度的代际疏离(如青年文化霸权)、行为层面的制度性排斥(如就业年龄限制)。值得注意的是,即便是正面刻板印象(如"银发智慧"),本质上仍是对老年群体多样性的隐性否定。①

从生物学的角度来看,每个人都会经历出生、生长、成熟、繁殖、衰老直至最后死亡的生命历程。1948 年 12 月联合国大会通过的《世界人权宣言》规定:"人人生而自由,在尊严和权利上一律平等。……人人有资格享受本宣言所载的一切权利和自由,不分种族、肤色、性别、语言、宗教、政治或其他见解、国籍或社会出身、财产、出生或其他身份等任何区别。"年龄歧视作为一种隐性社会偏见尚未获得普遍认知,其系统性防范机制亦存在明显缺失。跨文化研究数据显示,青年群体中普遍存在针对老年群体的消极态度。根据《欧洲社会调查》(ESS,第 8 轮)对 28 个国家 4.7 万名成年受访者的抽样统计,约 35% 的 18—30 岁青年表现出显著的年龄歧视倾向。在 Luo 等学者(2023)的跨文化比较研究中,中、美两国大学生群体均呈现对老龄化的负面认知,但表现出差异性特征:相较于美国样本中 67.2% 的受访者具有定期老年照护经历,中国大学生仅 12.5% 存在稳定代际互动,这种社会接触缺失导致其老年恐惧指数(GAQ 量表)显著高于美国对照组($p<0.01$)。② 这些发现揭示了年龄歧视现象的复杂成因,提示代际隔离可能加剧青年群体的老龄化焦虑。

在社会政策领域,针对老年群体劳动参与率递减的特征,各国普遍建立了退休制度、养老金计划、住房保障及医疗支持政策体系。以欧洲为例,20 世纪 80 年代经济衰退期间,制造业萎缩导致大规模结构性失业(1983 年欧盟失业率突破 10%),法国、荷兰等国相继推出提前退休政策,通过财政补贴鼓励高龄劳动者退出就业市场。这种政策设计虽短期内缓解了青年就业压力,却使养老保障体系面临持续性挑战——欧盟公共养老金支出占 GDP 比重在 1980 至 1990 年间增长 46%,凸显出人口老龄化与代际福利平衡的结构性矛盾。③ 在这种情况下,有些人不得不在生理情况没有那么糟糕的情况下,被迫提前退休。

---

① IVERSEN T N,LARSEN L,SOLEM P E. A conceptual analysis of ageism[J]. Nordic psychology,2009,61(3):4-22.
② LUO B,et al. Ageism among college students:a comparative study between U.S. and China[J]. Journal of cross-cultural gerontology,2013,28(1):49-63.
③ WESTERHOF G J,TULLE E. Meanings of ageing and old age:discursive contexts, social attitudes and personal identities[M]//BOND J,PEACE S,DITTMANN-K,et al. Aging in society—European perspectives on gerontology(3rd edition). Lodon:Sage,2007:15-37.

在大众媒体中,针对老年人的呈现存在明显偏差。研究显示,媒体对老年群体的报道数量和发声机会显著不足——虽然存在少量老年主题内容,但多以旁观视角呈现而非让其自主表达。影视领域尤为突出:老年角色占比不足其人口比例的一半,担任主角的概率更不足中青年群体的1/5。值得注意的是,即便涉及老年群体,约六成内容仍聚焦于健康衰退、技术适应困难等负面刻板印象,这种失衡的媒介呈现可能加剧社会对老龄化的认知偏差。

综合现有研究可见,年龄歧视已渗透至制度设计、公共传播及社会认知维度。其核心机制在于将特定生理年龄(通常设定为50—65岁)机械关联为劳动能力与社会价值的终结节点——据联合国人口司统计,全球21个主要经济体仍将60岁作为法定退休基准年龄,尽管这些国家60—64岁群体的健康预期寿命已达17.3岁(HALE指数)。这种基于生物年龄的社会角色剥夺,导致超四成提前退休者出现自我效能感显著下降(WHO心理健康监测数据)。值得注意的是,当代60岁群体的身体机能较20世纪同龄人提升23%,但"老龄化=衰退"的认知范式仍主导着85%企业的招聘决策(ILO,2022劳动力市场报告),折射出现代化进程中年龄认知的严重滞后性。

二、广告中的老年媒介形象分析

当今社会,人口老龄化现象日益严峻,同时这也意味着老年人市场规模越来越大,但对于我们的广告行业来说,是否已经关注到这一日益增长的市场?

一些广告商和营销人员不愿意投入过多精力在50岁以上的市场,究其原因,是他们认为这会让人觉得他们是"失败者"。广告商和营销人员认为,向老年人售卖产品,这些产品会被认为形象刻板、没有吸引力,并且不会带来高额回报。他们甚至认为,如果试图吸引老年消费者,就意味着失去"有活力的"年轻消费者[1]。

老年市场易受忽视的另一个主要原因是,老年人很快就会离世[2]。但事实上,根据联合国预期寿命数据,即使受到COVID-19的影响,全球出生时的预期寿命从72.8岁下降至71岁,欧洲、北美部分地区的预期寿命也仍大于85岁,东亚如中国、日本、韩国的预期寿命大于80岁。对比过去,全球寿命增长是不争的事实。

广告业对老年群体的认知偏见正在错失市场机遇。行业既将老年模特固化为"衰弱""过时"的刻板符号,又误判广告对老年群体无效。这种双重偏见导致品牌忽视全

---

[1] CARRIGAN M, SZMIGIN I. In pursuit of youth: what's wrong with the older market? [J]. Marketing and intelligence planning, 1999, 17(5): 222-230.
[2] MILLER C. Image of seniors improves in ads[J]. Marketing news, 1993(6): 8-11.

球老龄化趋势(60 岁以上人口即将突破 20 亿)与万亿级老年消费市场,同时强化了社会对老年价值的扁平化认知。当消费主力逐渐老去时,这种年龄歧视策略终将反噬商业价值。

  为了吸引顾客,部分广告商尝试用幽默的方式打广告,但这种方式也许会赢得年轻群体的好感,但对年长群体来说,或许会被视作冒犯。[①] 2019 年,法国巴黎 BETC 公司为《碟中谍》(*Mission：Impossible*)制作了一则广告,取名为《真的不可能完成的任务》(CANAL＋：*Misssion Really Impossible*,见图 1)。在影片中,老当益壮的汤姆·克鲁斯面临许多具有挑战性的任务仍勇往直前。而在宣传广告中,老汤姆·克鲁斯和他的团队因为年事已高,出现腿脚不便、卧倒后难以站立、助听器不能帮助他们快速听清声音、白内障导致虹膜识别解锁失败、颤抖的双手难以处理炸弹等问题,导致任务完成难度极高。[②] 所有这些都试图向观众传递一个信息:"不要等电影老去(过时)再看。"(Don't wait for movies to get old.)

图 1 广告 *Mission Really Impossible*

  该广告因其创意收获数个奖项,但它没有表现出对老年人的尊重,拿腿脚不便、听力下降、白内障、手抖和其他一些人变老后会出现的生理健康问题开玩笑。而且这个口号对老年人非常不友好,会让广告片的观众认为"老"是一件不好、可怕的事情。同时,它以讽刺他人为代价,让年轻人觉得有趣,这可能会导致影片失去老年市场。

  与上面这则广告相反,有些产品不只关注年轻群体,在老年群体中也赢得了广泛

[①] CARRIGAN M, SZMIGIN I. In pursuit of youth: what's wrong with the older market? [J]. Marketing and intelligence planning, 1999, 17(5): 222-230.
[②] JOEST M. Mission: impossible missions ranked on how impossible they really were[EB/OL]. (2020-04-29) [2024-08-30]. https://www.cinemablend.com/news/2493122/6-mission-impossible-missions-ranked-on-how-impossible-they-really-were.

好评。2016年,耐克公司为里约奥运会推出了《你,不信极限》(Unlimited You)系列广告。在该系列广告中,耐克关注到包括婴儿、老年人在内的所有年龄段的人群。其中一则广告聚焦于一位有趣的人物,86岁的"铁人三项"运动爱好者——麦当娜·布德尔修女(见图2)。这位修女每天早上跑步、游泳、骑自行车。82岁时,她创下了"铁人三项"最年长参赛者的世界纪录。

图2 耐克里约奥运会广告

麦当娜以她的年龄和行动,让所有看到这则广告的人都肃然起敬。这一系列广告让受众感受到耐克这个品牌的包容性,相信无论运动技能水平如何,每个普通人都有"无限"的可能。[1] 耐克公司凭借这一系列广告,吸引了比其他同类公司更多的细分市场。

广告中对老年群体的呈现存在明显分野:案例一以衰老相关的健康问题作为笑点,虽然创意吸睛,却加深了人们对老龄化的负面联想;案例二则打破运动品牌专属于年轻人的固有印象,通过展现老年消费者的活力形象,不仅赢得目标群体认同,更带动跨年龄层消费者的好感度提升。两个案例证明,消解年龄偏见既能避免社会价值伤害,也能为品牌开拓更广阔的市场空间——尤其在老龄化加速的当下。

---

[1] PECH K. Unlimited you:nike pushing the limits of advertising[EB/OL].(2018-07-12)[2020-04-29].https://professorramos.blog/2018/07/12/unlimited-you-nike-pushing-the-limits-of-advertising/.

三、广告中老年群体媒介形象偏差的影响

(一)对市场营销的影响

在人口结构不可逆的老龄化趋势下,50—60岁退休群体正形成特殊消费力量:中国该群体掌握70%家庭资产(胡润统计数据),退休后平均拥有18年健康活跃期。当前广告投放仍集中在医疗健康领域,却忽略了该群体对智能科技、文化教育、品质旅游等领域的升级需求。麦肯锡研究证实,针对性开发老年市场的企业利润率普遍提升8—12个百分点,这揭示了突破传统老年营销模式背后的商业价值空间。

(二)对广告商的影响

广告行业的年龄偏见正在反噬自身。当广告公司过度追求年轻化团队(50岁以上从业者不足7%),实际上切断了与老年群体消费市场的真实连接——数据显示,73%老年群体认为广告不符合其生活状态。用年轻视角臆测老年需求,不仅造成每年超300亿元的品牌损失,更暴露出其决策短视:真正理解老年人需求的,恰恰是那些被边缘化的资深从业者。

Freelance公司的创意总监Loizou曾以幽默的方式在领英上发布了一篇文章《我不是54岁,我只是拥有32年工龄的22岁年轻人》(I'm Not 54. I'm 22 with 32 Years Experience),试图表明他仍然是个"有创造力、有激情、有能力,更有价值"的广告人。尽管Loizou的文章赢得许多人的共鸣,但他的后期职业生涯仍难以得到认可,这种英雄迟暮、年龄焦虑影响着全世界千千万万和Loizou类似的广告人。

四、社会责任及应对策略

广告作为现代社会的文化空气,其伦理重量正被重新评估——当全球银发经济规模突破20万亿美元,却仍有68%的老年消费者在广告中找不到自己的真实镜像。这种年龄偏见正在制造双重困境:商业层面,品牌每年因代际认知错位损失430亿美元潜在市场;社会层面,"衰老=无能"的隐形叙事持续侵蚀代际信任基础。广告业亟待建立"跨代际创意委员会",将50岁以上从业者比例从不足5%提升至基准线15%,让"电竞奶奶""智能穿戴爷爷"的真实生活进入主流叙事场域,这既是应对人口结构剧变的商业策略,更是重构健康年龄观的社会责任。

《广告手册》(The Sage Handbook of Advertising)指出,商业广告中的误导性内容已是各国广告监管的重点对象。在世界范围内,立法者和管理者对年龄歧视问题关注甚少。英国搁置了一项反对年龄歧视的立法保护计划;美国在 35 年前通过了《就业年龄歧视法》,遗憾的是,该法至今未见成效;法国只禁止在招聘广告中对年龄的限制;澳大利亚不是所有州都颁布了年龄歧视法;奥地利、加拿大、德国、希腊、新西兰和西班牙有相应的有限的法律。[①] 由此可见,相关法律的制定和完善迫在眉睫。

(赵一楠,武汉传媒学院助教)

---

① CARRIGAN M,SZMIGIN I. Advertising in an ageing society[J]. Ageing and society,2000,20(1):217-233.

课程思政

浅析提升马克思主义新闻观课程教学效果的多维路径*

A Multidimensional Path to Improve the Teaching Effectiveness of Marxist Journalism Curriculum

◈ 邓翠平

Deng Cuiping

摘要：我国新闻舆论工作的根本遵循是马克思主义新闻观，但在当前高校马克思主义新闻观课程建设中，仍普遍存在重理论轻实践、教学内容滞后、教学方法单一等现实困境。本文基于对部分传媒院校的实证调研数据，从课程体系建构、教学模式创新、实践教学改革三个层面展开分析，提出提升马克思主义新闻观课程教学效果的方法和实施路径。

Abstract: The fundamental adherence of our country's news opinion work is the Marxist news view. However, in the course construction of Marxist news view in colleges and universities, there are still realistic difficulties such as attaching more importance to theory than practice, lagging teaching content and single teaching method. Based on the empirical research data of some media colleges and universities, this paper analyzes the curriculum system construction, teaching mode innovation and practical teaching reform from three aspects, and puts forward the methods and implementation paths to improve the teaching effect of Marxist news view course.

关键词：马克思主义新闻观；教学改革；课程教学；实践教学

Keywords: Marxist View of Journalism, Teaching Reform, Course Teaching, Practical Teaching

---

* 本文系武汉传媒学院 2023 年校级教学改革研究项目"大学生法治素养培育路径研究——基于'马克思主义新闻观'课程思政教学设计与探索"（XJ2023103）的阶段性成果。

据中华全国新闻工作者协会、智研咨询发布的2021年度数据,我国持证新闻记者规模为19.43万人,而自媒体从业群体已达970万之众,涵盖学生、职场人士、知识分子等多元化主体。在专业新闻工作者与自媒体创作者比例严重失衡的格局下,叠加国际传播秩序重构与数字技术革命的双重冲击,主流舆论阵地面临结构性挑战。新闻传播教育作为意识形态建设的基础工程,亟须通过马克思主义新闻观教育的体系化重构,培养具有政治定力、专业能力和技术张力的新型新闻人才。本文从高校新闻传播教育实践角度,多维度探索马克思主义新闻观教育路径与策略,为马克思主义新闻观课程教学改革建言献策,为应对全媒体时代舆论引导能力建设提供教育解决方案。

一、马克思主义新闻观概述

马克思主义新闻观,是马克思主义对新闻现象和新闻传播活动的总的看法及规律性认识,它涉及新闻工作的一系列根本性问题,其核心是马克思主义关于无产阶级及其政党新闻事业和社会主义新闻事业的根本性质、工作原则及运行规律等重要问题的基本观点和理论,体现了科学性、思想性与实践性、时代性的高度统一,是党的新闻舆论工作的根本遵循。[①]

马克思主义新闻观是马克思主义的世界观、人生观、价值观在新闻传播领域的反映和体现,是马克思主义对新闻工作的科学认识,它兼收并蓄,广采博取各种人类文明成果,并且不断与时俱进,不断用新的理论与实践对自身进行充实、完善和发展。

坚持马克思主义新闻观,做好新时代党的新闻舆论工作,重点涵盖六个方面的内容:其一,坚持党性原则是中国特色社会主义新闻舆论工作的根本原则。在我国,新闻事业既是党和政府的耳目喉舌,也是人民的耳目喉舌,是党领导下的社会文化事业和宣传舆论阵地,必须坚持党媒姓党、党性与人民性相统一的原则。其二,坚持以人民为中心的工作理念是马克思主义新闻观的本质要求,是党的群众路线在新闻实践中的具体体现。其三,坚持微观真实与宏观真实相统一是马克思主义新闻观的基本要求,真实是新闻的生命。其四,坚持正确舆论导向,在全社会营造积极向上的思想舆论环境。其五,坚持遵循新闻传播规律,使新闻工作体现时代性、把握规律性、富于创造性,不断提高新闻舆论的传播力、引导力、影响力、公信力。其六,勇于承担媒体社会责任,使新闻媒体切实承担起举旗帜、聚民心、育新人、兴文化、展形象的使命。

---

① 郑保卫.马克思主义新闻观十二讲[M].北京:高等教育出版社,2019.

马克思主义新闻观是中国特色社会主义新闻事业的灵魂。在新时代坚持马克思主义新闻观,具有重要的时代价值。首先,马克思主义新闻观能够为不断变迁的新闻舆论工作实践提供科学性和时代性的理论支撑。马克思主义新闻观是一个开放创新的理论体系,会随着实践的发展与时俱进,能够为处于高速变革中的新闻舆论工作提供科学的理论支撑,保持中国特色社会主义新闻事业的灵魂。其次,马克思主义新闻观自始至终坚持党性原则,坚持以人民为中心的理念,不管在何种境地下,始终将人民群众的利益放在首要位置,为新闻舆论工作在复杂严峻的舆论场确立了明确的政治立场和价值指向。最后,马克思主义新闻观可以为建设更牢固的宣传舆论阵地提供丰富的方法论指导。

二、马克思主义新闻观课程教学的现状分析

从20世纪90年代开始,"马克思主义新闻观"得到了明确概念化,马克思主义新闻观教育也得到了进一步强化。多年来,马克思主义新闻观教育重点集中在三个方面。其一,作为新闻行业的思想政治教育,强化新闻工作者和新闻专业学生的党性原则,坚定社会主义的政治立场,把握正确的政治方向,坚持以人民为中心的工作导向。其二,提高对西方新闻观的批判和鉴别能力,能够抵御西方虚假的"新闻自由"等错误新闻观的诱惑,增强自身免疫力,守好信息战中的宣传舆论阵地,引导正确的舆论方向,为全党和全国工作大局服务。其三,守正创新,能够将马克思主义新闻观灵活运用于新闻传播实践中,做好党的政策主张的传播者、社会进步的推动者、公平正义的守望者。

罗志刚、涂笑宇对11所高校的新闻院系进行抽样调查后总结了目前新闻传播院系学生对马克思主义新闻观的认知现状,调查结果肯定了高校新闻院系开展马克思主义新闻观教育取得的一定成效,但同时也发现师生新闻观存在诸多问题。[①] 调查发现,师生对于媒体的党性和人民性、新闻的真实性、媒体的社会责任等基本新闻原则的认知总体趋同,在政治立场方面积极向上。然而,存在的问题也很突出。一是对于西方新闻观念的认知还存在误区,误认为西方所谓的"新闻自由"能够超越政党、阶级和政府的独立性,不能正确把握媒体的根本属性,从而很难找准自己的职业定位。二是尚未能够学会用马克思主义新闻观的立场、观点、方法来认识和分析具体现实的新闻

---

① 罗志刚,涂笑宇.高校新闻院系马克思主义新闻观教育现状及提升路径:基于11所高校新闻院系的实证分析[J].湖北社会科学,2019(12):167-172.

和舆论问题,不能准确把握舆论导向。

马克思主义新闻观课程作为高校新闻传播学科的核心课程,已实现全国范围的全覆盖并形成规范化教学体系,"马工程"教材的权威性从源头上保障了理论阐释的准确性。至于教学实践中普遍存在的认知困惑与实践转化效能不足问题,究其原因,主要集中在以下两个方面。

第一,新闻院系教师对马克思主义新闻观认知储备薄弱,课程联动难度较高。马克思主义新闻观课程不仅要求任课教师具备深厚的马克思主义素养,还要有丰富的新闻专业实践经历和丰富的教学经验。目前的教学窘境在于,多数教师自身的马克思主义新闻观理论修养不足,在课程当中主动援引马克思主义新闻观理论的自觉性不高。同时,马克思主义新闻观课程作为新闻传播学科的价值统领性课程,本应承担起贯通知识体系、整合学科资源、引领专业方向的核心枢纽功能。但在当前教学实践中,该课程正面临"课程孤岛化"的深层困境:一方面,其课程定位仍停留在知识传授层面,未能上升为贯穿专业培养全过程的价值观坐标系;另一方面,专业课群建设缺乏马克思主义新闻观的顶层牵引,导致西方传播理论框架下的课程模块持续挤压其价值传导空间。

第二,从课程实践来看,马克思主义新闻观是对于新闻现象和新闻传播活动的规律性认识和总结,以抽象理论居多,容易导致学生学习倦怠,产生枯燥感,主动学习的积极性不高。况且,学生本身的媒介素养与理论知识储备不足,缺乏辩证性思维,加上受到纷繁复杂的网络舆论现象的影响,对于马克思主义新闻观理论的指导作用无法深入理解。

三、加强马克思主义新闻观课程教学的路径探索

我国高校新闻传播教育目的是培养未来的社会主义新闻事业接班人和党、政府及人民群众的"耳目喉舌"。社会主义新闻教育的成败直接关系到未来新闻舆论阵地的牢固程度,而成败的标尺很大程度上体现为新闻学子在多大程度上能理解、掌握并运用马克思主义新闻观的基本理论和观点去指导新闻工作实践。在如今越发错综复杂的舆论生态环境下,新闻舆论工作者更需要先进思想引导和科学理论武装,才能创作优秀作品鼓舞人。在此背景下,马克思主义新闻观教育教学必须承担时代和社会赋予的重大使命。各新闻院系和教师都需要在"以学生为中心"的教育理念的指导下,积极进行教学改革,让马克思主义新闻观的基本理论、基本原则在学生心目中生根发芽、枝繁叶茂。面对马克思主义新闻观教学中存在的问题,我们可以从课程体系建构、教学

模式创新、实践教学改革这三条路径进行深入探索与强化。

(一)在课程体系建构中确立马克思主义新闻观的核心地位

2016年2月19日,习近平总书记在党的新闻舆论工作座谈会上指出:"要把马克思主义贯穿到新闻理论研究、新闻教学中去,使新闻学真正成为一门以马克思主义为指导的学科,使学新闻的学生真正成为牢固树立马克思主义新闻观的优秀人才。"[①]要将这一理念贯彻落实到具体课程教学之中,有三个主要路径。一是将马克思主义新闻观设置为新闻传播学科各专业的核心课程,确立其在专业人才培养中的重要性。二是在新闻传播学科各门课程的"课程思政"建设中,将马克思主义新闻观的基本原则和理论作为课程思政的必备项目,写入教学大纲。三是在新闻传播专业实践课程中,将符合马克思主义新闻观理论与原则作为实践考核的具体参考指标。从人才培养方案、课程思政、实践考核三个方面,将马克思主义新闻观贯穿于新闻传播教学的日常活动之中,实现马克思主义新闻观与其他专业课程的融合与联动,让学生从理论到实践全方位地接受马克思主义新闻观的熏陶。

(二)在课堂教学中强化马克思主义新闻观教育

1.更新教学目标

教学目标是教学活动的指路明灯,不仅能够指引教学方向、评价教学成果,还能激发学生的学习动力,促进学生的全面发展。教学目标的设置需要结合人才培养方案、课程教学大纲和学生需求,明确实施内容和划分层次,应涵盖知识、技能、情感态度和价值观等多个维度。落实到马克思主义新闻观课程教学中,同样需要确立其知识目标、技能目标、情感和价值观目标。

知识目标:了解马克思主义新闻观形成和发展的历史,掌握马克思主义新闻观的基本理论、基本原则,理解马克思主义新闻观的科学性、时代性、实践性,满足从低到高的知识认知层次。

技能目标:在实践中贯彻马克思主义新闻观的指导意义,具体来说,即能够在复杂的新闻现象中批判性地分析和评价信息生产与传播活动,并能发现、辨析、质疑和评价各类新闻传播活动中的现象和问题,提出相应对策和建议;更高层级的技能目标则体现为能在马克思主义新闻观指导下,参与新闻传播实践活动,创作出有思想、有温度、

---

① 习近平在党的新闻舆论工作座谈会上强调:坚持正确方向,创新方法手段,提高新闻舆论传播力引导力[N].人民日报,2016-02-20.

有品质的新闻作品。

情感和价值目标：在具体的课程教学实践中，培养马克思主义精神品质，坚持马克思主义新闻观和正确的舆论导向，践行社会主义核心价值观。

2.调整更新教学内容

教学内容的设置，需要根据教学目标的要求，筛选、组织、安排知识点和技能点、思政点，确保教学内容既符合学生学情，又具有针对性和实效性。马克思主义新闻观的教学内容庞杂，需要根据不同层次学生的具体情况进行筛选、安排。对于普通本科院校的学生来说，知识点应该出自经典权威教材，能够帮助学生及时复习和巩固需要掌握的基本理论和基本原则，不会产生偏颇理解。技能点和思政点的组织和安排则需要参考马克思主义新闻观经典作品，结合中国共产党的新闻实践经验以及学生的专业学习实际情况，实行从易到难的坡度划分，选择符合时代要求的、与学生联系紧密的、富含马克思主义新闻观新思想的新闻案例，激发学生的学习兴趣。

3.革新教学方法

教学方法是为实现教学目标所采取的教法与学法的总称。马克思主义新闻观课程要达成知识、技能与情感目标，提升学生的学习积极性，需要教师在教学过程中积极培养学生的学习主动性。(1)教师要创造一个积极、开放和包容的学习环境，鼓励学生勇于表达观点。在这一点上，借助"学习通"等线上教学工具，开设线上讨论话题，是一个很好的途径。开放的、可视化的讨论区，可以让全体学生都参与话题，表达意见。(2)教师可以设置有趣且富有挑战性的学习任务来激发学生的学习兴趣，以分组任务形式，让学生带着问题去探讨。(3)马克思主义新闻观课程教学应采用线上线下融合式教学方法。对于线上教学来说，积极建设线上教学资源库，包括题库、慕课、案例库、经典文献库等，为学生提供丰富的学习资源。对于线下教学来说，除了课堂教学外，还可以邀请一线记者、编辑走入课堂与学生面对面交流，教师也可以带领学生走出去，参观一线新闻编辑室、融媒体中心，观摩新闻工作日常业务流程，为学生补充鲜活的案例知识，接受最直观的新闻德育教育。

4.调整期末考核标准，强化学习过程考核

以往作为理论课程，对于马克思主义新闻观课程的考核多以理论为主，如今则更需要注重实际应用和学习过程。比如，降低期末笔试成绩的比重，在试卷中多增加案例分析题，考查学生对马克思主义新闻观的基本理论、原则和方法论的理解和运用程度；同时增加对平时学习过程的考核，通过课堂考勤、小组作业、阶段性测验等多样化方

式,实时记录学生的知识运用能力和价值观理解;最后把职业伦理讨论、媒体实践任务融入考核,比如让学生针对虚假信息治理设计报道方案。这样既能检验理论掌握程度,又能培养解决实际问题的能力。

(三)在实践教学中强化马克思主义新闻观的指导地位

实践是检验真理的唯一标准。马克思主义新闻观产生于实践,又指导实践,接受实践的检验。马克思主义新闻观实践教学通过组织舆情分析、融媒体报道等实践活动,让学生在真实场景中应用理论,既能提升分析解决实际问题的能力,又能培养创新思维,深化对理论价值的理解。

1.课堂实践

马克思主义新闻观课程构建了特色实践教学体系:在小组合作环节,学生以团队形式完成主题新闻节目制作,通过选题策划、群众调研、采编制作到课堂汇报答辩的全流程实践,深化理论应用与创新能力。在日常教学中,在日常教学中,设置"每周舆情课堂"模块,选取典型案例(如突发公共事件中的舆论演变),指导学生运用党性原则、人民中心等理论工具开展舆论引导推演,在观点交锋中提升是非辨别能力。

2.校内实践

组织新闻院系优秀学生参与校内融合媒体中心的日常运营,利用课余时间和寒暑假进行专业实习,并在实习结束后对其进行思政考核与专业技能考核,思政考核以马克思主义新闻观教师为主。校内实践能够深入师生群体之中,深切了解校园舆论动向,验证马克思主义新闻观的科学性与实践性。

3.校企合作实习

马克思主义新闻观课程通过学校与媒体合作培养人才:挑选新闻专业优秀学生进入校融媒体中心,按照"学期参与+假期集训"的方式加入日常运营工作(包括关注校园热点、策划专题报道、制作新媒体内容等)。建立双重考核标准:一方面由媒体老师评估采编技能,另一方面由马克思主义新闻观课程老师重点考查学生在新闻报道中的价值导向把握(比如处理校园突发事件时的立场是否正确)。这种校园内的实践,既让学生在采访、写作、编辑过程中提升了综合能力,又通过实际操作检验了课堂理论的效果。

(四)在师资建设中强化马克思主义新闻观素养

马克思主义新闻观课程的师资建设需要多措并举:首先通过组织经典著作研读、

专题研究和定期参加全国研修班,帮助教师夯实理论基础;同时安排中青年教师到省市主流媒体实践半年,参与重大主题报道策划、舆情分析等实际工作,将一线经验转化为教学案例;此外还要加强教学能力培训,比如开展情景模拟教学、开发采编实训项目等,并鼓励教师申报教学改革项目,建设特色案例资源库,让课堂更贴近新闻实践现场。

  提升马克思主义新闻观课程的教学效果,推动理论真正入脑入心入行,培养党和人民信赖的新闻后备力量,是新闻传播教育者的核心使命。未来需持续推进三方面工作:深化教育教学改革研究,健全课程评价体系,强化与学界业界联动机制。既要立足马克思主义经典理论深耕,又要紧跟新闻传播前沿动态,通过理论与实践的双向赋能,着力培养政治素质过硬、专业能力突出、职业作风优良的新时代新闻舆论工作者队伍。

(邓翠平,武汉传媒学院讲师)

传媒类专业课程思政创新

Research on the Innovation of Curriculum Ideology and Politics in Media Major Courses

◆ 宫 璇

Gong Xuan

摘要：传媒类专业推进课程思政建设,关键在于实现专业教育与价值引领的深度嵌合。教师团队需系统挖掘新闻传播学科蕴含的思政元素,精准提炼马克思主义新闻观的核心要义,通过理论教学与实践训练相结合的方式,实现传媒类专业课程思政的协同育人功能。

Abstract: The key to promoting the ideological and political construction of media majors lies in the deep integration of professional education and value guidance. The teacher team needs to systematically excavate the ideological and political elements contained in the discipline of journalism and communication, accurately refine the core essence of Marxist news concept, and realize the ideological and political education function of media professional courses through the combination of theoretical teaching and practical training.

关键词：传媒；课程思政；协同育人；创新

Keywords: Media, Curriculum Ideology and Politics, Collaborative Parenting, Innovation

前 言

传媒类专业作为综合性应用学科,其培养体系强调实践能力与审美素养的双向建构：一方面通过采编实训、融媒体创作等实践模块强化专业技能培养；另一方面借助影视鉴赏、传播伦理研讨等课程培育价值判断能力,最终形成"技术应用—审美感知—价值引领"三位一体的育人格局。但是,在意识形态方面,传媒类专业德育资源没有得到很好的开发,教育效果还需要进一步提升。在展现传媒类专业课程的思政元素方面,课程思政理念起到了很大的作用,它以传媒类专业为基础,充分发挥了传媒类专业思政育人的作用。[①]

一、课程思政概述

(一)课程思政的概念

课程思政建设自 2014 年起历经三阶段演进路径:试点探索(2014—2017)→全面铺开(2018—2019)→系统深化(2020 年至今)。特别是 2020 年《高等学校课程思政建设指导纲要》出台后,其育人内涵实现双重突破:一方面确立专业课程的显性育人功能,将价值塑造嵌入新闻采编、影视制作等专业教学环节;另一方面推动思政课程内涵升级,通过提炼新时代育人要求(如全媒体人才的政治素养标准),形成专业教育与思政教育深度互嵌的协同育人体系。这种双向赋能的改革路径,标志着高等教育从"思政课程"向"课程思政"的范式转型。

(二)课程思政的特点

1.政治性

从"思政课程"到"课程思政"的转变,标志着中国高等教育在思想政治教育工作理念和实践模式上的重要创新与深化发展。这一转变的核心在于突破传统思想政治教育仅依赖专门思政课程的局限,推动形成"全员、全程、全方位育人"的大思政格局。一方面,作为思想政治教育的精髓,课程思政的政治性体现在课程教学过程中需要有正确的政治导向和思想引导。另一方面,课程思政理念的革新和发展,从来没有离开过它的本体,即与立德树人的根本任务保持一致。

2.思想性

第一,思政教育向专业课程的深度渗透。课程思政突破了传统思想政治教育局限于专门理论课的单一化、孤立化模式,将思想引领的维度从"显性灌输"转向"隐性融合",打破了"思政教育仅靠思政课"的思维定式。这一转向使专业课程从单纯的知识

---

① 严真."传播学概论"课程思政建设实践与探索[J].传媒论坛,2024,7(5):79-81.

载体转变为价值塑造与能力培养的复合平台,推动思想政治教育从"集中强化"走向"全域浸润"。

第二,思想内核与"以人为本"理念的深度契合。课程思政的核心在于将马克思主义立场观点方法、社会主义核心价值观等思想性要素与专业课程的知识体系、教学逻辑有机统一,具体体现在:在专业教学中嵌入"以学生发展为中心"的教育观,通过案例设计、学科史梳理等方式,将家国情怀、科学精神等抽象价值观转化为可感知、可践行的教学元素;深入提炼专业课程蕴含的伦理规范、文化基因、精神传承,使思政教育不再依附于外部植入,而是从学科内生逻辑中自然生发;课程思政本质上是一种"德育催化剂",通过重构专业课程的价值表达方式,实现知识传授与价值引领的"化合反应",让思想政治教育更具专业贴近性与现实说服力。

3.人文性

专业课程中蕴含的思政人文特性与思政课程的育人导向高度契合,同时这一人文特质也成为区分课程思政理念与纯专业理论差异的关键维度。在二者融合过程中,专业课教师需发挥"把关人"作用,尤其在传媒类专业教学中,应紧扣课程思政的人文属性,通过深度阐释专业内容中的道德教育要素(如新闻伦理、传播责任、文化价值导向),将人文关怀渗透于知识传授全过程,既弥合思政教育与专业教学的"断层",又扭转"重教材技术、轻价值引领"的倾向。从高校整体育人视角看,课程思政的人文特色要求所有教师立足自身学科,在知识建构、能力培养、价值观塑造三个层面同步发力,使"每一门课承载思政、每一位教师践行育人"的理念真正落地,最终实现专业教育与人文精神培育的深度同频。

二、课程思政理念融入传媒类专业课程的重要性

(一)树立正确的社会主义核心价值观

在传媒类专业中,社会主义核心价值观的确立是课程思政理念有效渗透的前提与根基。作为文学理论学科的重要分支,传媒教育承载着"培养杰出社会主义文艺人才"的核心使命,其专业教学天然蕴含思想导向、人文精神与道德规范的三重属性。课程思政的融入需紧扣传媒学科特性,通过新闻伦理、传播责任、文化价值等具体议题,将意识形态引领转化为可感知的教学实践。这种融合既凸显了传媒教育"以文化人、以德润心"的独特优势,也使其超越单纯技能传授,形成"价值引领与专业素养共生"的立

体化育人模式，最终实现意识形态话语与专业话语的深度统一。

在传媒类专业建设中，课程思政的渗透体现为"中国特色""民族特性""时代特性"三重维度的深度互嵌：其一，中国特色作为理论逻辑内核，以国家认同与文化自信为根基，将课程思政理念与传媒教育的艺术性、人文性相融合，既在新闻伦理、传播实践中彰显意识形态话语的独特性，又通过文化符号解码、本土叙事建构实现教育价值与国家战略的同频共振；其二，民族特性作为学科发展根系，要求传媒教育扎根中国特色社会主义文艺理论土壤，从中华美学精神、民族话语体系中提炼专业课程的思政基因，使学科建设既承载文化传承使命，又成为铸牢中华民族共同体意识的关键场域；其三，时代特性指向实践创新向度，立足新发展阶段的社会主要矛盾转化与媒介技术变革，将课程思政嵌入算法伦理、国际传播、融媒体创作等前沿领域，通过构建契合数字时代的价值标准，推动传媒教育从"专业适应"向"价值引领"迭代升级。

(二)弘扬民族与时代的精神

在传媒教学中，以爱国主义教育为主线，将国家精神与时代话语隐性融入专业课堂，使课程思政成为价值传承载体。通过挖掘专业内容中的国家形象符号（如主流媒体叙事范式）、时代叙事文本（如重大主题报道案例），将意识形态核心要义转化为可感知的隐喻体系与传播实践逻辑，引导学生从视听编码、文化符号解读等专业维度领悟价值内核，实现理论认知向行为自觉的转化。

在传媒专业尤其是新媒体课程中，传递"国家精神"和"时代精神"是两大关键目标。国家精神的核心是爱国主义，通过课程思政融入传媒教学，能让学生在学习专业技能的同时，理解并认同国家的文化、价值观和政治方向，培养既有扎实职业能力又有社会责任感的传媒人。而时代精神强调改革创新，这与传媒行业快速变化、技术日新月异的特点高度契合——课程思政的融入，能帮助学生在掌握新媒体技术（如短视频制作、社交媒体运营）的过程中，同步树立正确的创新观和责任感。这两者的结合，既让传媒教育紧跟国家需求，又赋予学生适应行业发展的能力，实现"学以致用、知行合一"。

三、传媒类专业思政创新的策略分析

(一)坚持思政元素与德育要素的育人理念

首先，传媒类专业教师需主动挖掘媒介课程中的思政元素与道德内涵，整合教育资源,明确传递契合专业定位的思政理念。

其次,传媒类专业教师应坚持"教师主导"与"学生主体"相结合的教学原则,在专业教学中强化"育人"与"育才"双重属性。教师需以自身理想信念与职业素养为示范,通过课堂教学传递传媒行业的价值追求,同步提升学生的专业自信与文化认同;同时紧扣学科特点,重点深化学生对中国精神的理解,引导其从新闻传播规律、视听创作逻辑等专业视角认知中华优秀文化的时代价值,激发主动传承的文化自觉。

最后,立足传媒类学科的内生资源,切实推动传媒类专业课程思政建设的思想价值供给。传媒类专业课程的思政资源,包括课程本身、教师主导和学生主体三个层面。在课程层面,其文化基因、包容特质及创新意识天然承载着价值传递功能;教师层面,通过职业道德示范、艺术审美引导、人文关怀浸润,将思政元素转化为可感知的教学实践;学生层面,则需在专业技能训练中同步理解作品的社会意义,使"专业学习"与"价值内化"双向联动,最终形成"课程供给理念、教师传导方法、学生践行能力"三位一体的思政育人闭环。

(二)营造隐性教育与显性教育相结合的教育氛围

第一,传媒类专业教师需在理论教学中结合学科特点,将思想教育自然融入专业知识讲解(如通过分析新闻报道案例解读真实性原则的社会意义),同时以自身职业素养(如采访中的敬业态度、创作中的文化责任感)为学生树立榜样;在实践环节,通过拍摄红色主题短片、策划民生专题报道等项目,把民族精神、时代价值等抽象理念转化为可操作的专业任务,让学生在动手实践中体会作品的社会价值。这种"理论引导+行动示范"的方式,既保持专业底色,又让思想教育贯穿课内课外,形成知行合一的多维度育人生态。

第二,整合传媒类专业的多种教学形态,从学科角度出发,将课程思政纳入传媒类专业的总体设计。媒介专业课程将理论导入和实际教学内容结合起来,加强对媒介专业学生的思考空间和真实空间的认同,形成"理念教育"和"行动"有机结合的价值追求。传媒类专业是课程思政的核心,它所拥有的思政资源,是一种显性和隐性的教育模式,它促进了媒体类学生在强化审美能力的同时,也增强了道德教化的能力,从思想和行动、理论和实践、知识和价值等多个方面来统筹考虑,建立一个多维的育人模式。

(三)落实理论与实践相结合的工作方法

在大学传媒课堂中融入课程思政,需以开放的教学思维引导学生;不仅要系统学习西方艺术美学,更要深入理解中国审美传统,通过对比提升学生的文化辨别力。针对传媒类学生思维活跃、易受外来文化影响的特点,教师需用生动的案例、实践项目,将正确的价值观融入专业技能教学,使学生在学习过程中自然形成"借鉴但不盲从"的文化判断力,既能吸收国际经验,又能坚守本土价值根基。

(四)增强传媒类专业课程团队的协同育人水平

1.提升教师的思政理论素养

传媒类专业教师需深入理解课程中的思政内涵(如影视作品中的人文精神),主动挖掘专业教学与价值观教育的结合点,并与思政课教师协作设计教学案例,实现专业能力培养与思想引导的有机统一。

2.强化学生的价值观培育

以爱国主义为主线,在实践教学中强化学生的国家认同:教师通过自身专业态度(如严谨的新闻采编作风)言传身教,在指导学生拍摄红色主题微电影、策划传统文化传播项目时,自然融入大局观与责任感教育,使学生在掌握专业技能的同时,形成"作品有温度、创作有立场"的职业自觉。

(五)延伸传媒类专业课程的教学授课路径

传媒类专业教师要抓住专业课程包容性强的特点,将思政教育自然融入教学全过程,比如,适当增加相应案例教学,以政治性强、红色元素丰富、内容鲜活的传媒故事诠释中华优秀传统文化、革命文化与社会主义先进文化,厚植传媒艺术专业大学生的文化情怀。再比如,面对智能教育技术变革,尤其信息化技术已渗透于思政教育领域的现实,一方面,传媒类专业教师应积极参与学校举办的课程思政教研项目和活动,加强与学生的课内外互动,深入了解学生的思想意识形态,以及对传媒艺术课程思政教学的看法等;另一方面,应借助新媒体技术,深化传媒艺术专业课程与思政课程融合的教学方式,提升资源整合能力。

(六)加强传媒类专业课程的教学监管机制

在传媒类专业课程中,绩效考评制度是一种有效的激励手段。绩效考评作为课程思政的重要抓手,需构建"过程—成果"双维评价体系:通过教学督导(课堂观察)、职称评聘(育人成效挂钩)、奖惩激励(优秀案例评选)等方式,既关注教师在教学中的价值观引导方法(如案例设计能力),也考核学生作品的价值表达效果(如短视频创作中的文化自信体现)。这种机制将专业教学与思政目标深度绑定,真正实现了"育才"与"育人"的双向驱动。

传媒类专业构建以定性评价为导向的教学评估体系,通过学校党委统筹规划、学生会及院系部门协同落实的分工机制,形成全员参与的德育网络。在课程实施中,依托媒介专业特性,将文化交流、艺体实践等多元形式融入教学,使课程思政理念与采编实训、视听创作等专业模块自然衔接——既在纪录片拍摄中渗透家国叙事逻辑,又在融媒体运营中强化社会责任意识,最终实现"价值引领"与"专业成长"的同步提升,推动传媒教育从技能传授向立德树人的系统性跨越。

结　语

坚持协同育人目标,提升课程思政教育针对性是课程思政与传媒艺术教育融合的关键。在课程思政背景下,高校传媒类专业教师需要在专业课程中融入思政元素,完善传媒类专业思政课程与课程思政协同育人体系。然而,在具体的实践过程中,我们也必须正视传媒类专业课程思政中存在的问题和不足,课程思政的建设仍然存在一些难点需要去突破。因此,加强传媒类专业思政育人的顶层设计,强化传媒类专业团队的协同育人能力,应是提升传媒类专业课程思政效果的重要实践途径。

（宫璇,武汉传媒学院助教）

影视特效后期制作课程中的思政教育探索

Exploring Ideological and Political Education in Film and Television Post-Production Courses

◆ 宋博雅

Song Boya

摘要：本文以"影视特效设计与制作"为例，探讨在影视特效后期制作课程中融入思政教育的方法及实施路径，包括在课程设计中融入思政元素，采用线上线下融合教学、模块化案例教学和任务驱动式教学的方法，通过细化授课过程，提升学生的思想政治素养和专业技能。实证研究表明，思政教育与专业课程的有机结合，能够增强学生的社会责任感和文化自信，提升专业课程的教学效果。

Abstract: Taking "Design and Production of film and television special effects" as an example, this paper discusses the methods and implementation paths of integrating ideological and political education into the post-production course of film and television special effects, including integrating ideological and political elements into the course design, adopting the methods of integrating online and offline teaching, modular case teaching and task-driven teaching, and refining the teaching process to improve students' ideological and political literacy a prndofessional skills. The empirical research shows that the organic combination of ideological and political education and professional courses can enhance students' social responsibility and cultural confidence, and improve the teaching effect of professional courses.

关键词：课程思政；影视特效后期制作；教学方法

Keywords: Curriculum Ideological and Political Education, Film and Television Post-production, Teaching Methods

随着影视特效技术的快速发展，后期制作已从单纯的技术支撑升级为文化传播的重要载体，其视觉呈现直接影响着观众的审美体验与文化认知。在高校人才培养中，如何将课程思政融入"影视特效设计与制作"等专业课程成为关键课题——不仅要教授传统技术模块,更需要通过具体实践引导学生理解技术背后的文化立场与价值导向。本文以武汉传媒学院该课程为例,探讨如何在课程设计中融入思政元素,通过采用线上线下融合教学、模块化案例教学和任务驱动式教学等方法,细化授课过程,提升学生的思想政治素养和专业技能。

一、影视特效后期制作类课程思政教学现状分析

(一)课程思政的理论基础

课程思政是一种将思想政治教育有机融入专业课程教学的教育理念,其核心在于打破传统思政课与专业课的边界,强调所有课程均兼具知识传授与价值塑造的双重使命。在具体实践中,它要求教师不仅教授专业技能,更需挖掘学科内容中的德育元素(如科技伦理、工匠精神),通过案例教学、项目实践等方式,将家国情怀、文化自信、社会责任等价值观自然嵌入知识体系中,实现立德树人的根本任务。

(二)影视特效后期制作类课程课程思政改革现状

在新时代背景下,高校普遍重视通过课程思政推动学生的全面发展,力求在各类专业课程中融入思想政治教育元素。[①] 影视特效课程主要教授后期软件操作和特效制作技术,由于课程实践性强,教师往往更侧重讲解具体操作步骤,较少将思政教育自然地融入教学。这种偏向技术训练的教学模式虽能提升学生的动手能力,该类课程的特殊性导致课程虽然能够培养学生的动手实践能力,但在培养学生综合素质和社会责任感方面仍存在不足。

(三)课程思政在影视特效后期制作课程中的必要性

随着社会文化发展及观众审美水平提升,优秀影视作品不仅是特效与视觉呈现的载体,更是文化与价值观传播的重要媒介。在影视特效课程中融入思政教育,能够强化学生的社会责任意识与文化认同,使其在掌握专业技术的同时,创作出兼具文化内涵与社会价值的作品。

当前高校课程思政建设持续推进,现有研究多集中于影视类课程的思政融合实

---

① 刘美玲,张婷婷.课程思政视域下高校就业指导课程教学改革研究[J].蚌埠学院学报,2022,11(4):90-93.

践，但对特效后期制作类课程的针对性探索仍显不足。本研究基于同类课程经验，重点探讨影视特效课程中思政教育的实施路径与教学效果，为专业课程设计提供可参考的实践方案。

二、影视特效后期制作类课程思政教学中存在的问题

影视特效后期制作类课程作为设计类实践课程，其教学内容主要集中于特效软件的应用、技术流程的掌握以及创意设计的实现。然而，在专业课程教学中融入思政内容往往面临诸多挑战，具体表现在以下几个方面：

（一）思政教育与专业课程的融合存在短板

一方面，影视特效后期制作课程因侧重技术操作与创意设计（如 AE 特效合成、三维建模），常使思政教育内容与专业实践形成割裂。例如教师虽在教学中强调传承中华优秀传统文化，却未将理念转化为具体技术实践，导致思政要求与学生实操脱节。另一方面，部分思政融入方式流于形式化，教师在授课时仅仅是象征性在课堂中插入一些思政教育内容，但并未结合具体内容与学生展开深入讨论，难以引起学生的共鸣。例如，在课程中，教师可能会要求学生观看具有社会意义的影视片段，但并未与学生深入探讨这些影片背后的文化价值和社会意义，导致思政教育浮于表面。

（二）教师思政教育能力不足

部分高校教师思政教育能力不足，主要表现在以下两个方面：一方面，部分教师对课程思政的重要性认识不足，认为思政教育仅是辅助性内容，而非课程的核心，这种观念导致教师实施课程时难以将思政教育与专业教育有效融合。① 另一方面，教师在进行课程思政教学时，由于缺乏相关的经验，且没有接受过系统的课程思政培训，传授的思政教育内容往往停留在理论层面，缺乏设计和构思，使学生无法在实际项目中深入理解和领悟思政教育的意义，最终造成思政教育价值难以在实践层面落地。

（三）学生对思政教育的接受度不高

相较于课程思政内容，大部分学生对创意实践和动手操作更感兴趣，认为思政教育内容较为枯燥单一，形式较为传统，对思政教育接受度不高。还有部分学生对思政

---

① 杨晓婧，周泽.新媒体时代高校网络思政教育创新策略[J].中学政治教学参考，2023(5):82.

教育的认同感较低,认为思政教育与专业学习和职业发展关系不大,这种认知上的偏差导致学生在学习思政内容时缺乏积极性和主动性,难以真正内化思政教育的内容。

综上所述,影视特效后期制作类课程在思政教学中面临课程内容融合不足、教师思政教育能力欠缺和学生接受度不高等问题。这些问题制约了课程思政改革的实际效果。针对以上问题,本文将探讨具体的实施路径,以期提高思政教育在影视特效后期制作类课程中的实效性。

三、影视特效后期制作类课程思政实施路径

在影视特效课程中,可通过在素材库引入历史文化元素、结合技术模块设计思政实践项目、组织学生小组研讨等多元方式,实现思政教育与专业教学的深度融合。课程建设需从教学内容设计、教学方法创新、教学过程管理、评价机制优化等环节系统推进。本文以武汉传媒学院"影视特效设计与制作"课程为例,围绕课程内容设计、教学方法创新、授课过程细化、评价制度完善四个维度,具体探讨影视特效类课程的思政实践路径。

(一)课程内容设计

课程思政需贯穿教学全程:课前通过梳理专业知识点中的思政元素(如历史文化符号、行业伦理规范)并配套案例库建设,为教学奠定价值引导基础;课中将思政案例与特效技术实操结合,让学生在项目实践中理解技术应用的社会意义;课后延展至作品评价与成果转化,引导学生反思创作动机与社会价值,形成"案例植入—实践内化—行动外显"的完整育人链条(见图1)。

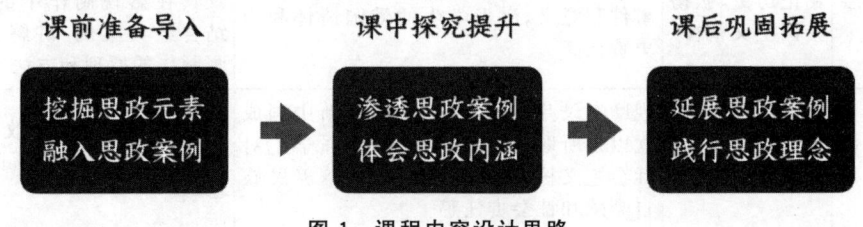

图1 课程内容设计思路

1.融入文化和历史元素

在专业技能教学中,通过植入中国传统文化素材强化文化认同:例如讲解关键帧动画技术时,以汉族"走马灯"动态原理阐释关键帧定义,并选用京剧脸谱、剪纸纹样等

典型文化元素作为动画素材，指导学生完成《舌尖上的中国》风格的食物生长关键帧动画创作。该设计既实现动画规律（如缓入缓出）的技术训练，又使学生在素材选取、动态设计中自然感知传统文化视觉符号的现代转化逻辑，达到"学技术"与"传文化"的双重教学目标。

2.设计思政项目

采用模块化案例教学法，将特效技术知识点与思政目标对应设计：针对每个技术模块，设置主题化实践项目，要求学生从素材搜集、技术实现到成片输出全流程参与。通过分阶段完成历史场景复原、英模事迹可视化等任务，学生既掌握了遮罩合成、光效叠加等专业技能，又在技术实践中系统理解了党史脉络，切身感知革命精神与爱国主义的技术表达逻辑，实现"技能精进"与"价值内化"的双向驱动。

表1

课程内容	思政内容	思政融入	课程内容
影视后期工作介绍	强化社会责任感与职业道德	展示红色影片《我和我的祖国》，增强学生的社会责任感，培养学生的职业道德和敬业精神	通过案例分析，强调在职业生涯中遵守职业道德规范、承担社会责任的重要性
关键帧的应用	传承中华优秀传统文化	播放纪录片《舌尖上的中国》，展示中国各地的美食文化，让学生感受中华传统美食文化的丰富性和多样性，提高文化认同感	引入关键帧动画，结合实际具体应用，帮助学生理解并掌握关键帧动画的制作技术
图层蒙版与遮罩的应用	回顾党的光辉历史，铭记革命先辈的伟大贡献	以国庆节为主题，制作《盛世华诞》短片，通过回顾中国共产党成立以来的光辉历程和伟大成就，激发学生的爱国热情，增强民族自豪感和国家认同感	引入案例讲解图层遮罩、轨道遮罩等技术，结合实际应用，提高专业技能
三维图层的应用	铭记历史，弘扬爱国主义精神	以影片《长津湖》为例，讲解背后的历史事件和意义，激发学生的爱国情怀和历史责任感	详细分析三维动画合成技术及其在影视制作中的应用，结合经典案例，讲解三维动画制作的原理和方法
文字特效动画	树立社会主义核心价值观	观摩纪录片《复兴之路》，了解新中国成立以来所取得的伟大成就，增强学生对社会主义核心价值观的理解，培养民族自豪感和社会责任感	讨论文字动画在特效制作中的应用和制作动画的注意事项
抠像技术	激发创新精神与科技报国情怀	通过影片《流浪地球》展示中国在科技领域取得的重大突破和成就，激发学生的创新精神，培养学生的科技报国情怀	介绍蓝绿屏抠像的基本原理和实际应用，结合实例讲解蓝绿屏抠像的制作方法
稳定与跟踪制作	团队合作与集体荣誉感	通过体育赛事纪录片《夺冠》展示中国女排的团队合作和集体荣誉，培养学生的团队合作精神和集体荣誉感	介绍稳定与跟踪技术在影视制作中的应用，通过项目练习提高学生的团队合作能力和技术水平

3.讨论与反思

在每次课程结束后,通过案例研讨深化思政认知:在分析《哪吒之魔童降世》时,聚焦水墨特效对传统神话的视觉创新,引导学生思考如何用粒子技术重构经典 IP 的现代审美逻辑;结合《长津湖》的雪雾合成与色彩分级技术,探讨战争场景特效如何平衡历史厚重感与艺术感染力,并延伸至创作中"真实还原"与"精神升华"的伦理尺度。通过专业视角的反思,学生既能巩固遮罩跟踪等技术要点,又能深入理解特效创作中的文化立场与职业责任边界,同步提升技能应用与价值判断能力。

(二)丰富教学方法

在影视特效后期制作类课程的教学中,多样化的教学方式能够使思政教育更好地融入课堂教学。以下介绍三种具体的教学方法,并结合"图层蒙版与遮罩"章节,说明如何将这些方法运用至课程教学设计中。

1.线上线下融合教学

影视特效后期制作类课程操作较为复杂,学生在课堂上容易被动跟随教师操作,对课堂内容记忆不深刻。线上线下融合教学模式利用网络教学资源不受时间、地点限制的优势,能够有效提升学生的自主学习能力和创作主动性。

2.模块化案例教学

影视特效后期制作类课程的知识点较为零碎,在教学中引入案例模块,能够有效解决知识点之间联系不强的问题。

3.任务驱动式教学

任务驱动式教学将思政内容与课堂知识相结合,学生通过完成具体的教学任务和项目,不仅掌握了专业技能,还在实践中提高了自身的认知水平。

(三)细化授课过程

本小节将以"图层蒙版与遮罩"章节为例,重点对上述课程设计思路和授课方式进行说明。授课环节分为课前准备、课中讲授和课后拓展三个阶段(见图2)。

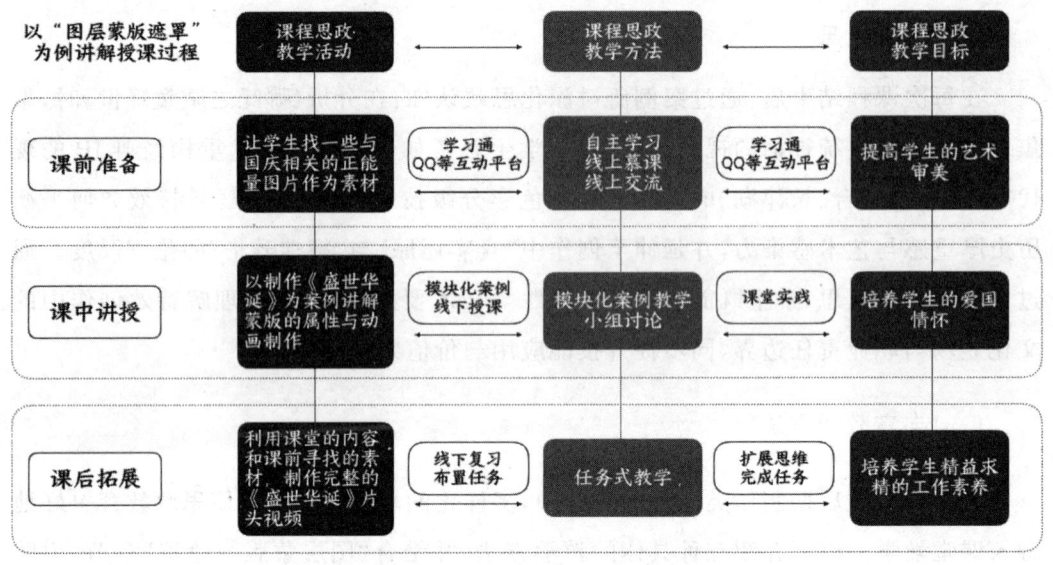

图2 "图层蒙版与遮罩"章节授课过程

1.课前准备阶段

教师引导学生寻找与国庆相关的正能量图片素材以备上课使用。学生在此过程中,能够通过学习通、QQ等平台完成自主学习,或者进行线上交流。

2.课中讲授阶段

采用模块化案例教学和小组讨论的方式,由教师为学生讲解图层蒙版的属性与图层蒙版动画制作的方法。教师在讲解过程中,结合具体的动画制作步骤,引导学生思考如何通过特效表现出爱国主题,培养学生的艺术审美和爱国情怀。

3.课后拓展阶段

教师通过学习通发布课程任务,学生需要利用课堂上所学知识和课前准备的素材,制作完整的《盛世华诞》片头视频。教师在这一过程中提供在线支持,解答学生提问,并帮助他们解决技术难题。

(四)完善评价机制

本课程采用过程性考核和赛考融合考核两种方式。过程性考核:平时成绩占课程考核的40%,依托章节知识点设计思政技术任务,重点考查学生的文化符号转化能力。赛考融合考核,占课程考核的60%,采用"以赛促学、以赛代考"模式,对接全国高校数字艺术设计大赛等赛事命题,通过班级作品互评、行业评审等,促进学生提升对作品价值观的理解。

四、课程思政改革成果

通过将国家传统文化（如经典影视作品中的民族元素）、积极的学习态度（如团队协作完成项目）、行业规范要求（如版权意识培养）、文化素养提升（如赏析中外优秀作品）等内容融入专业教学，课程不仅让课堂更有吸引力，还帮助学生树立了正确的价值观。学生在学习特效技术的同时，逐步理解如何用专业技能传递正能量，既提升了动手能力，也增强了社会责任感，真正实现了"学技术"与"学做人"的双重成长。

结论与展望

影视特效课程通过融入思政教育，在专业教学中展现出积极成效：以《流浪地球》技术解析强化科技报国信念，借《哪吒》特效案例激活传统文化认同，用模块化项目串联技能训练与价值观培养，逐步实现"做特效"与"塑思想"的同步推进。未来教学实践中，可通过优化行业伦理研讨机制（如 AI 换脸技术道德辩论）、拓展校企合作资源（如参与红色主题影视项目制作），进一步打通专业技能与社会责任的联结通道，让学生在创作中更深刻理解"用技术讲好中国故事"的时代使命，为培育兼具工匠精神与文化自信的影视人才提供坚实支撑。

（宋博雅，武汉传媒学院讲师）

地方高校广播电视学专业实践类课程思政教学改革研究

——以武汉传媒学院广播电视学专业为例*

Research on Ideological and Political Teaching of Practical Courses of Radio and Television in Local Colleges
—A Case Study of Radio and Television Major in Wuhan University of Communication

◆ 杨慧霞

Yang Huixia

摘要: 本文以武汉传媒学院广播电视学专业实践类课程思政教学改革为研究对象,围绕广播电视学专业实践类课程思政教学的特点构建、模式创新及改革价值等核心问题展开论述。研究重点聚焦该专业实践类课程思政元素的系统化挖掘机制及其与专业课程深度融合的实现路径,通过系统分析课程思政元素在基础实践、综合实践和创新实践等不同教学环节中的渗透方式,探索具有专业特色的课程思政建设方案。

Abstract: This paper takes the reform of ideological and political teaching of practical courses of radio and television major in Wuhan University of Communication and Communication as the research object, and discusses the core issues such as the characteristic construction, model innovation and reform value of ideological and political teaching of practical courses of radio and television major. The research focuses on the systematic mining mechanism of ideological and political elements of the professional practice course and the realization path of its deep integration with the professional course, and explores the curriculum ideological and political construction scheme with professional characteristics by systematically analyzing the infiltration mode of the curriculum ideological and political elements in different

---

* 本文系武汉传媒学院校级教学改革研究项目"地方高校广播电视学专业实践类课程思政教学改革研究"(项目编号:XJ2023101)的相关研究成果。

teaching links such as basic practice, comprehensive practice and innovative practice

关键词: 广播电视学专业;实践类课程;思政教学

Keywords: Radio and Television Major, Practical Courses, Ideological and Political Teaching

引 言

2020年教育部印发《高等学校课程思政建设指导纲要》指出,"落实立德树人根本任务,必须将价值塑造、知识传授和能力培养三者融为一体、不可割裂。全面推进课程思政建设,就是要寓价值观引导于知识传授和能力培养之中,帮助学生塑造正确的世界观、人生观、价值观,这是人才培养的应有之义,更是必备内容。这一战略举措,影响甚至决定着接班人问题,影响甚至决定着国家长治久安,影响甚至决定着民族复兴和国家崛起。要紧紧抓住教师队伍'主力军'、课程建设'主战场'、课堂教学'主渠道',让所有高校、所有教师、所有课程都承担好育人责任,守好一段渠、种好责任田,使各类课程与思政课程同向同行,将显性教育和隐性教育相统一,形成协同效应,构建全员全程全方位育人大格局"。广播电视学专业课程思政研究主要集中在专业整体课程思政教学和理论课程思政教学,围绕人才培养目标设定、课程思政内容、思政教学方法、教师思政素养提升等方面展开,专门针对实践类课程的思政教学研究较少。但也有学者提出了一些有价值的观点,例如,地方高校新闻学专业要始终坚持特色化发展道路,立足地方、面向地方、服务地方。[①] 设计和引入"进基层,懂国情,长本领"的生产性实训项目,引导并推动学生下到基层、深入群众,在真实的工作情境中体验社会、了解国情、理解党的政策、塑造社会责任感。[②] 鼓励新闻传播类专业的在校学生,利用寒暑假和课外时间走出课堂、走出学校,投身社会活动和专业实习实践,真正读懂专业、读懂国情、读懂社会。[③] 广播电视学专业实践类课程包括理论课程中的实践课、集中实践课程、毕业实习和毕业创作等,其思政教学内容、方法有别于纯理论课程。

---

① 苏晓遥.地方高校新闻学专业人才培养与服务社会结合的实践探索[J].采写编,2021(9):116.
② 石光辉.网络与新媒体专业的课程思政教学实践:以专题片创作课程为例[J].高教学刊,2022(13):184.
③ 陈刚.高校新闻专业课程思想政治建设5W模式探索[J].新闻潮,2021(12):54.

一、广播电视学专业实践类课程思政教学的特点

广播电视学专业实践类课程在教学内容与实施路径上具有区别于理论课程的独特属性。其教学任务多根植于社会现实议题，在选题来源上天然承载着思政育人基因。学生在实践过程中直面社会实际选题展开创作，使思政教育突破传统课堂边界，转化为沉浸式、项目化的学习体验。通过选题调研、内容制作、传播反馈等全流程实践环节，思政元素被有机融入专业技能培养体系，形成价值引领与专业教育的协同效应。这种以实践为载体的思政教学模式，既强化了学生扎根中国大地的社会责任意识，又通过"做中学"的具象化路径实现了思政教育从理论认知到行为养成的深化，显著提升了育人成效的可见度与感染力。

(一)思政教学形式多样

广播电视学专业实践类课程体系包含理论课程实践环节、集中实践课程、毕业实习与毕业创作等模块。其实践类课程思政教学形式具有多样性特征，教师通过组织学生参与主流媒体专业赛事、与地方政府联合开展思政实践项目，构建"校内教师＋行业导师"双导师协同机制，以及举办马克思主义新闻观主题讲座等多元路径，形成多维联动的思政育人模式。这些实践教学形式将专业技能培养与价值塑造有机结合，既通过真实社会选题激发学生的创作热情，又在项目实践中强化学生的职业使命感与社会责任感，有效提升了思政教育的感染力与实效性。

(二)思政教学方式巧妙

广播电视学专业实践类课程的思政教育不是靠老师直接讲大道理，而是让学生在动手实践中自己感受和领悟。比如在"纪录片创作"课上，学生们接到任务去拍武汉青山区阳光工作室的真实故事——那里的老师免费教残疾人剪纸手艺。拍摄过程中，学生们亲眼看到残疾学员忍着身体不便坚持学习，剪纸时手指磨破了也不放弃；老师们放弃休息时间，手把手教了十几年却不求回报。这些真实的画面让学生们边拍边感动，拍着拍着就理解了什么是自强不息，什么是无私奉献。这种教育就像春雨一样，不用刻意强调，学生在记录真实故事的过程中，自然就把积极向上的价值观装进了心里。

(三)思政教学效果显著

在广播电视学专业的实践课上，学生们最重要的作业就是拍新闻片或者纪录片。

他们得扛着摄像机走出校门,直接到现实社会里摸爬滚打。在采访拍摄时亲眼看到、亲身经历的那些真人真事,比课本里的案例要鲜活百倍——比如拍社区志愿者时看到他们凌晨还在分发物资,跟拍乡村教师发现他们在漏雨的教室里坚持上课。这些活生生的场景就像会说话的教科书,学生们亲眼见证、亲手记录的过程中,那些关于责任、奉献的道理不用老师反复讲,自然而然就刻进心里了。"新闻专业的实践教学不应局限于课堂或校园这样的环境中,而须拓宽实践教学的场景和维度,引领学生到实际生活和人民群众中去,关注最新的政策变动和社会热点,将课堂所学与社会实际紧密结合,在多维视野中认识社会,树立服务社会的理念,提升学生的社会责任感。"[①]

二、广播电视学专业实践类课程思政教学改革的意义

(一)构建广播电视学专业分层次的实践类课程思政教学体系

广播电视学专业实践类课程思政教学改革将有助于推动理论课程中的实践课、集中实践课程、毕业实习、毕业创作等实践类课程思政教学大纲修订,改革课程思政教学模式,推动课程思政教学环节的有效组织实施以及课程思政教师的角色变化等,构建广播电视学专业分层次的实践类课程思政教学体系。

(二)丰富课程思政教学方式,提升实践类课程思政教学效果

传统课程思政大多在授课过程中融入一些思政内容,例如思政案例的导入。广播电视学专业实践类课程思政教学改革通过在实践类课程中植入地方报道项目或相关专业赛事等,让学生直接参与报道国家政策和社会发展,走近基层的普通人,利用专业知识服务社会,丰富课程思政教学方式。同时,学生在实践过程中直面社会热点问题,体悟更深,有利于学生深度了解国情社情,增强社会责任感,课程思政效果较好。

(三)推动具有家国情怀和社会责任感的广播电视人才的培养

广播电视学专业实践类课程思政教学改革基于广播电视学专业的优势和特色,深度挖掘和凝练实践类课程重所蕴含的思政元素,切实提升实践类课程的引领性、人文性、时代性,有深度、有广度、有温度地传递社会主义核心价值观,弘扬和传承中华优秀传统文化和社会主义先进文化,引导学生坚定信仰,增进对党和国家的政治认同、情感

---

① 张蕊."三全育人"视域下新闻学专业课程思政建设路径探究[J].新闻世界,2022(3):95.

认同和思想认同，自觉把个人的成长和发展融入中国梦的实现中。

三、广播电视学专业实践类课程思政教学的具体实施——以武汉传媒学院为例

广播电视学专业实践类课程体系包含理论课程实践环节、集中实践课程、毕业实习与毕业创作等模块。其思政教学内容有自身特点，思政元素融入的方式和途径也有别于其他理论课，需要创新改革，构建广播电视学专业分层次的实践类课程思政教学体系，凸显实践类课程的思政育人功能，让学生在实践过程中，"进基层、懂国情、长本领"，增强社会责任感，拥有家国情怀。

（一）不同类型实践类课程的思政教学模式

1.理论课程中的实践环节

针对理论课实践环节课时少的情况，可以把课程作业变成比赛作品，通过比赛促进教学和学习的结合。广播电视专业相关的比赛主题大多紧扣时代脉搏，比如中国大学生计算机设计大赛常围绕非遗保护、冬奥故事、汉语文化等主题展开；全国高校数字艺术设计大赛专门设置公益、乡村振兴等赛道；湖北本地的新闻传播类比赛则聚焦红色文化、城市发展等本土特色。比如武汉传媒学院的"平面媒体创作"课，直接让学生用课程作业参加全国大学生广告艺术大赛。这样不仅让学生做作业更来劲——为了拿奖都铆足劲提升作品质量，还能提前体验真实的广告策划流程，明白广告创意要遵守真实诚信这些基本底线。更重要的是，这些比赛主题就像打开一扇窗，让学生在拍非遗传承人时感受文化魅力，在记录乡村振兴时看懂国家发展，自然而然地增强文化自信，种下把个人理想融入国家发展的种子。

2.集中实践课程

广播电视学专业集中实践课程通常设置2—4周专项教学周期，在此期间重点推进校地合作项目实践。其实施路径主要包括三种形式：组织学生报道团参与地方重大活动报道（如地方两会、乡村振兴主题活动）；与地方政府联合开展文化传播项目（如城市形象宣传、非遗保护记录）；承接媒体机构宣传任务（如专题纪录片制作、新媒体内容生产）。武汉传媒学院已构建"政府媒体发布需求—学院统筹对接—专业教师带队执行"的运作机制，形成从任务接收、教学实施到成果产出的完整链条。典型案例包括2019年湖北"两会"全媒体报道项目，学生团队在教师指导下完成图文报道76篇、视

频新闻 32 条,作品通过湖北日报、荆楚网等平台传播;2020 年参与人民网"疫后武汉"纪录片拍摄,制作的新媒体内容累计获得 20 万+点击量。通过这种实战化项目实践,学生在省级以上媒体累计发布视频报道 100 余分钟,活动视频播放量突破 2 万次,切实提升了专业实践能力。

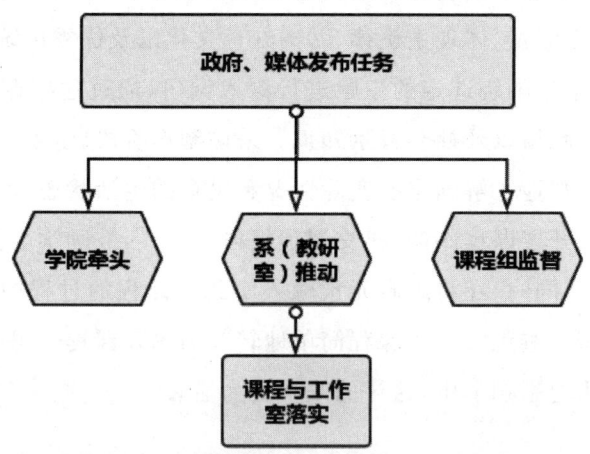

图 1　报道项目植入集中实践课程思政教学与产制流程

3.毕业实习

广播电视学专业传统毕业实习多采用分散实习模式,存在思政教育实效性不足的突出问题。具体表现为:学生个体分散至不同实习单位,校内教师仅通过实习材料审核进行监管,实习单位导师侧重业务指导,双方缺乏常态化沟通机制,难以及时把握学生思想动态并开展价值引导。对此,武汉传媒学院创新实施"双导师联动制"毕业实习改革,通过三项机制突破传统局限:其一,变分散实习为团队驻点,校方与签约实习基地协同组建实习团队,确保思政教育阵地化;其二,建立双导师协同指导机制,校内导师每周开展线上思政研讨,实时解答职业伦理困惑,实习单位导师同步反馈实践表现,形成双向育人合力;其三,构建"过程—成果"双维度评价体系,将马克思主义新闻观践行情况纳入实习考核指标。

4.毕业创作

在毕业创作中融入身边的正能量故事、家乡的发展、传统文化、地方红色文化以及主旋律报道等主题,引导学生运用在大学期间所学的知识进行创作,并实现其传播效果。学生在完成毕业创作的过程中,将深入了解国家和家乡的发展历程,接触并吸收优秀文化精髓,从而增强文化自信。同时,通过自己的不懈努力,广泛传播这些发展成就和文化价值,为社会贡献自己的力量。

(二)实践类课程思政元素的融入

广播电视学专业的实践类课程教学流程大致可以划分为选题、准备、采访制作以及总结四个阶段,每个环节都有机会融入思想政治教育的内容。在选题阶段,重点是引导学生选择具有正能量、体现主旋律、弘扬红色文化以及优秀传统文化的主题;准备阶段则着重于指导学生围绕选定的主题进行深入调研,通过这些调研活动,学生能够掌握相关政策、历史脉络以及社会背景知识。采访制作阶段,学生将走出校园,直接与社会接触,从而更直观地了解国家的实际情况和民众的生活状态;而在实践总结阶段,通过撰写课程小结、开展课程座谈、提交课程报告等方式,鼓励学生分享在实践过程中的成长体验和感悟。同时,在将思政元素融入实践类课程的过程中,需确保这些元素与教学内容紧密结合,避免将实践课程简单地转变为思政课程。思政教育应如春雨般润物无声,潜移默化地影响学生,这样的效果更为显著。

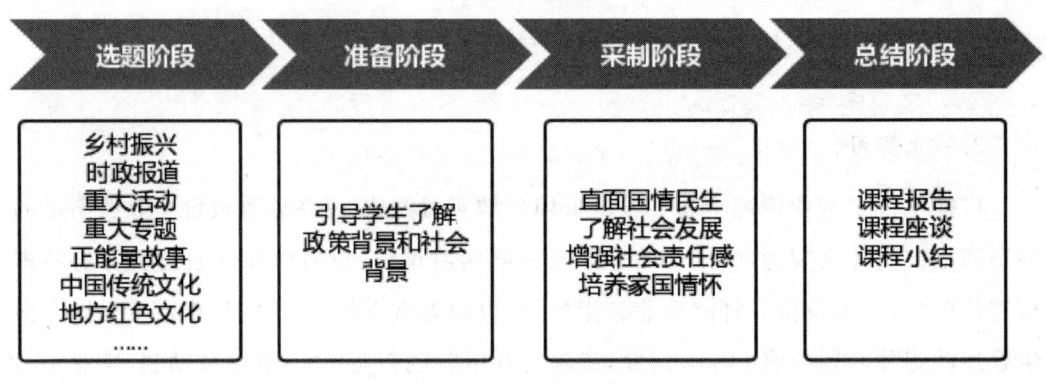

图2 实践类课程思政元素的融入

(三)实践类课程思政教学的评价体系建构

构建实践类课程思政教学的评价体系主要包括两个关键方面。首先,需要将思政元素融入课程评价体系,作为考量标准之一。其次,应整合来自相关实践单位的评价,例如,对于那些旨在为地方宣传服务的集中实践课程,可以将相关媒体和政府部门的评价按照一定比例纳入课程的综合评价中。

结　语

无论何种课程,其思政教学改革的核心目标均在于提升思政教育的成效。相较于传统的理论课程思政教学,实践类课程的思政教学尚未获得应有的重视。以广播电视学专业为例,实践类课程天然具备思政教育的优势。未来,我们需进一步探索创新的思政教学方法和内容,以增强实践类课程在思政教育方面的教学效果。

(杨慧霞,武汉传媒学院新闻传播学院教授)

艺术学概论课程思政实践策略探析

Analysis of Curricular Practical Strategies in the Course of *Introduction to Artology* for Ideological and Political Education

张沅逸

Zhang Yuanyi

摘要：艺术学概论作为本科阶段的一门人文通识课程，不仅为后续课程奠定了坚实的理论基础，而且因其内在的思想德育特性，便于与课程思政紧密结合，在高等教育中发挥着至关重要的作用。随着时代的进步和社会需求的演变，课程思政的理念逐渐融入我们的日常教学之中，旨在更细致、更多元化地培育学生的思想道德素质和社会责任感。本文旨在探讨艺术学概论课程思政教学实践的策略与方法，以期提高教育成效和促进学生全面素质的提升。

Abstract: Introduction to Art, as an undergraduate course of humanities and general knowledge, not only lays a solid theoretical foundation for subsequent courses, but also plays a vital role in higher education because of its inherent ideological and moral characteristics, which facilitates close integration with curriculum ideology and politics. With the progress of The Times and the evolution of social needs, the concept of ideological and political curriculum is gradually integrated into our daily teaching, aiming at cultivating students' ideological and moral quality and social responsibility in a more detailed and diversified way. The purpose of this paper is to explore the strategies and methods of ideological and political teaching practice in the course of Introduction to Art, in order to improve the educational effect and promote the overall quality of students.

关键词：艺术学概论；课程思政；策略探究

Keywords: Introduction to Artology, Curriculum Ideological and Political Education, Strategy Exploration

引　言

在现行的艺术学概论课程教学中,思政元素的缺失显而易见,亟须进行教学改革与实践探索。在艺术学概论课程中融入思政元素,无疑使课程内容将更加贴合时代需求与社会发展趋势。这不仅有助于培养学生的批判性思维和社会责任感,同时对于提升他们的人文素养和审美品位也有所帮助。如此,艺术学概论课程将更有效地发挥其思政教育的功能,培育出既有高尚艺术情操又具备社会责任感的艺术专业人才。

一、课程思政的时代背景

在现代社会的背景下,高等教育正面对着错综复杂的社会问题以及全球性的挑战。这些挑战不仅要求高等教育机构关注知识和专业技能的传授,更强调了培养学生的思想道德素养、社会责任感以及公民意识的重要性。

时代的变迁引发了价值观念的转变和多元化社会需求的涌现。社会对高等教育的期待已超越了单纯的知识传授,转而更加重视学生全面素质和人文精神的培养。全球化进程的加速使得国与国之间的联系日益紧密,跨文化交流成为日常。此外,科技的迅猛发展对社会产生了深远的影响,并对教育提出了新的挑战。高等教育必须培养具有创新精神和科技伦理意识的人才,以应对科技进步可能带来的伦理和社会问题。同时,社会对个体全面发展的需求和对人文关怀的渴望也在不断增长,高等教育应当注重学生的人文素养和审美情趣的培育,确保他们在具备专业技能的同时,也拥有丰富的人文精神和人文关怀。在这样的大背景下,课程思政应运而生。

课程思政的核心在于发掘和整合高等院校所有课程所蕴含的德育资源,从而超越以往仅依赖于思政课程进行显性德育教学的模式。其目标是实现思政教育的显性与隐性内容的有机结合,以及专业学习与思政教育的深度融合,形成全方位、同向的育人效果。这不仅是中国高等教育实现立德树人根本任务的关键保障,也是实现这一目标的重要途径。课程思政致力于引导学生深入思考社会问题、拓宽国际视野、培育创新精神,同时注重加强学生的道德伦理和社会责任感的培养。通过这一教育模式的实施,高等教育将更有效地适应时代发展的需求,培养出具备全面素质和强烈社会责任感的优秀人才。

二、艺术学概论课程思政建设的基本内涵

艺术学概论课程思政建设的基本内涵涵盖了培养学生的思德素养、弘扬社会主义核心价值观、激发创新精神与创造能力、强化社会责任感与公民意识，以及提升学生的学术素养和综合能力。

在艺术学概论课程中，思政建设的核心在于指导学生树立正确的世界观和价值观，培育高尚的道德情操和道德判断力。课程旨在帮助学生构建正确的人生观、价值观和世界观，培养他们高尚的道德品质和行为规范。此外，课程致力于传承和弘扬社会主义核心价值观，如民主、自由、平等、公正等。学生应通过学习理解并接受这些价值观，并将其融入艺术实践和创作中，积极传播正面的社会价值。同时，课程鼓励学生培养探索和创新的精神，通过艺术实践展现独立思考、创造性表达和艺术创新能力。此外，课程还注重培养学生的社会责任感和公民意识，使他们认识到作为社会成员和艺术家的责任，鼓励他们关心社会问题，并通过艺术表达和实践传递积极的社会价值，为社会进步和发展贡献力量。最终，高校课程思政建设强调提升学生的学术素养和综合能力，包括扎实的艺术理论基础、广泛的人文知识、独立思考和批判性思维能力等。学生应具备良好的学习、创作和表达能力，以更好地适应艺术创作和研究的需求。

三、艺术学概论课程思政教学实践现状

（一）艺术学概论课程教学中缺少思政元素

艺术学概论课程常常过分强调艺术作品的技术与形式，却忽略了对作品所蕴含的思想、文化和社会背景的深入分析与阐释。在艺术教育的接受过程中，学生们往往缺乏对社会现实问题的反思以及对社会价值观的深入探讨。

首先，教学过程中过分强调艺术作品的技术和形式，忽略了对作品背后思想、文化和社会背景的深入分析与解读。这导致学生在接受艺术教育时，缺少对社会现实问题的思考和对社会价值观的探讨。其次，课程设计与时代背景和社会问题的联系不足。艺术作品作为社会文化的重要组成部分，理应与时代发展和社会问题相互呼应。然而，课程教学中缺少与当代社会问题的对话和反思，这使得学生难以将艺术与社会现实联系起来，限制了他们对艺术深度理解和社会问题关注的能力。最后，艺术学概论课程往往未能充分培养学生的思维认知和人文素养。在艺术创作中，艺术家通常会表

达自己的思想和价值观。因此,艺术学概论课程应引导学生通过研究和分析作品,培养他们的审美情趣、批判思维和个人表达能力。

(二)艺术学概论课程内容与思政教学融合不充分

作为艺术教育基石的艺术学概论课程,不仅应传授艺术知识,更应着重于培育学生的思维品质与社会责任感。当前,我们面临一个挑战:艺术学概论与思政教育的融合尚不充分。现行课程往往过分强调艺术史、艺术理论等知识的灌输,而在融入思政元素、加强其影响力方面显得不足。此外,教学方法和形式亦需与思政教育相结合。目前,艺术学概论课程多采用传统的讲授、讲演和展示方式,互动和思辨环节不足。评价体系也主要侧重于知识掌握和技能应用,而对学生的道德素质和社会责任感培养关注不够。艺术学概论课程应激发学生对艺术作品意义和价值的思考,培养他们的审美鉴赏力、批判性思维和个人表达技巧。但在实际教学中,往往忽视了对学生思想认知和人文素养的培养,仅限于对作品的表面描述和解读,未能深入培育学生的思想品质和社会责任感。

四、艺术学概论课程思政教学实践对策

艺术学概论作为人文社科类的通识课程,拥有与生俱来的思想德育优势,这使得它能够与课程思政实现无缝对接。针对艺术学概论课程的现状,我们致力于通过持续的实践与探索,挖掘艺术学概论与思政教育融合的深层意义,并制定出基本的发展策略。我们的目标是优化教育实践,构建一个理论基础扎实、学科体系清晰,并能有效促进学生全面发展的优质艺术理论课程。

(一)教学框架的设定

依据艺术学概论课程的特质,在教学过程中整合思政教育,我们应采取更加多元和有机的方法来掌握内容的重点:实现思想政治教育与知识体系的有机结合,从"广泛覆盖"转向"精准渗透";构建从零散到系统的整体框架,避免机械地嵌入思政概念和案例,而是将思政教育与艺术教育融为一体;在课堂教学内容中引导学生立足于时代、扎根于人民、深入生活,树立正确的艺术观和创作观。在内容设定、教学方法及其示例的选择上,始终秉持以美育人、以美化人的原则,积极推广中华美育精神,不断激励学生自觉传承和弘扬中华优秀传统文化,全面提升学生的审美和人文素养。

(二)教学方向及方法探究

在课程教学中,我们应首先确立每堂课的教学方向,确保其与整体教学目标相契合,并根据学生实际学习情况及时调整。整合多部艺术学权威著作及资料作为理论支撑,辅以多样化的教学方法和多媒体资源,从历史、宗教、政治、艺术创作、艺术批评等多维度人文视角阐释艺术学。通过积极有趣的互动教学,引导并激励学生参与各种学习型课堂活动,构建以学生为中心、以学生学习成效为导向的教学体系。

在教学方法上,我们倾向于在课堂上运用以语言、感知、欣赏和交流活动为核心的教学手段,涵盖讲授法、谈话法、演示法、讨论法、陶冶法以及游戏情境互动等多种形式。这种教学方式从实际感知出发,结合实例与体验,以多元化的视角解读艺术学理论概念。通过这种方式,我们将抽象的概念具体化,深入浅出地转化为实际艺术案例的展现,旨在全方位提升学生的学习兴趣,增强学习体验感,同时确保学生对基础概念的理解与记忆。

(三)教学创新点

1.以艺为体,以史为魂

在传统的艺术理论教学中,我们应当深入剖析当前的艺术现象,挖掘中国国家历史或传统故事中的思政元素,将历史故事与艺术理论相结合,使学生不仅能在潜移默化中理解原本晦涩难懂的艺术概念,更能在这一过程中提升艺术素养,培养良好的审美观和正确的世界观。同时,在学习艺术史内容与形式的辩证统一过程中,培养学生的民族自豪感,引导他们自觉传承和弘扬中华优秀传统文化。

2.一切以学生为主,教学从学生出发

艺术类专业的学生往往个性独立且充满自信,他们的思维敏捷且极具创造力。这些学生对新鲜事物充满好奇,热衷于探索和追求新的事物与方法。

作为艺术课程的教师,同时也是课程思政的实践者,肩负着培养学生全面发展的重任。本课程的创新之处在于深入理解我们的学生,依据他们的思维特点开展具有特色的史论教学。这要求教师在教学方法、教学组织与安排、课堂语言艺术与技巧等方面进行多样化的提升。我们的目标是让史论课程摆脱"严肃乏味"的刻板印象,实现寓教于乐,促进教学相长。

在现代教育体系中,教师担任着课程负责人的角色。除了传统的课堂教学外,教师还应积极地为学生寻找各种社会艺术实践机会,并将其融入学校与课堂之中,使理

论课程变得生动、多元、易于理解且具有实用性。

3.构建课堂互动,摒弃"单向灌输"

本课程涵盖哲学、政治、经济、文化、宗教等多个领域的知识,是一门具有丰富学科体系的多元化理论学科,同时展现出显著的发展性和扩展性。因此,在课堂教学中,我们应当适时地对课堂形式进行创新,例如不定期邀请来自艺术界不同领域的学者和专家参与课堂活动。通过构建一个丰富多样的课堂微环境,我们不仅能够更新教学方法,还能显著提升学生的新鲜感和学习热情。这样的做法有助于学生深入了解各个艺术领域,并与学术界的专家共同学习更广泛的艺术知识,从而培养更加多元化的艺术思维和审美观。

4.构建完善的课程思政建设质量评价体系和激励机制

作为通识教育的一部分,艺术学概论课程在多数高校中沿用的是课堂讲授与期末考试相结合的评价模式。但这种模式对于现代学生,特别是艺术生来说,无法充分展示他们全面的学习成果。因此,我们在强调理论知识的同时,更应注重培养学生的课堂自主性和积极性。我们鼓励学生分享个人的思想和审美见解,并通过加分机制、挑战性答题等方式来激发他们的参与热情和课堂活力。

在评估学生平时成绩时,我们应当重视学生对理论知识的实际应用,而不仅仅是理论概念的记忆。通过增加一些主观性较强的个人论述和简答题,以及采用课堂互动、翻转课堂等教学方法,我们不仅能激发学生的积极性和参与感,还能帮助教师迅速了解学生的学习情况和进度。

综上所述,针对不同种类、定位和属性的高等教育机构,课程思政的改革与实践路径及方法展现出个性化和差异化特征。这种差异不仅体现在课程内容的选择与组织上,还体现在教学方法和手段的应用上。因此,高等教育机构在推进课程思政改革与实践过程中,必须紧密结合自身的具体情况,积极探索与学校特色相契合的改革路径。

五、艺术学概论课程思政教学展望

在"艺术学概论"这门课程中,我们不仅能观察到课程思政的普遍特质,还能深刻体会到其独特的吸引力。作为一门综合性、跨学科的课程,"艺术学概论"致力于提升学生的艺术素养和审美能力,引导他们深入探索艺术与社会、文化、历史等众多领域之间的联系。在这一过程中,课程思政的理念和要求得到了充分的体现。

(一)艺术学概论注重培养学生的社会主义核心价值观

艺术学概论课程通过引领学生领略和领悟卓越的艺术佳作,使他们深切领悟到中华传统文化的精粹与价值所在,从而增强其对国家和民族的归属感与自豪感。此外,课程亦着重于艺术家的社会职责与担当,激励学生将个人的艺术志向与国家的繁荣、民族的振兴紧密相连。

(二)艺术学概论强调培养学生的创新思维和实践能力

在艺术的殿堂里,创新始终是不变的主旋律。课程通过案例剖析和项目实操等多元教学手段,激励学生们大胆探索新颖的创作手法与表现形式,从而培育他们的创新思维和实际操作技能。这种技能的培育,不仅能够助力学生在艺术领域取得卓越成就,更为他们将来的职业生涯打下了坚实的基础。

(三)艺术学概论注重培养学生的跨文化交流能力

在全球化的背景下,跨文化交流已经成为一种必备的能力。通过课程介绍不同国家和地区的艺术风格与特点,我们能够帮助学生拓宽视野,增强对不同文化的理解和尊重。同时,课程还鼓励学生积极参与国际艺术交流活动,以提升他们的跨文化交流能力和国际竞争力。

总之,艺术学概论作为一门具有课程思政特质的课程,在推进课程思政改革与实践的过程中发挥着重要作用。高校应根据自身的实际情况和特点,积极探索与学校自身适配的课程思政改革和实践路径,为培养具有社会责任感、创新精神和实践能力的高素质艺术人才贡献力量。

结 语

在艺术学概论课程中,对思政教学的深入探索和持续优化对于提升学生的整体素养和思想品德具有不可替代的作用。通过审视课程思政的时代语境,我们认识到将思政教育与艺术学概论相结合是与时代发展同步的必然要求。同时,我们也清晰地看到了目前教学实践中的挑战。通过艺术学概论课程的思政教学实践,我们致力于培养学生的审美情感,激发他们的思考与创新,以塑造他们成为既有艺术才华又具有社会责任感的艺术人才。这不仅有助于提高学生的整体素养,还能使他们在未来的艺术实践中更有效地传播社会正能量,引导社会价值观的发展方向。唯有持续优化教学内容与方法,并将思政教育与课程实践紧密融合,"艺术学概论"方能真正发挥其培育优秀艺术人才的关键作用。

(张沅逸,武汉传媒学院电影与电视学院讲师)

人才培养

人民教养

AIGC时代播音主持人才培养路径展望
——素养、情感与立场

Prospects for the Training Path of Broadcasting and Hosting Talents in the AIGC Era: Literacy, Emotions, and Positions

◇ 曹泽壮

Cao Zezhuang

摘要：随着生成式人工智能技术的飞速进步，传媒生态经历了颠覆性的变革。作为媒介生产的焦点和社会文化的镜像，播音主持工作无疑处于变革风暴的中心。在这一背景下，本文探讨了AIGC时代播音主持领域的显性和隐性特征，并结合该学科的内在逻辑，对当前播音主持人才的培养路径进行了深入思考。作者提出，媒介技术的进步导致媒介生产陷入程式化的困境，而播音主持固有的人文特质是突破这一困境的关键。同时，信息市场中的受众对信息共享和情感共鸣有着强烈的需求，信息和情感需求依然是受众使用媒介的核心诉求。然而，潜在的技术偏见可能在思想和认知层面引发问题。因此，播音主持专业人才培养需把握时代机遇，重点培育三大核心素养：基础性语言表达能力与空间感知能力、创新性内容生产思维，以及人格化传播优势。在技术赋能的媒介环境中，应着力构建文化共同体意识与社会语境叙事能力，使传播活动不仅满足信息传递需求，更承担起价值引导功能。

Abstract: With the rapid progress of generative artificial intelligence technology, the media ecology has experienced a subversive change. As the focus of media production and the mirror of social culture, broadcasting and hosting work is undoubtedly at the center of the storm of change. Under this background, this paper discusses the explicit and recessive characteristics of the field of broadcasting and hosting in the era of AIGC, and combines the internal logic of this discipline to deeply think about the cultivation path of broadcasting and hosting talents at present. The author puts forward that the progress of media technology leads media production into a predicament of stylization, and the inherent humanistic characteristics of broadcasting and hosting are the key to break through this predicament. At the same time, the audience in the information market has a strong demand for information sharing and emotional resonance, and information and emotional needs are still the core demands of the audience when using media. However, the underlying technological bias can cause problems at the level of thought and cognition. Therefore, the training of broadcasting and hosting professionals should grasp the opportunities of the Times and focus on cultivating three core qualities: basic language expression ability and spatial perception ability, innovative content production thinking, and personal communication advantages. In the technology-enabled media environment, efforts should be made to build cultural community awareness and social context narrative ability, so that communication activities not only meet the needs of information transmission, but also assume the function of value guidance.

关键词：生成式人工智能；播音主持素养；情感困境；人格化；隐性偏见

Keywords: Generative Artificial Intelligence, Broadcasting and Hosting Accomplishment, Emotional Dilemma, Personification, Implicit Bias

自 2022 年 10 月 ChatGPT 的推出，至 2024 年 2 月 Sora 的亮相，短短一年多的时光里，以它们为代表的生成式人工智能正以革命性的技术力量重塑着各行各业的面貌和社会关系。这种智能技术迅速渗透至日常生活的方方面面、艺术创作、商业交易、科学研究、生物医疗等多个领域，其强大的创新力和易用性为社会生产力的提升开辟了新的道路。生成式人工智能（GAI）是基于多种深度学习技术，通过既定的数据模型创造出新内容的一种人工智能技术，其显著特点是创新性和适应性，能够根据用户的态度和需求调整输出内容和方式。目前，这项技术主要涵盖四个独立模型的应用领域：文本生成、图像生成、语音生成、视频生成，这些统称为人工智能生成内容（AIGC）。

毫无疑问，AIGC 的崛起对社会生态产生了深远的影响。美国前国务卿亨利·基辛格（Henry Alfred Kissinger）、谷歌前总裁首席执行官埃里克·施密特（Eric Emerson Schmidt）以及麻省理工学院苏世民计算机学院院长丹尼尔·胡滕洛赫尔（Daniel Huttenlocher）共同撰文指出："AIGC 带来了自启蒙运动以来，在规模上前所未有的对社会哲学和社会实践的挑战。"①作为社会生态系统的关键一环,传媒生态同样在科技的剧烈变革中寻求新的机遇与成长空间。AIGC不仅代表了"智能媒体生产"的一次飞跃性发展,而且对传统媒体的组织化生产方式构成了颠覆。它在简化生产流程、提升生产力的同时,也对媒体从业者提出了更高层次的认知挑战。针对这些变化趋势,本文将重点探讨AIGC对媒体生产的关键环节——播音员和主持人的培养方面,所带来的新影响、新要求以及新路径。

作为媒介的象征,播音员和主持人凝聚了媒体的智慧,同时代表了媒体形象,甚至反映了社会文化的趋势。他们在屏幕上呈现的内容,既涵盖了自发的广义备稿和狭义备稿,也融合了政治、经济、文化和媒体的规范。因此,播音员和主持人的表现是一个多维度的成果,其中包含了一定程度的被动性。由此可见,AIGC本质上是通过影响社会关系、受众认知、媒介生态和内容生产等客观因素,促使播音员和主持人在主观上寻求变革。本文旨在探讨,在AIGC客观因素的影响下,播音员和主持人应如何发展其培养路径,结合播音主持创作的基础问题——播音员和主持人所需的素养、情感调动技巧以及创作立场。

一、媒介变革:市场决定素养

在经济学领域,市场在资源配置和推动行业创新方面扮演着至关重要的角色。市场调节机制通过促进行业内部的竞争,实现优胜劣汰,从而确保行业的持续活力。播音主持作为一种社会生产劳动形式,同样受到市场力量的影响。鉴于播音主持学科的实践特性,我们有必要从市场视角出发,明确学科发展的路径。

在市场中,供求关系是最为显著的影响因素,这一点在媒介环境中体现为受众研究的重要性。受众研究作为新媒体领域内较为成熟的课题,已经取得了丰富的成果。"受众转向"几乎成为学术界的普遍共识。早在2015年,谭天教授就提出了"媒体融合转型的关键在于从受众场景向用户场景的转变"。②。这一观点在AIGC时代依然适用,然而鉴于内容生产逻辑经历了根本性的变革,受众的诸多变化也是被动的,因此必须综合地审视受众问题:将受众置于更深层次的市场供求关系中去考量,供求之间相互影响,在内容生产流程中评估受众对播音员和主持人的期望。

---

① KISSINGER A H, SCHMIDT E E, HUTTENLOCHER D. ChatGPT heralds an intellectual revolution[N]. The wall street journal, 2023-02-24(12).
② 谭天.从渠道争夺到终端制胜,从受众场景到用户场景:传统媒体融合转型的关键[J].新闻记者,2015(4):15-20.

受众对媒介的使用始终以满足信息和情感需求为核心。在这一核心原则下,媒介的评价标准可以分为两个方面:一是信息获取的便捷性;二是需求满足的程度。以新闻信息的生产和播报为例,AIGC技术几乎能与新闻事件同步生成播报内容,极大地提升了受众获取信息的便捷性。然而,这种便捷性也进一步激发了受众对更深层次信息和情感的需求,他们渴望获取更深入的观点和价值判断。但AIGC目前的语言模式往往停留在事件的表层,难以产出具有深度思考和人文关怀的高质量内容,以及带有明确立场和情感温度的语言表达,这在一定程度上削弱了信息和情感需求的满足度。基于此,我们可以预测未来媒介市场的生产趋势:生成式人工智能适用于制作内容深度要求不高的简讯播报;可用于直播节目中的突发情况处理,为主持人争取组织语言的时间,降低直播中的失误;还可用于新闻评论节目的前期资料搜集和直播过程中的资料补充,以客观陈述新闻进展和舆论动向。

综上所述,播音员和主持人的素养需求已显而易见,它们必须与市场需求相适应。过去,主持人在节目中频繁使用的"口水词""保险语句""套话"已不再符合时代潮流,将逐渐被淘汰。相反,主持人应将关注点转移到创造具有观点性、思想深度和人文关怀的内容上。这要求他们具备强大的语言传播能力作为基础。随着技术的发展,播音员和主持人还需要具备空间转化能力,掌握多种技能和素质,这将成为未来发展的关键。他们不再是单纯的内容传递者,在精简化的生产流程中,想要保持竞争力,就必须具备节目思维,积极参与内容制作,并拥有创新和创造的能力。

(一)语言传播素养

语言传播素养由语言文学素养和大众传播素养两部分构成。中国传媒大学李洪岩教授为我们梳理了播音主持专业学科门类的变迁历史,"1978年播音主持学科隶属于文学大类下的语言学及运用语言学,2006年发展到广播电视语言传播学下"[①],随着学科外延不断扩大,2012年发展到如今的戏剧与影视学门类之下。回顾专业领域的发展历程,我们不难看出播音主持艺术专业深深植根于文学和语言的土壤之中。在现行的课程体系中,播音主持学科更倾向于培养学生的技艺技能和大众传播实践,却在一定程度上忽视了语言文字素养的重要性。播音学的奠基人张颂教授曾提出:"无稿播音,出口成章;有稿播音,锦上添花。"然而,当前许多播音专业的学生虽然在有稿件的情况下能够流畅地朗读,但一旦脱离稿件,其语言表达便显得缺乏深度和力量。随着AIGC时代的到来,这种矛盾越发凸显。市场和受众期望播音员和主持人能够提供

---

① 李洪岩.谋定而后动:语言传播的理念分析[J].中国主持传播研究,2023(1):6-9.

具有观点性和人文性的内容,而那些仅限于简单重复的播音主持工作,最终将不可避免地被人工智能所取代。

李洪岩教授强调"播音主持活动是一项创造性的活动"。播音主持创作是一个将内在思想转化为外在表现的过程,因此,播音创作不仅需要扎实的文学素养作为根基,还需要具备将文学素养有效传达给大众的传播能力。在 AIGC 时代,播音主持工作的创新特质日益凸显,同时也为语言传播注入了更丰富的内涵。当前,语言传播呈现出跨学科的特性,是多学科知识综合运用的产物。因此,对于人才的培养也应顺应这一趋势,构建一个"语言文学基础——口语表达应用—媒介与新闻传播实践—跨学科综合运用"的全方位语言传播培养体系。这样的体系将与传统的播音教学"四大件"相结合,共同构成播音主持艺术专业在高等教育中的完整培养路径。

语言文学基础涵盖历史学、哲学、古代与现代文学、音韵学、修辞学、词汇学等多个领域,旨在提升学生的文学素养、思辨能力、哲学思维以及构建语料库的能力,同时,它也是 AIGC 领域核心竞争力的基石。口语表达应用方面,可以设置包括口语传播、辩论、演讲、朗诵、公众表达、现场报道、新闻评论等在内的课程,这些课程注重语言的实际应用,旨在培养学生将思维转化为口语表达的实践技能。媒介与新闻传播实践以及跨学科的综合运用,需要结合各院校的特色资源,以新文科的视角,促进播音主持学科与信息技术、互联网科学、人机交互、人工智能以及传统新闻传播、戏剧影视、广播电视等多学科的交叉融合。

(二)空间转换素养

李晶博士将"空间转向"议题引入主持传播研究,为播音主持学科的发展注入了新的活力。他认为:"身体、结构和秩序是主持传播空间研究的核心逻辑,身体弥漫在空间中,构成了相应的结构,进而形成了一定秩序"①在 AIGC 的背景下,播音主持人才的培养同样可以遵循这一逻辑:播音员和主持人的核心思维能力决定了他们与人工智能技术之间的互动关系,从而塑造了 AIGC 时代媒体生产的全新秩序。

随着人工智能技术的深入发展,传统的播音员和主持人思维模式显然已无法与时俱进。为了适应这一变革,播音员和主持人必须拓展思维,积极拥抱并学习新技术。他们至少需要理解人工智能创作内容的内在逻辑和基础技术原理;适应技术的快速迭代,并准备好应对媒介环境变化带来的挑战;同时,认识到"受众转变""草根主播""赛博主播"等新兴媒介现象将成为常态,并以职业化的态度及时调整自己的专业技能、语

---

① 李晶.空间视角下的主持传播研究:背景、逻辑与路径[J].中国主持传播研究,2022(1):136-150.

言风格、外在形象等。在技术层面,实现人与技术的互补与协同,人工智能技术能够缓解县级融媒体人才短缺、基层新闻播报工作量过大、全时段媒体建设硬件不足等问题,减轻重复性和简单性工作的负担。这样,播音员和主持人便能将更多精力投入播音主持的创作中,为受众提供更丰富的人文关怀和观点性内容,从而构建起一个以人为核心、智能技术为辅助的媒体生产新秩序。思维空间、技术空间和媒体生产空间共同构成了播音主持人才培养的路径。

在培养播音主持人才时,必须重视其适应空间转换的能力。一方面,应加强科技技术的通识教育,并拓展至媒体行业的其他专业知识,例如摄影、剪辑、编导和编剧等领域。另一方面,播音主持专业技能的训练也应具备前瞻性,从历史的视角深入研究语言表达方式的演变,并结合新兴媒介形态,探索未来人机协作中可能出现的语言表达新趋势。张颂老师曾提出播音创作的"自我调检律",要求播音员和主持人在话筒前的实际创作过程中,通过调解和检验的反复推演,以使播音主持创作达到完美的规律[1]。在AIGC时代,自我调检律显得尤为重要。播音员和主持人应当具备通过学习和实践不断自我优化的能力,以适应媒介空间不断变化的挑战。

(三)创新创造素养

在与媒体一线的接触过程中,笔者深刻地感受到,随着受众审美能力的显著提升和媒介技术的持续进步,媒体出品节目的瓶颈并不在于节目的制作环节,而在于节目的创意生成。不可否认,限制节目创意的原因众多,但从根本上讲,问题出在创作人员的创新思维上。生成式人工智能无疑将打破节目生产流程的障碍,取代一些操作性执行岗位,优化并简化制作过程。因此,在AIGC时代,节目制作的能动性将贯穿于每一个节目生产人员,而那些具备创新创作能力的全能型人才,在这样的简化流程中将展现出强大的竞争力。

作为节目呈现的关键环节,播音员和主持人在传统媒介时代扮演着无可替代的角色。然而,随着媒介技术的飞速发展,播音员和主持人的独特地位受到挑战,尤其是AIGC技术的兴起,为虚拟主播和语音合成播报提供了强大的技术支持,进一步影响了播音员和主持人的职业价值。面对这一媒介变革,播音员和主持人的培养策略必须与时俱进,强化创新和创作能力的培养。首先,应全面覆盖媒介制作的各个环节,使播音员和主持人不仅了解自身职责,还要熟悉其他岗位的工作流程,从而培养出全局性的思维模式,以便在必要时能够胜任其他岗位的工作。其次,应着重培养创新思维,通

---

[1] 中国传媒大学播音主持艺术学院.播音主持创作基础[M].北京:中国传媒大学出版社,2015.

过启发式教育和实践相结合的方式,例如举办以赛代练的活动,与学术界和业界合作,开展针对主持人的节目思维竞赛。以最终节目成品为核心,探索主持人视角下的节目制作创新,促进不同观点的交流与碰撞,推动行业的健康、规模化发展。

二、程式困境:情感先于技术

自诞生之初,以结果为导向的生成式人工智能便显现出鲜明的工具理性特质。作为视频生成领域的佼佼者,Sora模型能够根据用户的文字指令,创造出符合物理法则的60秒现实视频。在Sora模型引领的视频生成范式中,现实物理世界被转化为一个可信息化、可操控修改的数据集合。视频中的人物、景物、场景均通过数据化智能构建而成。Sora模型使得视频脱离了作为社会意义映射的影像本质,颠倒了冰冷画面与真实场景的呈现顺序,导致视频中的人文精神逐渐被技术工具所消磨。以Sora模型为代表的人工智能生成内容,展现了强烈的价值目的导向,以高效和稳定的方式追求内容生产的成果。长此以往,这种模式构筑起程式化的壁垒,缺乏与感性世界的互动,流程化和机械化取代了人文思考,人文关怀被利益、效率和结果所取代。

播音主持工作所固有的人文特质为解决AIGC时代的机械性问题提供了可行的方案。相应地,播音主持人才的培养应当顺应这一趋势,深入挖掘职业的人文价值,最大限度地减少技术进步可能带来的工具理性风险,并为播音主持学科的发展指引了新的方向。高贵武教授曾经提出主持传播发展有两条逻辑,一是技术逻辑作为载体驱动主持传播演进,二是人文逻辑作为主持传播发展的内在动力[1]。在人文逻辑的框架内,人际交流构成了播音主持工作的核心驱动力。社会关系,尽管同处于一个文化背景之下,却是维系人文逻辑的关键所在,同时也是播音主持工作情感表达的深厚基础。口语表达的戏剧化探索进一步拓宽了思想感情的表达途径,促进了情感外在表现形式的多样化。本小节将围绕"内在动力—情感源泉—表达形式"这一主线,探讨在AIGC时代背景下,如何深化播音主持人才的情感培养,突破工具理性所带来的程式化困境。

(一)认识人际交流本质

正如高贵武教授所言,大众传播无可避免地带有浓厚的工业化色彩和明显的工具化特征,它是一种制度化且非人格化的传播方式。然而,人类对于真实、生动的人际交

---

[1] 高贵武,王彪.技术驱动与人文精神:新媒体时代主持传播发展的两种逻辑[J].中国主持传播研究,2020(1):4,7-17.

流的内在需求始终在寻找表达的机会。正是在这种内生动力的推动下,"主持传播"应运而生,它为大众传播注入了人际交流的元素。播音主持工作以其显著的人际化特征而存在,旨在弥补大众传播中缺失的"人情味"。播音主持工作本身也是一种模拟的人际交流形式。在播音创作的基础中,调动思想感情的方法——"对象感"——便体现了这一点。它要求播音员设想受众的存在和反应,从而与受众建立起交流的场景。

人际交流的核心是信息载体下的情感交换,也就是达到张颂老师提出的"信息共享,认知共识,愉悦共鸣",而能进行人际交流的基础是交流双方拥有独立的人格,这就是为什么人与人工智能之间能够达成"信息共享,认知共识"而无法达成"愉悦共鸣",人工智能无论如何发展都无法进化拥有独立的人格。因此,在AIGC时代,播音员和主持人更应重视个人品格的塑造与展现。在品格塑造方面,应着重培养高尚的审美情趣,确立正确的价值观念,将个人兴趣与能力融合,塑造出品格完善、素质卓越的播音与主持人才。至于品格展现,则涉及主持人个人形象与媒体形象的互动,旨在树立积极的荧屏形象,并精心维护个人的公众形象。

(二)文化共同体和社会语境下的情感叙事思维

尽管新闻性构成了播音的核心特质,但播音主持实际上是一项情感艺术色彩极为浓厚的职业,它带有显著的主观性。这种情感并非无端产生,它与主持人的成长环境和教育背景紧密相关。正如马克思所言,"人是一切社会关系的总和",主持人的感情正是源自在社会关系中的沉淀,即文化共同体和社会语境的共同塑造。基于这种理解,我们可以得出两个重要的结论:播音员和主持人的情感流变和社会语境的更迭是密切相关的,情感在不同时代有不同表现;情感结构强调的不是技术决定论,而是社会文化共生论,社会公民共同的情感是由国家意志、精英意志、大众意志共同作用产生的,播音员和主持人与民众的情感本质上是"情感人与情感人"的连接,是一种共情作用。[1]

综上所述,我们可以通过分析播音员和主持人的情感来源,来探讨AIGC时代情感调动方法的培养方式。首先,播音员和主持人的情感表达应与时代同步。在充满激情的20世纪八九十年代,主持人需要用充满活力的情感去激励人们投身于建设事业,那时高亢激昂的语调正符合社会的氛围。而在当今社会,由于阅读习惯的割裂化和碎片化,民众传统的线性思维被打破,知识获取变得更加便捷。AIGC技术的出现进一步推动了这一趋势,导致人们对宏大叙事的结构化内容产生了逆反心理。在快节奏、

---

[1] 战迪.从动员到共情:数字媒体时代主持传播的情感结构[J].中国主持传播研究,2022(1):20-22.

受限的生活环境中,人们更渴望追求个体情感的独立性。因此,播音员和主持人应深刻理解这一社会语境,努力满足受众个性化的情感需求。例如,可以创建针对特定群体的节目类型,采用类似亲密朋友间的交流方式,以及将部分话语权转移给受众,从而从节目的绝对主导者转变为内容的引导者。其次,播音员和主持人应充分利用文化共同体的作用,与受众共享广泛的文化和情感空间。利用中华民族丰富的文化背景、悠久的历史以及当前的国家政策,结合社会思潮和社会情绪,满足人民群众对文化生活的期待,塑造具有家国情怀的叙事风格。央视的《典籍里的中国》《中国诗词大会》《简牍探中华》等文化节目无疑都是这一方面的杰出代表。主持人不仅需要具备扎实的文化底蕴和卓越的视野学识,还应具备风趣幽默、平易近人的语言风格。

(三)戏剧化的口语表达方式

如前所述,"人格化"是模拟人际交流的关键,也是情感传递的基石。然而,媒介的选择框架犹如一扇窗户,观众只能透过这扇窗户窥见外部世界,所展现的景象是媒体经过"筛选"后的产物。对于播音员和主持人来说,"人格"是多面的,但呈现给观众的却是有限的。如何在有限的展现角度中,传达出与情感要求相符的"人格",以实现传播目标,是口语表达在AIGC时代面临的重要挑战。为了更有效地进行"人格传播",在情感表达技巧上借鉴戏剧中的表演艺术。

主持创作和表演创作在技巧上是能够相通相融且相互借鉴的。两者之间具有一个共性——三位一体。三位一体是指:"演员也好,主持人也好,他们集创作者、创作工具和素材以及创作成果于一身。"这也是他们的特点。在这样一个共同的特点之下,他们就在创作技巧当中有一定的相通之处,就是行动[①],通过行动达成传递内容的目的。从这个角度出发,播音主持可以适度吸收表演艺术中的情感表达技巧,培养具有戏剧张力的口语表达能力,构建具有冲突性的语言风格。利用表演中的心理行动原理,通过内心情感的再现和类似场景的模拟,激发与观众之间的情感共鸣,帮助播音员和主持人在AIGC时代塑造突破传统束缚的"人格魅力",为播音创作开辟更多新的可能性。

三、隐性偏见:立场高于一切

语言无可避免地承载着思想,而话语则不可避免地包含着立场。生成式人工智能,

[①] 刘云丹.通与融:主持艺术与表演艺术的共生[J].中国主持传播研究,2022(1):10-13.

凭借其庞大的数据库和深度学习的数据模型，构建了特定的话语体系。这些话语不仅反映了原始数据库中的思想和立场，也融入了运营公司及其所在地区有意或无意间传达的思想和立场。在当今时代，生成式人工智能的崛起有可能颠覆传统偏见，成为弥合不同文化差异的桥梁，降低技术使用障碍，缩短知识差距，助力全球化进程。然而，它同样可能加剧偏见，潜移默化地加剧文化间的矛盾，提高技术使用的门槛，扩大知识鸿沟。

自延安时期以来，播音员和主持人的角色已超越了单纯的信息传递者，他们成为思想的传承者和旗帜的宣扬者。作为党和人民的喉舌，他们以"人格化传播"的方式，架起了党和群众之间的沟通桥梁。播音员和主持人所肩负的职责，不仅包括信息的传递和内容的生产，更承担着"高举旗帜、引领导向，围绕中心、服务大局，团结人民、鼓舞士气，成风化人、凝心聚力，澄清谬误、明辨是非，联接中外、沟通世界"的重大责任和使命。因此，在 AIGC 时代，面对充满隐性偏见的环境，我们必须旗帜鲜明地坚持正确的政治方向、舆论导向和价值取向。

在培养播音员和主持人的过程中，我们必须明确两个核心要点。首先，要坚定政治立场，始终将党性原则铭记于心，深入领会并贯彻党和国家的政策方针，确保新闻性在播音主持工作中占据首要位置，从而坚定地走好播音创作的道路。其次，要强化思维立场，时刻不忘播音员和主持人的根本使命，致力于丰富人民群众的文化生活，帮助更多的人通过媒介获得知识和乐趣，确保基础的引领教育功能得到发挥，努力消除信息鸿沟。

总体而言，人工智能生成内容（AIGC）对社会的影响是深远且显著的，其发展并非杂乱无章，而是遵循着一定的规律。因此，播音与主持人才的培养必须深入研究技术演进的路径，并结合媒体行业的变革趋势，以适应时代需求，不断更新教育方法。本文基于当前媒介环境的三个核心领域，提出了相应的培养策略。首先，要把握媒介转型的契机，利用人工智能的特性，提升播音员和主持人的综合素养，实现"人机协同"的高效工作模式；其次，在人工智能可能引发的情感挑战面前，应强化播音员和主持人的情感优势，凸显"人格魅力"在传播中的关键作用，为观众提供更加丰富的情感交流；最后，虽然人工智能显著提升了社会效率并为社会发展开辟了新路径，但同时也需要警惕其潜在的风险和问题，作为党和人民的喉舌，播音员和主持人必须保持清醒的认识。

（曹泽壮，武汉传媒学院播音主持艺术学院专任教师）

产教融合视域下新闻传播类专业校企协同育人模式的探索与实践

——以武汉传媒学院数字影像实验班建设为例*

Exploration and Practice of School-enterprise Cooperation Education Mode for Journalism and Communication Major from the Perspective of Integration of Production and Education
—Taking the Construction of Digital Image Experimental Class in Wuhan University of Communication as an Example

◆ 杜 溪

Du Xi

摘要：随着信息技术的持续进步，众多新兴传播方式不断涌现，新闻传播领域对专业人才的需求也在经历着持续的变革与更新。这一趋势对新闻传播专业的教育模式提出了新的挑战。本文针对当前新闻传播专业教育中存在的问题，选取武汉传媒学院与企业合作共建的特色班级——数字影像实验班作为研究案例，旨在探索并建立一种创新的校企合作育人模式，为培育高素质的应用型人才指明方向。

Abstract: With the continuous progress of information technology, many new communication methods continue to emerge, and the demand for professionals in the field of news communication is also undergoing continuous changes and updates. This trend poses a new challenge to the education model of journalism and communication. Aiming at the problems existing in the current education of journalism and communication, this paper selects the digital imaging experimental class, a characteristic class co-built by Wuhan University of Communication and Communication and enterprises, as a case study, aiming to explore and establish an innovative school-enterprise cooperative education model and point out the direction

---

* 本文系武汉传媒学院校级教学改革研究项目"基于数字营销的校企协同育人模式的探索与实践"（项目编号：XJ2023151）的阶段性成果。

for cultivating high-quality applied talents.

关键词: 产教融合;校企合作;育人模式;探索

Keywords: Integration of Industry and Education, School Enterprise Cooperation, Education Model, Exploration

随着新兴技术的迅猛发展,新闻传播领域也在不断经历革新。各种新颖且富有创意的传播形式层出不穷,对新闻传播领域的人才要求也在不断演变和提升。如今,"创新型、复合型、应用型"的新媒体人才已成为时代的迫切需求。

为了更好地培养"与时俱进,开拓创新"的新媒体人才,武汉传媒学院新闻传播学院积极与业界知名公司建立联系,共同探讨并实践校企合作共建的特色班级——数字影像实验班,以期探索校企合作的新模式。

一、当前阶段新闻传播类专业人才培养模式存在的问题

(一)能力培养与行业需求相脱节

随着技术的不断进步和相关产业的日益成熟,新闻传播领域对人才的需求也经历了深刻的变革。然而,高校教育体系的变革往往滞后于时代的快速发展,这导致了学生所学知识与实践能力与当前行业需求之间存在一定的脱节。

一些高校已经意识到这一问题,并开始着手创新教育方案,强化数据分析、人工智能、创新思维等关键能力的培养。这些举措在一定程度上有助于提升学生的综合竞争力,但与行业发展的迅猛势头相比,仍显得有些迟缓。

(二)教师成长与行业发展不同步

随着新闻传播行业的迅猛发展,新技术、新知识、新理念不断涌现。然而,受限于教师培训体系不健全和教育资源的匮乏,许多教师难以及时掌握最新的行业动态,对行业现状缺乏深入理解。这种状况不仅影响了他们在备课和科研中对行业发展的全面把握,还可能导致他们对行业变化的敏感度不足,缺乏系统的行业认知和前瞻性规划。这无疑会严重制约教师的职业成长和进步。

(三)人才培养模式的创新模式单一

高校人才培养方案的制定是一个系统而复杂的过程,需要综合考虑众多因素。为

了紧跟时代发展的步伐,并准确把握行业对人才的需求,众多高校对人才培养模式进行了广泛的探索和创新。例如,翻转课堂、同步课堂、认知实习等模式的引入。然而,从整体上看,人才培养的创新模式仍然显得单一,缺乏多样性和灵活性,这在一定程度上影响了人才培养的质量。

二、校企协同育人模式的建设基础

针对人才培养模式存在的问题,武汉传媒学院一直在积极探索创新的人才培养思路。通过与多家互联网行业公司的深入交流,武汉传媒学院新闻传播学院与互联网头部企业携手,共同探索校企合作的新路径,并逐步开展多层次、多领域的紧密合作。学院努力构建校企合作的新模式,实现校企资源的有机结合和优化配置,深化校企合作与产教协同育人。

校企双方积极探索一系列深度合作项目,共同奠定了校企协同育人模式的坚实基础。

(一)专业教师深入企业考察学习

2021年2月,武汉传媒学院新闻传播学院派遣了一支由核心教师组成的考察团,前往一家公司进行为期一周的实地考察。考察团成员亲自参与了项目组的工作,深入体验了短视频的策划、拍摄、后期制作、上线运营以及数据分析等多个环节,并与公司人员积极沟通交流,学习和了解了互联网公司的整体运作体系和流程。在深入学习的过程中,考察团队多次与优矩互动公司就校企合作的方向进行了深入探讨和交流,双方充分利用各自的优势,深入探讨了在课程融合、项目合作、赛事创建、实习实训基地建设等方面的广泛合作。

(二)校企携手共建校内实习实训基地——短视频中心"拍吧"

经过精心组织策划,校企双方在校内共同建设打造实习实训基地——短视频中心"拍吧"。该基地占地面积120平方米,内含16个模拟日常生活的场景房间、7个专业直播间以及5个可用于立体和平面拍摄的空间,其中场景数量可轻松扩展至50个以上。基地内部装备了高端摄影器材和先进的灯光系统,道具设施一应俱全。宽敞的场地足以容纳近百人同时工作,不仅适合拍摄平面和视频广告,也适用于剧组拍摄和直播活动等多种用途,是国内短视频广告领域中最为专业的拍摄场地之一。

(三)校企共同筹办专业广告赛事

校企双方基于课程教学与行业发展需求的深度融合,共同举办了信息流短视频广告大赛,旨在为全校师生提供一个自我挑战、展示才华、表达态度与观点的平台。为了帮助学生更快更深入地理解短视频广告行业的标准,赛事的命题和规则都经过了精心设计。本次大赛的命题选定为学生所熟知的互联网品牌"滴滴出行",以便学生能够利用个人使用体验,激发创意灵感。同时,该品牌也是优矩互动公司当前负责的商业项目之一。参赛学生的作品不仅要严格遵循商业广告的创作标准,还要确保内容的创新性;此外,参赛作品将被实际投放至线上,以检验其广告效果,从而让学生亲身体验行业的真实需求。

(四)探索开设校企合作特色班级——数字影像实验班

通过创新探索与实践,校企双方携手打造了具有传媒特色的教学单位——数字影像实验班。这是一个校企合作的特色班级,体现了双方的共同努力。

该特色班级遵循"一个核心+系统支撑"的原则,整合了各学院的优质课程资源。它以全面的理论教育为核心,辅以校企合作、行业交流和校内实践等多方面的支持。在培养人才的过程中,特别强调将行业需求与校内培养相结合,理论学习与实践操作相融合,致力于培养出更适应移动互联网时代需求的应用型传播人才。

(五)校企合作共建特色实践课程

双方共同打造的教学团队深入探索并实践了 AI 数字人广告项目。该项目基于数字实验 B2001 班的"信息流广告制作"课程,引入了业界领先的数字 AI 人技术。通过"业界导师+校内导师"的双导师制指导,依托全流程商业项目,以市场需求为导向,引导学生全面参与商业信息流广告制作的各个阶段。结合各环节的具体要求,由导师指导学生分阶段完成商业项目的整体制作任务。

"业界导师+校内导师"的双导师模式确保了对学生任务的全流程、全方位指导。业界导师运用其丰富的商业实战经验,帮助学生更深入地理解市场需求和行业标准,确保学生能够制作出满足市场标准的作品。校内导师则负责将理论知识与实践相结合,指导学生深入挖掘和精心优化广告内容。这种双导师模式不仅促进了学生创作出更符合市场要求的作品,而且帮助学生更清晰地认识行业规则,加速适应行业需求。

三、新闻传播类专业校企协同育人模式的初步建立

基于现有的校企合作框架,武汉传媒学院新闻传播学院对合作经验进行了深入的总结,并结合学院的实际情况,以校企合作特色班级——数字影像实验班为平台,积极探索产教融合的新途径,致力于构建"多平台、立体化、强联动"的校企协同育人新模式。

该模式构建了一个金字塔式的层级结构,共包括四个层级:课程的融入与开发、"真题真做"项目实战、教学团队的合作共建以及人才培养的创新改革。从基础到顶端,从课程内容到培养方案,从具体操作到宏观规划,形成了一个系统的层级化结构。

(一)课程融入与开发

一方面,教师在课堂实践教学中引入商业广告实战项目,带领学生深入公司工作一线,实现学生与企业的直接对话。同时,学校为学生量身打造"校内+业界"双导师制实践模式,以帮助学生进行更有针对性的实践训练。通过这种双导师模式,学生不仅能够创作出更符合市场要求的作品,还能更清晰地了解行业规则,更快地适应行业要求。

另一方面,结合行业发展趋势,引入行业前沿技术,并将其融入课程教学内容中,由校企双方共同开发研究课程。例如,校企双方共同开发的"AI数字人广告实践研究"课程,将ChatGPT、AI数字人等前沿技术融入教学,引导学生创作形式新颖的AI数字人广告,并深入探索研究新技术对行业带来的变革。

(二)"真题真做"项目实战

在课程教学中,将商业项目融入教学,让学生直接参与项目实战,有助于他们清晰地把握商业项目的需求,更透彻地认识行业标准。同时,学生能够提前体验项目执行的整个流程,从而更有效地提升自己的实践技能和团队协作能力。

以"创意思维训练"课程为例,我们把"京东618购物狂欢节"在抖音平台的广告项目作为教学内容。学生们被组织成小组,选择不同的产品进行商业广告的创作。课程由校内导师和业界专家共同指导,最终的项目成果则会在网络上进行推广,并实时获取投放数据,接受市场的实际检验。

(三)教学团队合作共建

在专业广告竞赛和实践活动中,学生团队必须配备一名专业教师进行指导。教师在指导学生参赛的整个过程中,会全程参与并深入指导。这不仅有助于教师更清晰地把握行业发展的最新趋势和要求,从而有效提升自身的行业理解和专业素养;同时,在指导过程中,教师能够有效评估学生实践能力的培养情况,识别实践教学中的不足之处。通过与学生的互动和指导,教师能够总结并分析问题的根源,并制定针对性的解决方案,进一步提高了教学成效。

(四)人才培养改革创新

在企业与学校合作的过程中,我们能够更清晰地理解行业对人才培育的需求。通过实践训练和实习机会,我们能够更精准地确定适合新闻传播专业学生的教育模式和计划,从而为教育方案的改革和创新提供明确的指导方向。此外,校外导师的深入参与有助于明确理论教学与实践教学的比重及协同模式,进而更有效地提升学生的综合能力。校企合作共建的特色班级——数字影像实验班的成立,是对人才培养模式改革的一次创新尝试。通过与行业专家共同设计教育方案,我们能够紧跟行业动态,制定出更符合企业需求的人才培养模式。

四、新闻传播类专业校企协同育人模式的未来发展

(一)校企联盟模式的构建

在现有的校企合作模式基础上,结合学校的整体定位和行业发展趋势,我们应进一步探索更为系统化和全面化的校企合作模式。这将有助于进一步加强"双元育人"的教学模式,并进一步加强学校与企业之间的紧密联系,从而推动学校与企业共同进步和协同发展。

校企联盟模式的构建主要分为以下几个阶段:

1.确立合作目标和方向

学校和企业需要明确合作的目标和方向,涵盖人才培养、科研合作、技术创新、成果转化等方面。双方深入交流,更好地了解彼此的需求和期望,为后续的合作奠定基础。

2. 建立系统完善的合作机制

为了确保校企联盟的高效运作,必须构建一套完备的合作机制,涵盖组织架构、运作规程、职责分配等方面,以保障双方在合作过程中实现高效沟通与协调,携手推进合作项目。

3. 开展深度合作项目

学校与企业基于共同的合作目标,携手推进一系列深度合作项目,包括共同建设实训基地、联合研发以及人才培养等。这些举措不仅能够促进双方资源共享和优势互补,还能为双方带来实质性的经济和社会效益。

4. 加强人员交流与培训

深化校企合作,促进双方的紧密融合,加强人员交流与培训。学校可邀请企业专家进校授课和指导实践,同时安排教师前往企业进行交流学习,以提高教师的实践技能和对行业的理解。

5. 建立科学的评价体系

为了全面且有效地评估校企联盟的成效与收益,构建一套评价体系至关重要,该体系应对合作项目、合作成果以及人才培养的质量等方面进行细致的评估。这不仅有助于揭示合作过程中出现的问题与不足之处,以便及时调整和优化策略,还能进一步完善和扩展校企联盟的合作模式。

(二)人才培养模式革新

借助数字影像实验班这一成功的校企合作案例,我们旨在进一步深化对校企协同育人模式的研究。通过与行业顶尖企业的合作与对话,我们能够更精准地掌握行业发展的最新趋势和对人才的具体要求,为培养具备实际操作能力的传播领域人才确立了明确的方向和目标。

针对实际授课和培养情况,我们对特色班的整体培养模式进行了进一步的细化,确保每个步骤都与行业需求紧密相连:

1. 加强校内专业课程建设

通过与企业深化合作与交流,我们能够更深入地理解行业对人才的具体需求,并结合理论教学的实际情况,重新梳理和优化课程体系。

2. 增强企业导师的授课力度

通过与企业导师的授课和互动,学生们能够更深入地洞察行业的实际运作,进而更好地准备未来的职业生涯。

3.引入多元化的商业项目实战

通过分组合作完成各自的任务,培养学生的实际操作技能以及团队协作和沟通技巧。

4.专业实习前置

为了评估培养效果,学生们被提前安排前往合作企业开展实习,此举能有效衡量学生在校学习的成果,并助力他们更好地融入行业和社会。

5.合作企业为学生提供对口的就业岗位

学生毕业后,能够直接进入企业实习并开始职业生涯,同时企业还为学生量身定制了针对性的职业规划,为他们提供了广阔的职业发展平台。

(三)共建"产教融合实训基地"

经过周密的组织和策划,校企双方在校内共同打造了实习实训基地——短视频中心"拍吧",并建立了一套完善的使用制度。学生们可以通过自主预约的方式,选择"拍吧"中的场景进行作品创作。在近三年的实践合作中,"拍吧"极大地激发了学生的创作热情。学生利用"拍吧"创作的作品数量和质量均显著提升,充分展现了实习实训平台的创新潜力。

在现有的成熟合作模式基础上,武汉传媒学院新闻传播学院持续思考与探索,致力于发展更深入、更系统的合作方式。我们旨在进一步拓展合作的广度,并计划将实训基地升级为"产教融合实训基地"。通过引入更多的商业实战项目,我们希望能让更多的学生参与其中,从而加强教学理论与实践操作的结合。此外,这也有助于学生迅速适应岗位职责和工作环境,同时降低企业的人力资源成本。

"产教融合实训基地"建设主要分为以下几个方面:

1.明确共同合作目标

学校与企业应明确共建实训基地的目标,包括提高学生的职业技能、拓宽学生的职业发展视野、促进学校与企业的紧密合作等。

2.加大资源共享

学校与企业应当共同分享各自的资源,如设备、技术、人才等,以实现优势互补,进而提升实训基地的建设水平。

3.加强紧密合作

学校与企业应构建紧密的合作关系,共同拟定培训方案、开展实践教学、参与学生就业指导等,确保实训基地的高效运作。

4.增强成果转化

基于合作的立场,我们致力于深化对横向课题、纵向课题等科研项目的探索与研究,并将研究成果及时反馈给合作企业,以进一步促进成果转化,助力企业解决实际问题。

五、校企协同育人模式预期成果

通过实施校企联盟模式、革新人才培养方式以及共同建设"产教融合实训基地",我们能够对学生、教师、学校以及企业产生积极的影响:学生能够根据雇主的需求,优化自己的知识体系,巩固专业技能,提升综合能力,拓宽就业适应范围;同时,教师能够更深入地理解行业需求,更有针对性地安排课程内容和进行课程改革;学校也能够依据市场需求调整人才培养策略,与合作企业共同培养高技能的应用型人才,解决就业问题;此外,合作企业能够参与高校的人才培养过程,按照自身的发展需求培养和储备人才。

通过深入的探索与实践,我们总结出校企合作的创新思维和研究成果,为学校的教学改革提供重要的参考建议,同时为人才培养模式的创新与实践提供借鉴。根据既定目标,产教融合的建设成果可以细分为四个主要领域:

1.解决人才培育中能力培养与行业需求脱节的问题

通过校企合作的模式,我们能更清晰地了解和认识行业的需求以及对人才的具体要求,从而精准地确定培养方向和定位。

2.解决学生理论知识和实践能力不匹配的问题

协助学生在掌握专业理论知识的同时,提升其实践技能,使他们能够更迅速地适应社会和行业发展的需求。

3.解决教师成长与行业发展不同步的问题

推动教师与企业之间的交流与合作,提升教师的专业素养和教学能力,同时使教师更深入地理解企业需求和行业趋势,进而对课程设置和教育评价体系进行改革,以更有效地满足实践教学的需求。

4.解决人才培养模式变革和创新的问题

通过与企业的紧密合作,我们持续优化教学内容与方法,提升教学成效,进而推动教育创新和人才培养模式的持续更新。我们的目标是增强学生的实践技能和创新意识,以培养出能够适应数字经济时代需求的高素质人才。

(杜溪,武汉传媒学院副教授)

新文科视域下应用型英语人才培养模式探索
Exploration of Applied English Talent Cultivation Model from the Perspective of New Liberal Arts

◇ 洪 俊
Hong Jun

摘要：随着中国外语教育迈入"新时代、新文科、大外语"的关键发展阶段，外语专业在人文学科中的发展受到了广泛关注，成为教育界和学术界的热议话题。本文旨在探索新文科视角下应用型英语人才的培养模式，尝试为应用型英语人才培养提供参考与借鉴。

Abstract: As Chinese foreign language education enters an important stage of development characterized by "a new era, new liberal arts, and comprehensive foreign languages," the development of foreign language specialties within the humanities has received widespread attention, becoming a hot topic in educational and academic circles. This article aims to explore the cultivation of applied English talents from the perspective of the new liberal arts, attempting to provide references and insights for the cultivation model of applied English talents.

关键词：新文科；应用型人才培养；英语专业
Keywords: New Liberal Arts, Applied Talent Cultivation, English Major

引 言

　　新文科的理念最初由美国的希拉姆学院在 2017 年提出，其目的在于重构传统文科领域，整合数字技术、计算机技术、信息技术等现代科技。2019 年，中国启动了"六卓越一拔尖"计划 2.0,全面推进新文科建设。① 2020 年 11 月,中国发布了《新文科建设宣言》,全面部署新文科建设,并明确了新文科的内涵与特点,如突出人文精神的重塑与培养、注重不同学科之间的交叉融合、寻求教育方式和学习方法的革新、打造问题导向型的人才培养模式等。②武汉传媒学院作为一所特色鲜明的高等院校,在外语教育改革方面积极探索,不断创新。学院紧密对接国家战略需求和地方经济社会发展,以新文科为导向,优化英语专业人才培养方案,强化实践教学,推进跨学科交叉融合,致力于培养具有传媒特色的应用型英语人才。本文旨在通过对应用型英语人才培养模式的深入剖析,为新文科背景下英语专业人才培养提供有益的参考和启示。

一、新文科视域下的应用型英语人才培养理念

(一)新文科的内涵与特点

新文科是在全球新科技革命、新经济发展以及中国特色社会主义进入新时代的背景下孕育而生的。它突破了传统文科的思维模式,通过继承与创新、交叉与融合、协同与共享等途径,促进了多学科之间的交叉与深度融合。新文科不仅仅是对传统文科的更新升级,更是从学科导向转向需求导向,从专业分割转向交叉融合,从适应服务转向支撑引领的一次全面转型。③ 在 2016 年 5 月 17 日召开的哲学社会科学工作座谈会上,习近平总书记强调:"要加快构建中国特色哲学社会科学,按照立足中国、借鉴国外,挖掘历史、把握当代,关怀人类、面向未来的思路,着力构建中国特色哲学社会科学,在指导思想、学科体系、学术体系、话语体系等方面充分体现中国特色、中国风格、中国气派。"基于此,新文科建设的核心在于构建中国特色哲学社会科学,以习近平新时代中国特色社会主义思想为指导,致力于在指导思想、学科体系、学术体系、话语体系等方面体现中国特色、中国风格、中国气派。这既是对中国传统文化的继承与发展,也是对中国社会现实的深刻反映和积极回应。④

针对以上新文科的内涵,笔者认为其特点包括以下几点:

1.跨学科融合

新文科强调不同学科之间的交叉与融合,打破传统学科的界限,促进知识的综合

---

① 周毅,李卓卓.新文科建设的理路与设计[J].中国大学教学,2019(6):52-59.
② 张永怀."新文科"视域下外语学科新形势与新进路[J].天津中德应用技术大学学报,2020(4):39-44.
③ 樊丽明,杨灿明,马骁,等.新文科建设的内涵与发展路径(笔谈)[J].中国高教研究,2019(10):10-13.
④ 唐衍军,蒋翠珍.跨界融合:新时代新文科人才培养的新进路[J].当代教育科学,2020.(2):71-74.

与创新。

2. 需求导向

新文科不再仅仅局限于学科自身的发展,而是更加重视满足社会需求和解决现实问题,以需求为驱动进行学科构建和研究。

3. 中国特色

新文科建设根植于中国特色社会主义,深度整合中国的发展目标与实际需求,彰显中国特色、中国风格、中国气派。

4. 全球化视野

新文科具有全球化的视野和开放的心态,积极借鉴国际先进经验,推动中国人文社会科学与世界接轨。

5. 实践导向

新文科强调理论与实践的融合,激励学者深入实际、洞察社会,为中国现代化建设提供实践指导与支持。

综上所述,新文科是在全球化和新时代背景下对传统文科的更新和升级,致力于构建具有中国特色的哲学社会科学体系,以提升中国文化软实力。

(二)新文科视域下应用型英语人才培养的理念与目标

应用型英语人才是指拥有丰富的英语基础知识、宽广的英语文化背景、较强的英语应用能力、强烈的创新精神,能够在多个领域如教学、翻译、管理等运用英语的专业人才。[1]

1. 应用型英语人才的培养理念

(1)跨学科融合

新文科强调跨学科的融合,因此,应用型英语人才的培养应突破传统的语言学科界限,融入其他学科的知识和技能,如文化、历史、经济、法律等,形成综合性的知识体系。[2]

---

[1] 谷莉莎.新文科理念与地方高校外语专业应用型人才培养路径创新[J].扬州大学学报(高教研究版),2022,26(5):71-76.
[2] 王钢.新文科视域下复合型外语人才培养态势分析:以大连外国语大学俄语+区域学人才培养为例[J].东北亚外语研究,2020(2):74-79.

(2)实践导向

新文科强调实践与应用的重要性,因此在培养应用型英语人才时,应以实践为核心,着重提升学生的语言运用能力、跨文化沟通技巧以及解决现实问题的技能。

(3)创新驱动

新文科推崇创新思维和创新能力,因此,应用型英语人才的培养应鼓励学生进行创新思维和实践活动,培养他们的创新意识和创新能力。[1]

2.应用型英语人才的培养目标

基于上述理念,笔者认为应用型英语人才的培养目标应在传统英语专业人才培养目标(例如语言能力、跨文化交际能力、专业知识与技能)的基础上,进一步拓展至以下两个方面:

(1)创新能力

激励学生们开展创新思维与实践活动,培育他们的创新意识与能力,以便在实践中发现并解决各种问题。

(2)综合素质

致力于塑造学生的全面素质,包括高尚的道德品质、强烈的社会责任感和卓越的团队合作精神等,以培养他们成为具备社会责任感和国际视野的英语专业人才。

总之,新文科视域下应用型英语人才的培养应以跨学科融合、实践导向和创新驱动为理念,以培养学生的语言能力、跨文化交际能力、专业知识与技能、创新能力和综合素质为目标,为国家和社会培养具有全球视野和竞争力的英语人才。

二、应用型英语人才培养模式的构建

应用型英语人才的培养模式应当聚焦市场需求,强化实践环节,主要从以下几个方面着手努力:

(一)课程设置与市场需求紧密结合

在课程设置上,我们应当充分考虑地方经济社会发展和行业的具体需求。以笔者所在的武汉传媒学院为例,英语专业结合传媒特色及市场需求,特别开设了影视翻译和少儿艺术英语教育两个方向,旨在培养这两个领域的复合型人才。经过充分的市场调研和多轮专业论证后,我们特别开设了如"影视译制业务""翻译项目管理""英汉影

---

[1] 吴岩.新使命大格局新文科大外语[J].外语教育研究前沿,2019(2):3-7.

视翻译""少儿英语剧编演""少儿英语绘本阅读""少儿英语教学法"等课程。首先,人才培养与社会需求的对接。通过开设"影视翻译"和"少儿艺术英语教育"等特色课程,学院能够有针对性地培养符合地方行业需求的人才,减少教育与市场需求的脱节。其次,专业知识的实用性和前瞻性。课程内容如"影视译制业务""翻译项目管理"等,不仅注重理论知识的学习,更强调实践技能的培养,确保学生毕业后能够迅速适应职场环境。最后,满足行业多样化人才需求。随着社会经济的发展,行业对人才的需求越来越多样化,有针对性的课程设置能够更好地满足这种需求,为社会输送更多高素质人才。

(二)加强实践教学

实践教学是提升英语应用能力的重要环节。应用型英语人才的培养需要为学生提供丰富的实习实训机会。以笔者所教授的英语专业为例,实践教学的比例得到了提升,实践课程的学时也有所增加。我们开设了诸如"阅读实训""写作实训""翻译实训"等专门的实践类课程,为学生提供了丰富的实践机会。

由图1可知,英语专业拥有一个相对完善的实践教学体系,涵盖了语音、阅读、写作、翻译等英语实践技能的培养,并贯穿了大学四年的八个学期。同时,该体系融入了信息技术等现代教学方法,例如运用H5、配音工具等现代技术手段进行教学活动。此外,所有实践实训课程都得到了相应理论课程的支持,旨在培养学生在理论知识指导下进行实践操作的能力。

(三)深化校企合作

应用型英语人才的培养离不开校企合作。校企合作的深入开展不但能为学生提供一定的实习就业岗位,而且可以反哺教学。校企合作可以从以下几个方面开展:

1.共同制定培养方案

学校与企业携手分析市场对英语专业人才的需求,共同制定出贴合实际需求的人才培养方案。这涵盖了课程设置、教学内容、实习安排等多个方面。

2.企业参与教学

企业可以为学校提供实际案例、业务场景等,参与教学活动,使教学内容更加贴近实际工作。企业专家可以担任客座讲师,为学生提供实践经验分享。[1]

---

[1] 王晓红.应用型高校英语专业人才市场需求分析与对策[J].新教育时代(教师版),2017(15).

3. 共建实践基地

学校与企业携手打造实践基地,为学生提供实习与实训的宝贵机会。在真实的工作环境中学习和锻炼,学生能够更深入地理解和掌握所学知识。

4. 产学研合作

学校与企业可以携手推进产学研合作项目,通过参与真实项目,培养学生的实际操作技能和创新意识。

5. 教师挂职锻炼

鼓励教师前往企业进行挂职锻炼,深入洞察企业的真实需求,以提升教师的实践技能和教学能力。

通过校企合作的模式,我们能够更有效地培养出满足市场需求、具备实际应用能力的英语专业人才,从而为地方经济和社会发展贡献力量。

(四)加强学术交流与合作

培养应用型英语人才并不意味着对学术的轻视;相反,学生需要具备扎实的学术基础和背景,以便更有效地将理论应用于实践。为了营造适宜的学术环境,武汉传媒学院自 2019 年起与湖北省翻译工作者协会、传神语联网网络科技股份有限公司等行业协会及企业携手合作,成功举办了全国影视翻译高层论坛、影视翻译与产教融合高层论坛、国际少儿艺术英语教育研讨会等一系列学术会议。这些活动在提升应用型英语人才培养质量方面发挥了重要作用。首先,这些论坛和研讨会吸引了来自美国、英国、加拿大以及国内外 30 多所高校的师生参与,引起了广泛的社会关注。这不仅提高了武汉传媒学院的国际化水平,也为学生提供了与国内外专家、学者交流的宝贵机会,拓展了他们的学术视野。其次,这些活动着重探讨了影视翻译实践中的问题与对策、影视翻译研究的现状与趋势以及影视翻译人才的中外培养机制等关键议题,对改进影视翻译教育模式和课程建设产生了正面影响。例如,2019 年全国影视翻译高层论坛就围绕这些议题进行了深入的交流和探讨,促进了校企合作和校际间的深入交流。

此外,武汉传媒学院与传神语联网网络科技股份有限公司签订了战略合作协议,进一步深化了校企合作,共同推动高校影视翻译人才的培养进程。合作项目涵盖了共建"传神影视翻译工作室"以及影视文化实习基地等语言服务平台和人才培养合作模式,为学生开辟了更广阔的实践空间和就业渠道。这些措施不仅提升了学生的专业技能和综合素养,还拓宽了学生的国际视野,增强了他们的就业竞争力,为应用型英语人才的培养提供了坚实的支持。

(五)大力培养"双师型"教师

"双师型"教师是指那些既具备教师职业资格证书,又具备行业职业资格证书,能够将专业理论知识和实践技能紧密结合,进行专业教学的教师。[①] "双师型"教师在培养应用型英语人才方面发挥着至关重要的作用:首先,他们擅长将理论与实践相结合。这些教师不仅拥有坚实的理论基础,还具备丰富的实践经验,能够帮助学生在学习过程中更深刻地理解并掌握英语知识,同时提升他们的实际应用能力。其次,他们致力于培育学生的职业素养。通过分享自身的职场经历,"双师型"教师能够向学生传授宝贵的职场技能和职业素养,为学生未来顺利融入工作环境打下坚实基础。最后,他们能够准确把握行业动态。由于与业界保持紧密的联系,"双师型"教师能够及时掌握最新的行业动态和市场需求,进而调整教学内容,确保学生所学知识与市场需求保持一致。应用型本科高校可以通过以下方式培养"双师型"教师:

1.教师前往企业挂职锻炼

教师前往企业挂职锻炼是强化高等教育与产业界联系、推进产学研深度融合的关键途径。通过挂职锻炼,教师能够深入企业,了解实际工作环境,积累宝贵的实践经验,并且为企业提供专业咨询服务或参与项目开发,从而有效提升自身的实践能力。

2.教师能力提升培训

高校应定期举办教师培训活动,邀请行业专家开展讲座或工作坊,分享最前沿的行业知识和实践经验。同时,高校还应鼓励教师参与国内外的学术会议和研讨会,以拓展他们的视野并提高其专业素养。

3.建立激励机制

高校应构建完善的激励体系,以鼓励教师向"双师型"教师转型。例如,可以为"双师型"教师提供额外的津贴或奖励,并在职称晋升和岗位评聘方面给予优先权。

4.明确评价标准

高校应制定明确的"双师型"教师评价标准,包括教师的理论知识水平、实践经验、教学能力、科研能力等方面。通过定期的评估和反馈,激励教师持续提高自身的双师素质。

---

① 张晓霞,韩成英.产教融合背景下"双师型"教师培养内因、困境与策略[J].继续教育研究,2024(5).

5.引进优秀人才

高校可以邀请企业或其他实践领域的杰出人士担任客座教授或举办讲座,同时为校内教师提供与这些杰出人士交流学习的机会。

结　语

在新文科理念的指导下,英语专业的人才培养不仅重视知识的继承与创新,还特别强调跨学科的融合、需求导向以及中国特色。目标是培育出能够满足国家战略需求、适应地方经济社会发展、拥有全球视野和创新精神的应用型英语人才。

在新文科视域下,应用型英语人才的培养模式正成为外语教育改革的关键方向,也是培育高素质英语专业人才的有效途径。展望未来,该领域的人才培养将展现出以下趋势:首先,跨学科的融合将得到进一步加强,英语专业将与传媒、经济、法律、管理等学科深度整合,打造出具有鲜明特色的复合型人才培养模式;其次,需求导向将变得更加明确,英语专业将紧密结合国家的战略需求和地方经济社会的发展需求,不断调整和优化人才培养方案,确保教育成果与社会需求的精准对接;再次,中国特色将更加突出,英语专业将深入挖掘中国传统文化和当代社会的现实,培养出具有中国情怀、中国风格、中国气派的英语人才;最后,全球化视野将更加宽广,英语专业将积极吸收国际先进的教育经验,推动中国英语教育与国际接轨,培育出具备国际视野和跨文化交际能力的英语人才。

展望未来,我们期待更多高等学府能够积极地探索与实践这一教育模式,为培育更多杰出的英语专业人才贡献他们的智慧与力量。

(洪俊,武汉传媒学院教授)

融合型人才培养背景下的电影史课程教学探究*

Exploration of Film History Course Teaching under the Background of Integrated Talent Training

◇ 万丽娅

Wan Liya

摘要：随着媒介融合时代的到来，电影史教学需更加注重培养学生的创作素养和实践能力。本文探讨了在融合型人才培养背景下，电影史课程教学的改革与创新，分析了当前电影史教学的现状和面临的挑战，并提出了将理论教学与思政内涵、实践相结合的教学模式。通过案例分析、创作实践等方法，引导学生深入理解电影史知识，并培养其独立思考和创新能力。电影史课程应致力于提升学生的艺术视野和创作意识，为培养具有创新精神和实践能力的融合型人才打下坚实基础。

Abstract: With the advent of the era of media convergence, film history teaching needs to pay more attention to the cultivation of students' creative literacy and practical abilities. This article explores the reform and innovation of film history course teaching under the background of cultivating converged talents, analyzes the current status and challenges of film history teaching, and proposes a teaching model that combines theoretical teaching with ideological and political content, as well as practical application. Through case studies, creative practices, and other methods, students are guided to deeply understand film history knowledge and cultivate their independent thinking and innovative abilities. The film history course should be positioned to enhance students' artistic vision and creative consciousness, laying a solid foundation for cultivating converged talents with innovative spirit and practical abilities.

---

* 本文系教育部产学合作协同育人项目"中外电影史课程教学创新模式研究"（项目编号：230825084007289）的阶段性成果。

关键词：融合型人才培养；电影史课程教学；教学创新路径

Keywords: Integrated talent cultivation, Teaching of film history courses, Teaching innovation path

在数字化浪潮与全球化视野交织的当下，电影作为跨越国界、连接心灵的桥梁，其历史与演变不仅记录了光影艺术的演进，更承载了人类情感与思想的变迁。然而，面对快速发展的技术革新和日益丰富的文化交融，传统的电影史教学模式已难以满足当代学生对于创意与实践的追求。传统的"课堂讲授—电影观摩—讨论总结"教学模式，是电影史课程长久以来的常规教学方法。然而，在学科规划调整、学术观念更新、学生接受特点变化、整体教学工具和教学手段多元化的今天，作为影视学科基础与核心的电影史课程正面临巨大的挑战。特别是自疫情暴发以来，在线教学和利用多媒体资源自学，已经成为一种新的、重要的教学模式。

面对这种挑战，我们可以将其转化为寻求突破与改变的机遇。将学术界的创新成果融入课堂，用研究性的视角审视教学，并采用适应新一代学生学习特点的体验式教学，这些都是值得探讨的应对策略。

一、教学内容的深化拓展策略

（一）发掘电影史课程中的思政教育元素

电影史课程，作为影视学、历史学以及文化学等多学科交叉的领域，其教学内容不仅涵盖了电影艺术的发展历程，也蕴含了丰富的思想政治教育资源。

作为文化现象的电影，其产生和发展都与特定的历史背景和社会环境紧密相连。在电影史课程中，通过探讨电影与时代背景的关系，我们可以揭示出电影所蕴含的爱国情怀、民族精神等思政教育元素。例如，许多反映国家独立、民族解放的电影作品，如《建国大业》等，都深刻地体现了爱国主义和革命英雄主义精神，这些元素对于培养学生的爱国情怀和民族精神具有不可替代的作用。

作为艺术的一种表现形式，电影的人物形象、情节构建以及道德冲突中蕴含着深刻的道德理念。在电影史课程中，通过剖析电影中的人物形象和道德冲突，我们能够引导学生思考道德抉择和价值取向，进而塑造他们的道德观念和提升道德判断力。

电影是文化传承与创新的关键媒介。在电影史课程中，通过研究电影与传统文化的关联，我们能够引导学生领悟中国传统文化的核心与深意，从而提升他们的文化自信和文化自觉。例如,电影《霸王别姬》借助京剧这一传统文化符号,展现了中国传统文化的独特魅力和深厚底蕴。

电影史课程亦可与时事教育相融合。通过挑选反映当代社会焦点和时事议题的电影作品,我们能够激发学生对社会现实和时代进展的关注,进而培育他们的时事敏感度和社会责任感。

在探索电影史课程中的思政元素时,我们应深入分析电影与社会、人民以及政治之间的紧密联系。例如,通过剖析与社会变迁紧密相连的电影作品《暗战》和《中国合伙人》,我们可以探讨中国改革开放时期的社会变革和经济发展。这些作品不仅展示了社会的快速进步和变化,还揭示了在社会变革中人们的命运和抉择,引导学生思考社会变迁对个人及社会的深远影响。

我们也可以探讨电影如何表达人民的情感。例如"国庆三部曲"——《我和我的祖国》《我和我的家乡》《我和我的父辈》,这些作品通过叙述不同人物的生活故事,展现了人民与国家之间深厚的情感纽带。它们揭示了个人理想与国家、社会、民族之间的紧密联系,并引导学生思考如何在每个时代肩负起时代赋予的责任,实现个人梦想。

同时,我们还可以探讨电影与政治议题的交织,例如《建国大业》和《厉害了,我的国》等影片。这些作品以中国共产党的历史和当代中国的发展为背景,凸显了中国政府的领导力和取得的发展成就。通过展现国家的辉煌成就和人民的幸福生活,这些影片旨在引导学生加深对国家和政府的认同感与自豪感。甚至我们可以探讨电影与国际政治的议题,例如美国电影《华盛顿邮报》和《总统班底》。这些影片聚焦于美国政府与媒体之间的互动,深入探讨了权力、自由与道德的议题。通过对比和分析不同国家的政治与文化,学生能够洞察不同政治体系和社会制度的独特性及其差异,从而培养他们的国际视野和跨文化交际能力。

电影与社会议题极易产生共鸣。诸如《我不是药神》和《小鞋子》等影片,通过揭示社会问题和民众的苦难,激发了学生们对社会公正和人道主义关怀的深思。这些作品不仅揭示了社会不公和贫困等现象的根源及其影响,还引导学生们关注并积极投身于社会公益事业。

(二)根据课程需求和特点,重视课堂教学内容的创新与丰富

从课程需求的角度来看,电影史课程不仅旨在传授电影艺术的历史知识,更重要的是培养学生的审美能力、文化素养和道德观念。因此,在教学内容的选择上,我们需注重将思政教育元素与电影史知识有机结合,使学生在学习电影史的同时,也能接受思想政治教育的熏陶。为了实现这一目标,我们可以对传统的电影史教材进行补充和

完善，增加与思政教育相关的内容，如电影中的爱国情怀、道德观念、文化传承等。

从课程特性的角度来看，电影史课程具有跨学科、实践性强的特点。因此，在教学内容的创新与充实上，我们需注重理论与实践的结合，引导学生通过具体的电影作品来深入理解电影史的发展和思政教育的内涵。例如，我们可以组织学生进行电影赏析活动，通过分析电影中的情节、人物和主题，来探讨其中的思政教育元素。同时，我们还可以鼓励学生进行电影创作实践，通过亲身参与电影制作的过程，来体会电影艺术的魅力和思政教育的价值。

为了实现课堂教学内容的创新与充实，我们必须重视教学方法的多样性和灵活性。例如，我们可以运用讲授、讨论、案例分析等多种教学手段，以激发学生的学习兴趣和参与热情。同时，我们还可以借助现代化的教学工具，如多媒体教学、网络教学等，来丰富教学内容和形式，提升教学效果。

电影史课程通常包括电影的起源、发展、重要流派、代表性导演和作品，以及电影技术、艺术手法等方面的演变。为了确保教学内容的时效性和深度，我们可以考虑纳入以下具体元素：

1.技术革新

（1）虚拟现实（VR）和增强现实（AR）技术在电影制作和观影体验中的应用

我们可以探讨一些已经或即将上映的电影项目，这些项目运用了先进的技术，从而改变了电影的制作和观赏方式。例如，电影《头号玩家》巧妙地运用了虚拟现实（VR）技术，为观众提供了一种沉浸式的观影体验，生动展示了技术革新在电影制作领域中的实际应用。

（2）流媒体与在线平台的崛起

我们可以分析 Netflix、Amazon Prime、Disney＋等流媒体平台对电影产业的影响，包括它们如何改变电影的发行和观众消费习惯。近年来，Netflix 推出的原创电影如《罗马》和《爱尔兰人》在流媒体平台上取得了巨大的成功，改变了传统电影发行模式。

2.电影行业的最新发展

（1）票房和观影趋势

通过审视近年来的票房统计和观众观影偏好的演变，我们可以洞察到诸多趋势。例如，观众对"大片"与"独立电影"的喜好程度、对多样化题材和类型的偏好等。再比如，我们可以深入剖析"漫威电影宇宙"系列电影的票房走势，从而洞察观众为何对这类大制作、高特效的影片持续保持浓厚兴趣。

(2)国际电影节和奖项

探索最新的国际电影节趋势,涵盖戛纳、威尼斯、柏林等重要电影节的获奖作品和得奖者,以及它们对电影产业的深远影响。例如,在戛纳电影节中获奖的《寄生虫》等影片,不仅在世界范围内获得了赞誉,还激发了人们对社会议题和电影艺术的深入探讨。

3.电影领域的最前沿学术成果

(1)电影理论

探讨最新的电影理论研究成果,如女性主义电影理论、后现代电影理论等,并分析它们如何影响电影创作和批评。最新的女性主义电影理论研究成果可能涵盖了对女性导演及其作品的重新评估,以及对电影中性别角色的深入分析。

(2)电影史研究的新方法

探讨数字化技术在电影史研究中的应用,研究者如何借助网络资源、数据库以及可视化工具来深入挖掘和分析电影史资料。通过数字化技术,研究人员能够更加便捷地获取和分析电影史上丰富的资料,包括早期电影的海报、剧照以及评论文章等。

为了帮助学生更好地理解电影行业的发展脉络,并在专业学习中清晰地规划自己的职业路径和未来方向,教师需要充分利用新媒体工具,并持续关注本课程及学科领域的最新进展。作为高等教育的教师,我们有义务向学生展示本领域的最新、最深入的学术成就,帮助他们在接触和研究各种先进学术理念的过程中,培养批判性思维和辨别力,逐步实现学术上的成长。

二、教学对象的能力细化

(一)强调学生在电影史学习中的主体地位

在探讨教学对象的能力细化时,强调学生在电影史学习中的主体地位是一个核心议题。这一论点的提出,不仅基于现代教育理念对个体主体性的重视,也源于电影史作为一门交叉学科,其学习过程的复杂性和多样性要求。

1.教育理念的转变:从"教"到"学"的重心转移

现代教育理念强调以学生为中心,倡导主动学习而非被动接受。在电影史教学中,这意味着教师不再是知识的单向传递者,而是学习活动的引导者和促进者。学生作为学习主体,其兴趣、需求、认知特点应成为教学设计的重要依据。强调学生在电影史学习中的主体地位,有助于激发其内在学习动机,提高学习参与度,进而促进深度学习和批判性思维的发展。

2.电影史学科的特殊性:跨学科性与多元视角

电影史作为一门涉及艺术、技术、文化、社会等多个领域的学科,要求学习者具备跨学科的知识整合能力和多元文化的理解力。强调学生在电影史学习中的主体地位,激励他们依据个人兴趣和研究领域进行探索,有助于培育这种全面的学术视野。学生通过自主挑选研究课题、搜集资料、分析论证,在实践中学会如何将电影史置于更广阔的社会历史背景中进行考察,能够加深对电影艺术及其文化意义的理解。

3.促进个性化学习与创新能力

每位学生都拥有其独特的学习风格、兴趣焦点和潜在能力。强调学生在电影史学习中的主体地位,意味着教学方法应当更加灵活多变,以满足不同学生的需求。通过小组讨论、项目导向学习、个人研究报告等多种形式,学生能够依据个人兴趣和能力挑选适合自己的学习路径。这不仅有助于提高学习成效,还能激发学生的创新潜力。在探索电影史的旅程中,学生可能会遇到新的问题、提出新的见解,甚至尝试跨领域的融合,创造出新的学术或实践成果。

4.培养自主学习与终身学习的能力

在知识爆炸的时代,自主学习能力尤为重要。强调学生在电影史学习中的主体地位,实际上是在培养他们的自主学习能力,包括有效搜集信息、批判性地分析资料、独立解决问题等。这些技能不仅对电影史学习至关重要,也是学生未来适应社会变迁、进行终身学习的基石。

(二)培养学生树立新的史学观念并提升学习研究能力

1.电影史学观念的培养

(1)构建理论框架

在培养电影史学观念的过程中,学生首先必须深入理解电影史学理论。这涵盖了对经典电影理论的批判性反思,以及对现代电影史学新理论和新方法的掌握。教师可以通过剖析经典电影案例,引导学生探讨各种电影理论的适用范围和局限性,进而协助他们建立起自己的电影史学理论框架。

(2)重视跨学科视角的引入

鼓励学生从跨学科的视角来审视电影历史,是树立新电影史学观念的重要途径。

文学、艺术、社会学以及媒体研究等领域的视角,能够为学生提供全新的分析工具,使他们得以从更宽广的视野洞察电影发展的复杂性和多样性。

(3)关注电影叙事的创新

培养学生对电影叙事的掌握,使他们能够运用创新的语言和形式来诠释电影的历史。这不仅意味着激励学生探索新的电影分析方法,例如融合数字技术、非线性叙事等元素,而且旨在打破传统电影史学的叙事模式,确立一个更加多元和开放的电影史学视角。

2.电影学习研究能力的增强

(1)培养批判性思维能力

在电影研究领域,批判性思维扮演着至关重要的角色。教师应当通过指导学生进行电影文本的深入分析以及对电影产业的批判性思考,来培养他们的质疑精神和独立思考的能力。这样的训练将使学生在未来从事电影研究时,能够更加深刻地探索电影所蕴含的文化、社会及经济层面的深远意义。

(2)进行研究方法的训练

系统的电影研究方法训练对于增强学生的电影研究能力至关重要。教师应介绍并指导学生掌握各种电影研究方法,如电影符号学、电影社会学、电影产业分析等。通过亲身实践,学生能够掌握如何针对不同的研究主题和问题挑选恰当的电影研究方法。

(3)提升学术写作与表达能力

在电影史学领域,培养学术写作与表达能力至关重要。教师应通过布置电影分析论文、组织电影学术讨论等方式,锻炼学生的写作和表达能力。同时,我们还应当重视培养学生们的学术道德和规范意识,确保他们在未来的电影学术研究中能够坚守学术诚信。

三、教学方法的与时俱进

(一)采用问题导向的教学方法,提高课程的教学品质

在电影史学的教学实践中,传统的教学方法往往侧重于知识的灌输,而忽视了对学生主动思考和探索能力的培养。为了提升课程的教学质量,实施问题导向的教学方法显得尤为必要。

1. 问题的设定与引导

问题导向教学的核心在于提出具有启发性和挑战性的问题，引导学生进行深入的思考和探讨。在电影史学课程中，教师可以提出一些关于电影历史发展、电影理论与实践、电影与社会文化互动等方面的问题，鼓励学生从多个角度进行分析和解答。

2. 学生的主动参与

问题导向的教学法强调学生的主动参与和协作探索。教师可引导学生开展小组讨论、课堂辩论等互动活动，使他们在交流与思维碰撞中孕育新的见解和观点。此类教学策略能够点燃学生的学习热情，同时培育他们的团队协作能力和批判性思维。

3. 教师的角色转变

在问题导向的教学模式下，教师的角色由传统的知识传递者转变为学习过程的引导者和推动者。教师必须掌握深厚的电影史学知识，并具备敏锐的问题意识，以便在学生讨论时给予适时的指导和反馈。此外，教师还应当激励学生提出个人的问题和见解，引导他们开展更深层次的学术研究。

4. 课程评价的创新

为了与问题导向教学相契合，课程评价方法亦需相应地进行创新。传统的以知识记忆为核心的考试方式已不再适应新的教学需求。教师可采纳论文撰写、项目报告、课堂演示等多种评价形式，重点评估学生的思维能力、创新能力和实际操作能力。

（二）教师应扮演策划者、构想者、引导者和提升者的角色

在电影史学的教学实践中，教师的角色不应仅限于知识的传递，而应更进一步成为策划者、构想者、引导者和提升者。为了有效地实施问题导向教学并进一步提高课程的教学质量，教师必须充分发挥这些关键角色的作用。

1. 策划者

教师必须精心设计课程内容和教学活动，以确保它们与学生的学习需求和学术成长紧密相连。在电影史学课程中，教师可以设计一系列既深入又广泛的问题，这些问题能够引导学生深入探索电影历史的多个维度，涵盖电影技术、电影产业、电影文化等方面。通过精心设计，教师能够确保课程内容的连贯性和针对性，使学生在学习过程中能够获得实质性的进步。

2. 构思者

构思构成了教学设计的核心。教师必须考虑如何有效地展示课程内容，如何点燃

学生们的学习激情,以及如何引导他们进行深入的思考和讨论。在电影史的教学中,教师可以设计多种教学活动,例如案例分析、电影片段的解读、专家讲座等,这些活动能够为学生提供多维度的学习体验,并加深他们对电影历史的理解。

3.引导者

在以问题为导向的教学模式中,教师要协助学生深入探究问题、梳理信息、构建见解。教师应引导学生掌握提问的艺术、资料搜集与分析的方法,以及如何用学术性的语言阐述自己的观点。通过这样的引导,教师能够助力学生培养批判性思维和自主研究的能力,这对他们未来的学术探索和职业生涯发展具有不可估量的价值。

4.提升者

教师应致力于促进学生的学术进步和综合能力的提升。在电影史学课程中,教师可以通过提供反馈、建议和指导,帮助学生不断改进他们的学术作品和研究技能。此外,教师还可以激励学生参与学术竞赛和研究项目,以进一步增强他们的学术水平和实际操作能力。通过扮演好提升者的角色,教师能够助力学生在电影史学领域实现更大的突破。

(三)实施开放式和自主式教学,以优化教学功能

在电影史学的教学过程中,为了进一步提高教学品质和成效,实施开放式和自主式教学显得尤为关键。这种教学模式强调学生的积极参与和独立探究,目的在于优化教学效能,培育学生的创新思维与实践技能。

1.开放式教学环境的营造

开放式教学环境构成了实施开放式、自主式教学的基石。教师应当营造一个宽松、自由的学习氛围,激励学生表达个人的观点和想法。在电影史学课程中,教师可以邀请学生共同参与课程内容的讨论和制定,使课堂转变为师生共同探索知识的平台。这样的学习氛围有助于点燃学生对知识的渴望和参与度,激励他们主动探索和学习。

2.自主式学习任务的设定

在开放式、自主式的教学过程中,教师应设计具有挑战性和探索性的学习任务,以引导学生自主地进行学习和研究。这些任务可能涵盖对电影历史事件的调研、电影理论的深入探讨、电影产业的细致分析等。通过设定自主式学习任务,学生能够依据个人兴趣和需求挑选研究方向,从而培养独立研究和解决问题的能力。

3.教学资源的丰富与拓展

实施开放式、自主式教学,丰富的教学资源是不可或缺的支撑。教师应充分利用图书馆、网络资源、电影资料馆等多元渠道,为学生提供广泛的学习材料和资源。此外,教师还应激励学生主动探索和运用这些资源,以培养他们获取和处理信息的能力。借助于教学资源的丰富和拓展,学生们将能够更全面地了解电影史学的相关知识,进而扩展自身的学术视野。

4.教学功能的优化与提升

实施开放式、自主式教学旨在优化教学功能,提高教学品质和成效。在此过程中,教师应重视学生的个别差异与需求,给予针对性的指导与支持。同时,教师还应密切关注学生的学习进度和反馈,适时调整教学策略和方法。通过优化和提升教学功能,教师能更有效地满足学生的学习需求,促进他们的全面发展。

(四)与时俱进:教学模式要与市场需求接轨

在电影史学的教学实践中,与时俱进、与市场需求接轨是提升教学质量和增强学生就业竞争力的重要方向。随着电影产业的持续发展和市场需求的不断变化,电影史学的教学模式也需要作出相应的调整和创新。

1.紧跟行业发展趋势

电影产业是一个充满活力和创新的领域,其发展趋势和市场需求持续演变。教育工作者必须紧跟电影产业的最新动态,洞察行业发展趋势和市场需求,以便将最新的知识和技能融入教学之中。例如,随着数字技术和互联网的演进,电影的制作、发行和观看方式都经历了翻天覆地的变化,教师需要将这些新兴技术与新媒体形式纳入教学内容之中。

2.结合市场需求调整课程内容

为了帮助学生更好地适应市场需求,教师应当根据实际情况调整教学内容。例如,可以引入更多与电影产业相关的课程,比如电影市场营销、电影制片管理等,以培养学生更全面的知识结构和技能。此外,学校可以邀请电影产业的专家或从业者来校举办讲座或工作坊,与学生分享他们的实战经验和行业见解。

3.注重实践能力的培养

市场需求通常强调实际操作技能和经验积累。因此,在电影史学的教学过程中,教师应当重视对学生实践技能的培养。通过组织实地考察、参与电影制作以及参与电影节等活动，学生能够直接体验电影产业的各个层面，进而提升自身的实践技能和团队协作能力。

4.引导学生关注职业发展

教师还需要引导学生关注电影史学领域的职业发展路径和市场需求。比如，向学生分享行业内的成功案例和职业发展经验，有助于他们洞察不同职业岗位的需求与未来趋势；提供职业规划指导和就业咨询服务，协助学生构建合理的职业发展规划，增强他们的就业竞争力。

电影史教学的创新并非一蹴而就，它需要长时间的探索与实践，以及对每一个教学环节的扎实工作。我们可以邀请国内外在电影史课程改革方面的专家，举办一系列讲座，以培养学生对电影事业的敬业精神；通过与合作企业共同开展影视人才培训的实践模拟，采用项目导向的教学方法，激发学生的主动学习兴趣，同时提升教师团队的协作能力；通过强化教学案例的编写，细化教学对象、学生背景分析、教学内容、教学目标与要求、教学进度、考核方式等关键环节，为其他兄弟院校提供可借鉴的参考；通过参与影视制作项目，提升学生的实际操作技能。针对国内外电影史课程改革和人才培养的实际需求，我们依托校企合作的丰富资源，开展了一系列影视实践项目竞赛。。这些竞赛旨在激发学生的创新精神，进而提升他们的影视理论知识和实践技能。

（万丽娅，武汉传媒学院副教授）

民办高校"大数据+传媒"师资建设的挑战与策略
——以武汉传媒学院为例*

Problems and Strategies for the Construction of Professional Teachers of "Data Science and Big Data Technology + Journalism" in Private Universities
—Take Wuhan University of Communication as an Example

◆ 王玲玲
Wang Lingling

摘要：随着大数据时代的到来，传媒行业与大数据的融合已经成为一种不可逆转的趋势。武汉传媒学院依托其专业优势，开设了具有传媒特色的数据科学与大数据技术专业。面对"大数据+传媒"师资建设的挑战与机遇，武汉传媒学院采取了多项策略。这些策略包括加强跨学科师资的培养与合作、设立专项基金以支持师资队伍的建设、引入业界专家担任兼职教师或客座教授、强化实践教学环节的建设，以及推动产学研合作。这些措施将有望显著提升武汉传媒学院在"大数据+传媒"领域的师资力量和教育质量。

Abstract: With the advent of the era of big data, the integration of media industry and big data has become an irreversible trend. Relying on its professional advantages, Wuhan University of Communication has opened the major of data science and Big Data technology with media characteristics. Faced with the challenges and opportunities of "big data + media" teacher construction, Wuhan University of Communication has adopted a number of strategies. These strategies include strengthening interdisciplinary teacher training and cooperation, setting up special funds to support the development of the faculty, introducing industry experts as part-time teachers or visiting professors, strengthening the construction of practical teaching links, and promoting industry-university-research cooperation. These

---

* 本文系2023年教育部产学合作协同育人项目"新工科背景下数据科学与大数据技术专业师资建设"（项目编号：230704144171125）相关成果。

measures are expected to significantly improve the faculty and education quality of Wuhan University of Communication in the field of "big data + media".

关键词：大数据+传媒；师资建设；民办高校

Keywords：Big Data+Media, Teacher Construction, Private University

根据工业和信息化部发布的《大数据产业发展规划（2016—2020年）》，数据已经提升为国家的基础性战略资源。大数据与产业链的深度整合和贯通，不仅是推动当今数字经济持续发展的核心动力，也是实现数据价值最大化、高效释放的关键途径，更是引领数字世界构建与发展的关键突破口。

武汉传媒学院，作为中南地区领先的传媒类本科院校，已经发展成为一所具有鲜明传媒文化与科技教育特色的多学科协调发展、综合应用型人才培养的高等院校。它是湖北省"转型发展"首批试点高校之一。该校积极应对国家大数据发展的需求，遵循"需求驱动目标，目标驱动方式"的原则，结合其传媒专业特色，在新闻传播学院开设了数据科学与大数据技术专业。本专业致力于构建"大数据+传媒"这一独特学科特色，借助学校在传媒领域的专业优势以及数据科学与大数据技术的融合，旨在培育能够跨行业应用的大数据专业人才。

为了培养符合国家和行业需求的高素质复合型大数据人才，高校不仅需要加强基础设施、专业设备、校园环境等硬件条件的建设，还必须强化校园文化、教风学风、人才培养方案及教学内容等软件内容的建设。同时，提升师资队伍素质也是至关重要的。一个优秀的师资队伍是提高高校教育教学质量、培养高素质人才的基础，同时也是提升高校办学质量、促进高校高质量发展的关键保障。

一、"大数据+传媒"的专业背景

（一）数据科学与大数据技术在传媒中的应用

随着信息技术的飞速进步，尤其是大数据技术的广泛运用，传媒领域经历了深刻的变革。这不仅重塑了传媒内容的创作、传播和消费方式，也对传媒行业的商业模式、组织架构乃至整个生态系统产生了深远的影响。

首先，大数据技术的应用使得我们能够构建详尽的用户受众画像，通过分析用户的行为轨迹、社交互动以及消费偏好等数据，更精准地把握受众的需求和兴趣，实现精准定位，并为其定制个性化内容。通过分析用户反馈、评论、转发、停留时间等大数据，我们可以更深入地理解用户，进而调整内容创作和发布策略。此外，大数据分析还能帮助我们更好地洞察受众的消费习惯和用户行为，实现大规模和个性化的广告投放，通过精准的广告推送，提升广告转化率和 ROI（投资回报率）。

其次，大数据技术与新闻的深度融合催生了一种新的新闻形式——数据新闻。数据新闻通过搜集、处理和分析海量数据，挖掘出其中的有价值信息，并以可视化的方式呈现给用户，使得新闻报道更加客观、深入且易于理解。

最后，大数据技术在媒体监测与舆情分析领域得到广泛应用。通过数据分析，我们能够洞察用户对媒体报道的情绪和态度，这有助于传媒机构及时调整策略或作出回应，进而提高新闻报道的准确性和公信力。

（二）融合专业的必要性及发展趋势

大数据与传媒的融合在提高新闻生产效率和质量、创新新闻形式、促进媒体融合、预测未来趋势以及满足市场需求等多个领域展现出显著优势。这些优势使得大数据与传媒特别是新闻的融合成为传媒行业当前的一个重要发展趋势。

众多高等教育机构也在大数据与传媒融合领域进行了创新尝试。例如，中国传媒大学在新闻学专业中增设了数据新闻方向，在传播学专业中引入了舆情分析和计算传播方向，并开设了数字新闻与社会创新以及计算传播两个微专业。浙江传媒学院在新闻与传播学院内设立了卓越新闻人才实验班，其中一个重要方向是培养"数据新闻人才"。武汉传媒学院则在新闻传播学院中建立了媒体融合基地班，并随后开设了数据科学与大数据技术专业，这是一次将工科专业引入传统文科学院的创新尝试。

二、民办高校"大数据+传媒"师资建设的现状分析——以武汉传媒学院为例

（一）武汉传媒学院数据科学与大数据技术专业师资建设的基本情况

武汉传媒学院的数据科学与大数据技术专业自 2022 年 9 月起首次招收学生。在招生筹备阶段，依据"新工科"建设的指导思想，该专业对学科知识体系进行了全面的重构，并对人才培养模式进行了创新性的改革。为了强化教学团队，学院采取了包括利用现有师资、招聘新教师以及邀请外部专家等多种措施来优化师资结构。目前，该专业的教师队伍主要由数学、统计学、计算机科学、新闻学等领域的专家组成，其中，中

青年教师占多数,以充满活力的青年教师为主体。

(二)数据科学与大数据技术融合传媒专业师资的特殊要求

首先,教师必须具备扎实的专业知识和丰富的实践经验,特别是在大数据项目方面。他们应能结合传媒行业的独特性,将数据科学和大数据技术融入新闻传播、广告策划、媒体运营等众多领域。

其次,教师应具备跨学科的整合能力。他们需要将数据科学和大数据技术与传媒专业的新闻传播学、广告学、广播电视学等学科知识相融合,形成交叉学科的研究和教学能力。同时,教师应熟悉传媒行业的发展趋势和市场需求,能够将最新的数据科学和大数据技术应用于传媒行业的创新和发展。

最后,如果教师在传媒行业拥有数据处理的实际工作经验或相关资源,将更有利于为学生提供丰富的实践机会和职业发展指导。

(三)武汉传媒学院数据科学与大数据技术专业的师资队伍现状及其优势

武汉传媒学院在数据科学与大数据技术专业的申报初期,便通过跨学院合作、教师资源整合、课程设置优化、实践教学强化、科研支持和人才培养方向明确等举措,为"大数据+传媒"领域的教学和研究奠定了坚实的基础。在专业申报的初期,武汉传媒学院就确立了新闻传播学院与传媒技术学院之间的紧密合作关系。这种跨学院的合作模式,为"大数据+传媒"领域的教学和研究提供了坚实的基础。结合两个学院的优势,武汉传媒学院整合了新闻传播学院在新闻传播理论、融合媒体运营、网络舆情监测、数据新闻等方面的师资力量,以及传媒技术学院在计算机科学、数据科学、数字媒体技术等方面的专家资源,组建了最初的师资队伍。随后,针对大数据的高端运用,武汉传媒学院通过招聘引入了大量数学科学、大数据技术、计算机科学、人工智能等方面的青年教师,为"大数据+传媒"领域的教学和研究注入了新的活力。

目前,师资队伍的优势主要体现在传媒专业基础扎实及师资队伍年轻化。传媒专业是武汉传媒学院的特色专业,拥有丰富的教学经验和深厚的学术积累。这些教师对于传媒行业的运作机制、市场需求以及发展趋势有着深入的了解和认识。在数据科学与大数据技术专业中,他们能够将传媒专业的知识与大数据技术相结合,开发出具有传媒特色的课程内容和教学项目。这不仅有助于提高学生的专业素养和实践能力,还能够培养出符合市场需求、具备跨界融合能力的复合型人才。

其次,师资队伍的年轻化构成了另一个显著优势。年轻教师往往拥有更高的学历和更宽广的学术视野,他们对新技术和新方法展现出更高的敏感性和更强的学习能力。在数据科学与大数据技术专业领域,年轻教师能够迅速捕捉到最新的技术动态和行业趋势,并将其融入教学实践。此外,他们能够与学生建立更为紧密的联系和沟通,深入理解学生的学习需求和遇到的问题,从而提供更加个性化的教学支持。这种年轻化的师资队伍有助于提升专业的活力和创新能力,促进专业的持续进步。随着时间的推移,年轻教师将不断积累教学经验和专业知识,他们的教学技能将得到显著增强。他们将更加熟练地运用各种教学方法和工具,更准确地把握学生的学习需求和问题,提供更高效的教学服务。这种持续的积累和提升过程将使年轻教师成为专业教学的中流砥柱。

三、民办高校"大数据+传媒"师资建设面临的主要挑战

(一)学科交叉融合的复杂性

"大数据+传媒"这一领域不仅融合了计算机科学、数学、统计学、新闻传播学等多个学科的知识,而且其专业发展和应用环境也在不断变化,发展速度极快。教师不仅需要掌握多个学科的基础知识和实践经验,还必须具备高度的成长适应性,以便有效地进行跨学科的整合和教学。然而,目前许多教师往往只拥有单一学科的背景,缺乏跨学科的知识和实践经验,以及对行业发展趋势的预见性。

(二)高水平师资的引进与培养难度

吸引和培养高素质的师资队伍是民办高校在"大数据+传媒"领域师资建设的核心所在。然而,在这一过程中,民办高校面临着诸多挑战。一方面,高素质的教师往往更偏好于加入知名高校或研究机构,这使得民办高校在招募和保留这些人才方面遭遇实际难题。另一方面,即便成功引进了高水平师资,如何有效地进行培养和促进其发展,同样是一个不容忽视的问题。因此,民办高校应当为这些教师打造一个优良的工作环境,提供充分的科研支持以及广阔的职业发展前景,以此激发他们的创新精神和工作热情。

(三)实践教学资源缺乏

在"大数据+传媒"教学领域,丰富的实践教学资源至关重要。不幸的是,民办高校在这方面常常面临挑战。一方面,资金的限制使得这些院校难以购买和维护昂贵的大数据实验设备及数据平台,这无疑限制了实践教学的条件。另一方面,相较于公立

院校,民办高校与企业及行业的合作机会较少,这使得为师生提供真实实践环境和项目机会变得困难。这种状况不仅限制了学生在实践中的学习和成长,也对教师的教学效果和科研能力产生了不利影响。

(四)师资队伍建设资金不足

建设师资队伍需要巨额资金投入,涵盖教师薪酬、专业培训、科研设备购置等多个方面。然而,一方面,学费收入的有限性与传媒设备的高昂投入形成鲜明对比,使得民办高校难以承担教师薪酬和培训费用的重负。另一方面,政府和社会对民办高校的资金支持相对不足,这进一步限制了民办高校在师资队伍建设上的资金投入。结果,民办高校在吸引和培养高素质教师、提升实践教学设施等方面的能力受到了严重制约。

四、应对挑战的策略与建议

(一)加强跨学科师资培养与合作

为了应对"大数据+传媒"这一跨学科领域师资队伍建设面临的复杂性挑战,民办高校必须加强跨学科师资的培育和协作。在招聘过程中,应优先考虑复合型教师及"双师型"教师的引进。复合型教师指的是那些拥有跨学科知识背景,能够灵活运用不同学科的理论和方法进行教学的教师。在选拔新教师时,重点考查其跨学科知识背景和实践经验,特别欢迎那些具备计算机科学、数学、统计学和新闻传播学等多学科背景的候选人。"双师型"教师不仅需要有扎实的理论基础,还应具备丰富的实际工作经验,能够在教学中将理论与实践相结合,为学生提供更全面和深入的教育。在招募具备行业经验的教师过程中,学校提供具有竞争力的薪资待遇,以吸引更多行业精英的加盟。此外,高等教育机构应设立跨学科研究项目,以促进教师之间的跨学科合作与交流,携手应对"大数据+传媒"领域的挑战。通过定期举办研讨会和工作坊等活动,促进教师之间的知识共享与经验交流,进而提高教学和研究的整体水平。

(二)设立专项基金支持师资队伍建设

针对师资队伍建设资金短缺的问题,民办高校可以设立专项基金以促进教师队伍的发展。这些基金应用于教师的薪酬、培训、科研设备购置等多个方面,确保教师获得充分的支持与保障。同时,学校应积极寻求政府及社会各界的支持与资助,拓展资金来源,为师资队伍建设注入更多资金。

(三)引入业界专家担任兼职教师或客座教授

为了弥补校内师资在实践经验方面的不足,民办高校可以积极引入业界专家担任兼职教师或客座教授。这些专家通常拥有丰富的行业经验和实战经验,能够为学生提供宝贵的实践指导和职业发展规划建议。同时,他们也可以为校内教师带来行业前沿动态和实践案例,促进教学与行业的紧密结合。

(四)加强实践教学环节的建设

实践教学在"大数据+传媒"领域的教育中扮演着至关重要的角色。为了提升学生的实际操作技能和全面素质,民办高校必须强化实践教学环节的构建。这包括创建校内外的实践教学基地、推进校企合作项目、举办实践教学竞赛等多种方式,旨在为学生提供更丰富的实践机会和平台。同时,学校也应重视实践教学环节的质量监控与评估,确保实践教学能够实现既定的教学目标。

(五)推动产学研合作,实现资源共享

产学研合作是提升民办高校在"大数据+传媒"领域教学和科研水平的关键途径。通过与企业及行业的紧密协作,学校能够获取丰富的实践资源和行业资讯,为教学和科研活动提供坚实的支持。同时,学校亦可凭借自身的科研优势和技术实力,向企业提供技术咨询和解决方案,从而实现资源共享和互利共赢的局面。通过促进产学研合作,民办高校能够持续增强自身的综合竞争力和社会影响力。在构建数据科学与大数据技术专业过程中,武汉传媒学院有效地结合了专业特点与学院的优势,形成了一套独具特色的高素质人才培养方案。尽管在师资队伍建设方面遭遇了一些挑战,但只要学院能够制定并实施有效的策略,积极应对挑战,把握机遇,不断提升师资队伍的整体素质,就能为专业的发展提供坚实的支撑,培养出满足国家和行业需求的高素质复合型大数据新闻人才。

(王玲玲,武汉传媒学院副教授)

实践教学

面向有声阅读新业态
——产教融合视角下配音实践教学革新探索*

Oriented towards the New Format of Audio Reading
—Innovative Exploration of Dubbing Practical Teaching from an Industry-Education Integration Perspective

◇李娟 程骥
Li Juan Cheng Ji

摘要： 有声阅读作为一种新兴的阅读方式，其迅猛发展为播音与主持艺术专业的教学带来了新的挑战与机遇。本文以武汉传媒学院为例，探讨了在产教融合的视角下，如何结合市场需求与专业特色，创新播音与主持艺术配音课程的实践教学，培养适应有声阅读业态发展的高素质人才。

Abstract: As an emerging reading method, audio reading has brought new challenges and opportunities to the teaching of broadcasting and hosting arts with its rapid development. Taking Wuhan Communication College as an example, this paper explores how to innovate the practical teaching of dubbing courses in broadcasting and hosting arts by combining market demands and professional characteristics, and cultivate high-quality talents who can adapt to the development of the audio reading industry from the perspective of industry-education integration.

关键词： 有声阅读；配音；产教融合
Keywords: Audio Reading, Dubbing, Integration of Industry and Education

近年来，有声阅读领域呈现出迅猛发展的趋势。根据《2024春季有声阅读数据报告》提供的数据，人均有声书听书量显著提升，市场覆盖了所有年龄段的用户，尤其是年轻群体的增长趋势日益显著。这一增长不仅归功于互联网技术的普及和人工智能

---

* 本文系武汉传媒学院2024年校级一流本科课程"配音艺术"、2023年校级教学改革研究项目"基于体验式学习理论的PST配音人才培养模式研究报告"（项目编号：XJ2023107）的研究成果。

技术的推动,还得益于国家政策对有声读物精品出版工程的持续扶持。有声阅读市场的蓬勃发展为播音与主持艺术专业的学生提供了宽广的实践平台和职业发展空间。通过参与有声书的录制,学生们能够磨炼专业技能,紧跟市场需求,实现理论知识与实践操作的紧密结合,为他们的未来职业生涯打下坚实的基础。

在产教融合的大趋势下,配音类课程的实践教学显得尤为关键。以多所应用型高校与喜马拉雅的合作为例,企业导师将最新的技术与实战经验带入课堂,有效促进了教育链、产业链与人才链的深度融合。武汉传媒学院通过开设"配音艺术"和"影视配音创作"等特色课程,不仅让学生掌握了配音艺术的基础理论知识,还通过实践演练,让学生亲身体验了配音创作的整个过程。这种教学模式不仅提高了学生的专业技能和创新能力,还增强了他们的市场适应性和职业竞争力,为培养高素质的复合型人才提供了坚实的保障。产教融合的深入实践,不仅推动了教育教学的创新改革,也为行业输送了更多优秀人才,实现了教育与产业的双赢。

一、转型升级:重构课程目标

在有声阅读的世界里,声音的表达与演绎无疑扮演着至关重要的角色。演播者宛如一位魔法师,凭借其精湛的演播技艺,将平面的文本作品转化为立体、生动的声音形象。这不仅解放了听众的视觉,更让他们通过听觉,深入体验那些丰富多彩的有声作品。每一个声音的微妙变化,都仿佛为文字注入了生命,使其变得更加生动和立体。

杰出的演播者凭借其卓越的创作价值观,成为优质有声作品的传播者和质量监督者。配音类课程的培养目标与有声阅读对演播者的要求高度一致。武汉传媒学院的配音课程特别注重对学生素养的培养,包括引导学生树立正确的思政创作观和价值观,以及承担讲述中国故事、传播中国声音的使命。这样的课程目标不仅有助于培养学生的社会责任感,而且与国家新闻出版署推动有声读物高质量发展的政策方针相吻合。

对于有声阅读演播人才而言,文化素养和审美能力同样至关重要。他们需要深入理解文本的内涵,并通过声音将文字中的情感、意境传递给听众,为听众提供高质量的阅读体验。因此,配音课程在传授知识的同时,也注重培养学生的文化素养和审美能力。通过对不同风格文本和角色的深入解析,学生能够更好地把握文本背后的深层含义,同时,我们也鼓励学生创作原创文字作品,从而为有声阅读演播提供更有力的支持。

此外,配音课程还要求学生掌握配音艺术的基本概念和核心理论,熟悉各类解说配音和人物配音的语态类型及创作方法。这将为他们在未来的有声阅读演播中奠定坚实的基础。通过课程的学习,学生将能够熟练掌握旁白解说的演播基调和分寸,并根据角色需求运用声音化妆技巧,实现一人分饰多角或多人演播的灵活转换。

为了满足有声书市场的多样化需求,配音课程特别强调培养学生跨学科的技能。通过整合导演、配音、制作等多项技能,学生将能够创作出符合媒体播出标准的综合性作品。这不仅符合有声书从前期剧本创作到后期制作的全面要求,而且能够显著增强听众的沉浸感和情感共鸣。此外,配音课程还通过团队合作和项目实践等教学方法,培养学生的团队协作和创新能力。这些能力对于有声阅读演播人才来说至关重要,有助于他们更好地适应市场的变化和挑战。

课程目标的设定为培养杰出的有声阅读演播人才提供了明确的方向指引。同时,学校课程组每年都会依据市场需求的最新动态,对人才培养目标进行调整和修订,确保教育内容与时代同步,培养出与时俱进的人才。

二、理实一体:实现课程联动

市场对大量高质量有声演播人才的需求与应用型传媒高校培养人才的方向不谋而合。为此,武汉传媒学院为大三下半学年的学生设计了一套全面而系统的学习方案。考虑到学生们已经掌握了播音发声和基础创作技巧,并具备了音视频剪辑的基本操作技能,但对配音艺术的概念和认知尚有不足,有声演播创作方法不够系统,实战技能也有所欠缺,课程设置采取了综合性的策略。

为了夯实学生的理论基础,学院特别安排了 64 课时的"配音艺术"课程。该课程旨在让学生深入理解配音艺术的内涵、特点和发展趋势,掌握配音的基本理论和技巧,为后续的实践操作奠定坚实的基础。此外,为了进一步增强学生的实践能力,学院基于"理实一体化"中的"做中学"理念,设置了 40 课时的综合创作课程——"影视配音创作"。在这门课程中,依据行业标准设定教学目标,参照行业实际创作流程组织"全真模拟"教学活动,进行角色分析、情感把握和声音塑造,使学生掌握配音创作的方法和技巧。在 OBE 教学理念指导下,学习内容以配音成果为导向,为学生制定"高阶性"目标,重构"儿童动态绘本配音""广播剧配音"等四个类型化教学模块。

在课程的组织上,前 16 周主要安排学生学习配音艺术的理论和技巧。通过教师的系统讲解、案例分析以及小组讨论等多种教学方式,确保学生全面掌握配音艺术的基本知识和实践技能。同时,结合音视频剪辑技能,进行初步的配音实践练习,加深学生对理论知识的理解和应用。第 17 至 18 周的影视配音创作课程,将安排综合演练实践创编环节。学生们将分组进行影视配音创作实践,从选片、角色分析、声音设计到最终的配音呈现,全程参与并完成一部完整的配音作品。这一环节旨在引导学生将所学到的理论知识和实践技能结合起来,通过实际操作锻炼自己的实战能力,提升对配音艺术的认知和理解。

课程组合拳策略赢得了学生的普遍赞誉,并在市场中得到了证实。学生的演播能力在理论和实践方面都有了显著的提升。诸如"有趣""有用""贴近行业一线"等评价频繁出现在团队成员的授课反馈中。在2021至2023年的三年期间,学生集中创作的有声作品数量达到了武汉传媒学院播音与主持专业配音课程设立13年来的最高水平。

三、"三课"贯通:创新教学设计

在2020至2024年的持续课程建设中,武汉传媒学院的配音类课程建设以产学研一体化为核心理念,将有声作品深度融入"三个课堂"的教学体系中,打造出独特的产教融合教学模式。第一课堂专注于配音演播知识与技能的深入教学,通过模拟行业全流程的配音实践,加强学生的专业基础;第二课堂邀请业内知名配音演播专家,通过实战演练,增强学生的行业技能;第三课堂则通过与媒体和企业的合作,将学生推向社会媒体平台,实现与一线市场的无缝对接。

在第一课堂中,我们精心打造了一个配音有声阅读案例库,供学生在线观摩和学习。案例库内容多样,包括师生共同创作并已播出的众多有声作品,如红色系列广播剧"龙华千古仰高风""荆楚长歌忆忠魂""时代楷模",文博系列广播剧"临汾博物馆文物系列""南越王博物院文物系列",以及儿童有声书、童谣、故事等多种类型,总计超过200项资源。这些案例不仅丰富了学生的学习资源,还拓展了他们的配音视野。

在实体课堂上,教师对案例库中的经典案例进行系统性剖析,深入探讨案例的时代背景、创作背景和播出背景等。此外,教师还会结合自己的创作经验,阐释所运用的表达技巧。这种案例分析的方法显著激发了学生对配音的热情,并提升了他们的配音技巧。在实践课程中,课程作业采取项目式分工,小组成员共同参与作业的录制,模拟配音演播的整个流程。针对"儿童动态绘本配音""广播剧配音"等项目主题,小组成员精心挑选脚本,并在班级内进行试音选拔,依据各自的声音特质分配合适的声音角色。同时,组内成员还承担了配音导演和后期剪辑等多项职责,全面提升了跨专业的技能。

在第二课堂中,学校邀请了行业专家周扬和郑小璞担任实践导师,他们不仅在配音类课程进行期间同步举办了以配音为主题的讲座和工作坊,还让学生深刻体验到优秀影视作品的精神实质和人文底蕴。此外,行业导师的加入让学生对一线配音行业的最新动态和发展趋势有了更深入的了解,增强了学生的创作自信和学习成就感。

学校还积极鼓励学生参与国内有声阅读和广播剧相关的竞赛,例如大学生有声阅读作品评析活动和广播剧微剧大赛等。结合实践教学与竞赛要求,我们构建了一个优秀案例库,为学生备赛和参赛提供参考。

在第三课堂中,我们与多个知名平台,包括中宣部学习强国 App、中央广播电视总台云听 App、美柚 App 等,建立了紧密的合作关系,将我们优秀的有声原创作品推送到这些平台上播出。同时,师生积极与企业展开深度合作,与懒人听书 App、咿啦看书 App、科大讯飞、上海龙华烈士博物馆、临汾博物馆、南越王博物院等新媒体平台和单位建立了联动机制,开展横向课题合作。在教师的指导下,学生们全面参与了从样音录制选拔、剧本研读、配音录制、后期制作剪辑到返音修改的全流程,覆盖了移动端声音市场的主要类型作品。特别是懒人听书 App 后台的有声书阅读量已突破 1660 万,章节数量超过 6000 节,这充分展示了课程与企业合作所取得的丰硕成果。

通过实施"三课贯通"的创新教学策略,配音类课程的教学革新不仅增强了学生的专业技能和综合素质,还成功地将卓越的有声作品推向市场。此外,与媒体和企业的紧密合作也为课程的持续发展注入了新的活力。

四、直通行业:创新资源建设

(一)师资建设:双师制+行业导师制

"双师型"教师需要深入理解信息化技术的发展趋势,掌握创新教育技术,为学生提供更高效、更有趣、更符合现代化教学理念的教学方式。"[①]在组建课程教师团队时,我们优先考虑那些具备双师型素质的教师。我们不仅要求教师在教学上具备坚实的专业理论基础,而且在配音实践领域也应拥有丰富的经验并取得一定的成就。特别是那些拥有有声阅读作品演播经验的教师,他们的作品已经过市场的验证。这些教师能够将自己在一线行业的实践经验与理论知识相结合,从而更有效地帮助学生掌握专业技能,并为学生的实践和就业提供有力的指导和支持。这样的教师在授课时自然展现出强大的说服力和专业性。

在武汉传媒学院播音与主持专业中,双师型配音团队由两部分教师组成:一部分

[①] 张璇.构建"双师型"教师共同体的行为逻辑[J].长春大学学报,2024(2):61-64.

是来自配音行业的专业配音员,他们担任专任教师;另一部分则是那些出于个人研究兴趣,进而提升配音技能并投身于配音行业的教师。教师团队制作的广播作品,同样成为学生课堂学习中的一份宝贵资源。

(二)平台建设:公益项目+商业项目

对于少年儿童来说,有声阅读是一种更易于接受的早期阅读方式。众多行业巨头正将他们的关注点转向少儿音频领域,并利用他们积累的资源进行深度开发。国家新闻出版署发布的《出版业"十四五"时期发展规划》中明确指出,要"策划出版一系列能够大力弘扬民族精神和时代精神、培育和践行社会主义核心价值观、传承中华优秀传统文化的优质少儿图书、绘本连环画、有声读物等",并持续深化"有声读物精品出版工程"的实施。

儿童有声作品对演播者的要求极为严格,不仅要求语音的准确性极高,还需精确地控制演播情绪,以吸引并引导儿童的注意力。尽管市场上的速成班网配能够在短时间内掌握一定的演播技巧,但通常缺乏系统性和深度,难以达到播音专业学生的专业素养水平。AI技术虽然能在一定程度上模拟人类语音和情绪,但其缺乏真实的情感表达和创造力,难以与儿童听众产生情感共鸣。而播音与主持艺术专业的学生,经过系统的语音训练和情绪表达学习,能够准确掌握儿童有声作品的演绎技巧。他们不仅语音清晰、准确,而且能够深刻理解作品的内涵,通过细腻的演播情感,将故事中的情节、角色形象生动地展现出来。凭借精湛的演播技巧,播音与主持艺术专业的学生所呈现的儿童有声作品更具吸引力和感染力,能够更有效地满足儿童听众的需求。

对于学生而言,杰出的儿童文学作品不仅能够提升他们的文学艺术修养,而且通过二次创作,学生们能够深入感知并理解作品中蕴含的丰富人文精神和文化积淀。这种互动的过程促进了作品与表演者之间的相互滋养,共同打造出能够触动人心的儿童有声读物。

在懒人听书App上,课程团队精心演播了一系列经典的儿童文学作品,总字数超过千万,包括《小公主》《米多兔系列冒险童话》《十万个为什么》《小猪大侠》《胡小闹日记》等。这些作品不仅获得了平台的一致好评,而且深受孩子们的喜爱。

在咿啦看书App上,师生共同创作并演播了超过一千本动画绘本,涵盖了迪士尼绘本系列如《冰雪奇缘》《小飞象》《疯狂动物城》等,同时他们也担任了该平台有声阅读作品的声音顾问。与单纯追求低龄化不同,演播师生根据不同年龄段儿童的成长特点,精心制作了适合他们的声音作品。例如,为3至5岁儿童设计了哄睡安抚系列,而为9至12岁儿童则准备了趣味成长故事系列。演播风格在语速、基调、情绪等方面都有显著的差异。平台对师生配音团队的演播素养和能力给予了高度评价,认为其作品不仅语音标准、情感丰富,而且能够精准地捕捉故事的主题和精髓,为孩子们带来了愉悦的听觉体验。

与企业的深度产教融合合作,让师生演播团队不仅成为企业平台的内容创作者,更成为深度参与企业发展的智囊团。

此外,课程组还积极参与了多项公益活动,包括参与中央广播电视总台云听与中国儿童少年基金会联合制作的《听见梦想—校园广播站公益计划》第192期的配音和制作工作,为贫困地区的孩子们送去了丰富的有声广播节目,为儿童有声事业的发展贡献了自己的一份力量。同时,课程组还参与了国家广电总局2023年"网络视听节目精品创作传播工程"项目——《给孩子们的经典故事》的编创工作。在这一过程中,我们将实践教学与思政教育紧密结合,贯彻知行合一的理念,从而深化了学生对公益的理解,并增强了他们的公益实践能力。

(三)品牌建设:师生共创+声音IP

声音IP形象不仅拥有独特的市场价值和发展潜力,而且需要创新思维的孵化与培育,是紧贴儿童有声市场趋势的实践成果。"'IP热'是新媒体时代应运而生的一种现象。热门IP的打造,有助于推动儿童有声读物市场的开发。"[1]双师团队在儿童文学有声作品的演播方面积累了深厚的实践经验,他们致力于原创内容的挖掘与深化,并与师生携手共创,精心塑造了"小耳朵一家"这一独特的原创声音IP形象。这一声音IP形象是专门为5至8岁的孩子们量身打造的,它通过押韵的文字和富有节奏感的音乐,生动演绎了十二生肖节奏童谣系列、二十四节气童谣系列以及百科全书童谣系列等作品。这些作品巧妙地融合了传统文化与现代元素,并以童谣的形式呈现,让孩子们在轻松愉快的氛围中,吸收了丰富的中国传统文化知识。

声音IP孵化项目成功促进了各学院之间的跨学科合作。创作团队与人文学院的师生携手,共同创作出既具艺术价值又能触动孩子们心弦的文稿和伴奏音乐。这些作品不仅让孩子们在欣赏的过程中获得知识,还激发了他们的共鸣。此外,创作团队与设计学院的师生合作,共同塑造了"小耳朵一家"的视觉形象。通过这种跨学科的实践创作,我们展现了配音艺术与文学、音乐、设计等领域的融合之美,并在无形中推广了民族文化,实现了产学研一体化的实践。

---

[1] 易丽荣.儿童有声读物品牌IP打造研究[J].记者摇篮,2021(12):46-47.

结 语

随着有声阅读的用户基础和应用场景的持续扩大与丰富,对于精品内容的需求也在不断上升。从参与一线有声阅读作品的创作到原创声音 IP 的开发与投放,武汉传媒学院在播音与主持艺术专业的教学实践中取得了显著成效。学生们的创作动力显著增强,作品的质量与数量均有所提升。尽管如此,面对有声阅读业态的快速演进和变化,我们仍需持续探索与创新,进一步优化教学体系和课程设置,以更好地适应未来市场日益多元化的需求和挑战。

AI 声音合成技术已在主流听书平台中实现规模化应用,AI 配音正在有声读物制作领域加速普及。因此,在人工智能时代,如何培养杰出的有声演播人才成为播音专业领域亟待深入思考的重要课题。但课程团队认为,首要任务是掌握并熟练运用 AI 声音合成技术,以此增强优秀作品的影响力。例如,当现有团队无法满足作品中某些声线的需求时,利用 AI 声音合成技术便成为首选方案,这不仅能提升工作效率,还能有效节约制作的时间成本。

未来已经到来,有声阅读演播行业与播音主持专业人才的培养紧密相连。随着有声阅读演播行业的前景日益广阔,我们坚信,在企业与师生的共同努力以及坚持创新的推动下,有声阅读产品将变得更加多样化和深入人心,成为传播优秀文化的重要支柱。

(李娟,武汉传媒学院播音主持艺术学院讲师;程骥,武汉传媒学院播音主持艺术学院讲师)

动画类短视频在视听领域的应用与探析
Exploring the Application of Animated Short Videos in the Audiovisual Field

◇ 卢愿
Lu Yuan

摘要：动画类短视频，凭借其创新的视觉艺术效果和精炼的内容叙事，在新媒体平台赢得了越来越多的关注，并带来了巨大的流量效应。作为视觉艺术的一种，短视频从丰富多彩的视听体验到情感表达，都需借助视效、动效、音效和配乐等技术手段，以及创新的短视频效果和动画技术来实现。优质的动画类短视频在众多短视频平台上迅速蹿红，成为当下年轻受众群体所青睐的一种新型视听传播方式。本文旨在深入探讨动画类短视频的传播特性及其创新应用。

Abstract: Animated short videos, with their innovative visual artistry and concise narrative style, are gaining increasing attention on new media platforms, achieving significant traffic effects. Short videos, as a form of visual art, encompass a range of sensory experiences and emotional expressions, requiring techniques such as visual effects, animation, sound design, and music to create innovative visual and animated effects. Excellent animated short videos have rapidly become popular across multiple short video platforms, appealing particularly to young audiences as a novel form of audiovisual communication. This article aims to explore the dissemination characteristics and innovative applications of animated short videos.

关键词：动画类短视频；视觉表现；视听体验；创新应用

Keywords: Animated Short Videos, Visual Representation, Audiovisual Experience, Innovative Applications

一、动画类短视频的制作特点与视听效果

中国互联网络信息中心（CNNIC）发布的第53次《中国互联网络发展状况统计报

告》显示,截至2023年12月,我国网民规模达10.92亿人,较2022年12月新增网民2480万人,互联网普及率达77.5%。① 全网短视频账号总数已达惊人的15.5亿个,职业主播达1508万人,短视频已成为全民基础应用,同时也是新增网民触网的主要渠道。② 动画类短视频作为一种新兴的媒介传播形式,具有独特的视听传达特点。在过去十多年的发展历程中,国内外学者对该领域的整体研究相对较少。随着移动互联网新媒体产业的爆发式增长,关于短视频的研究才逐渐兴起。动画类短视频以其强烈的视觉表现力、高度的创意性和广泛的受众基础,能够有效地传播中华文化、反映社会现状、满足用户需求。

动画类短视频,亦被称为"微动画",其叙事手法与传统线性方式迥异,通常呈现为一个独立的故事或片段,时长不超过10分钟。从传播角度来看,动画类短视频利用角色的造型、表情、动作以及图文结合的方式,有效地向用户传递信息和价值情感,从而提升用户体验。与传统短视频相比,动画类短视频能够构筑一个绚丽多彩的虚拟世界,突破了实际拍摄场地和角色造型构建的局限。动画更擅长表达抽象概念和情感,通过卡通形象和夸张的表现手法深入人心,使观众更容易理解和产生共鸣。

在短视频创作领域,动画技术的进步发挥着至关重要的作用。当前,得益于人工智能生成动画、动作捕捉、3D动画以及虚拟仿真动画等先进技术的迅猛发展,主流的动画视频制作已经融合了多种动画效果和技巧。动画类短视频以其丰富多变的视听效果,极大地提升了用户的接受度和视听体验。尽管传统手绘动画为作品赋予了独特的艺术魅力和温馨感,但现代计算机生成图像(CGI)和生成动画技术则能够创造出更为复杂和精细的场景与动作,提供更为真实和细腻的视觉体验。

视听体验是评判短视频质量的首要直观"感受"。在内容创作、场景构建以及角色设计方面,动画类短视频以其创作的自由度、夸张的表现手法和丰富多彩的画面,成功地吸引了受众的关注。恰当的背景音乐和配乐选择能够突出情节的转折点和情感的深度,进一步强化了视听传播效果。声音与图像之间的互动,共同构筑起一个完整的视听世界。

二、动画类短视频的叙事内容对观众情感的影响

叙事内容是动态影像构建的内核,在"内容为王"的互联网时代,一部出色的动画

---

① 中国互联网络信息中心.第53次中国互联网络发展状况统计报告[R/OL].(2024-03-22)[2024-04-28]MAIN1711355296414FIQ9XKZV63.pdf(cnnic.net.cn).
② 吴素平.2023我国短视频领域年度报告:市场格局与投资观察[J].传媒,2024,(8).

类短视频能够通过精妙的叙事手法和视听效果与观众产生情感共鸣。当面对海量繁复的信息时,能够与短视频受众群体建立情感连接的动画内容,更容易捕获用户的注意力。动画故事情节是影响观众情感体验的一个重要因素。动画内容的巧妙叙事能够构建冲突、展现夸张的表现力,并塑造人物情感,从而激发观众体验喜怒哀乐等情感。精心设计的动画情节能够吸引观众的情感投入和注意力,使他们沉浸在作品的氛围之中。以一则关于高原季风循环的科普短视频为例,传统实景拍摄难以展现其视觉效果,难以捕捉风的流向和植被响应的复杂过程。然而,动画能够通过图解和动态路径效果,清晰地展示风的轨迹、流向、影响以及植被在季风期间的变化。动画展示可以直观地向观众解释这些概念,而不仅仅依赖摄像机捕捉到的实景片段。动画借助画面、表情、动作和声音等多种元素,传达丰富的情感信息。通过精细的绘画技巧和精心设计的动画动作,它能够迅速地传递人物的复杂情绪,包括快乐、悲伤、惆怅、愤怒等。观众在观赏过程中,更容易体验到耳目一新的共情感受。

此外,视觉故事叙述在动画类短视频中对观众的影响至关重要。随着视听设备成本的降低和使用门槛的下降,人们越来越依赖移动视听媒介进行交流,总体表达成本变得更为经济,随时随地的便捷表达使得语言组织更加自然流畅,人们因此更加畅所欲言。"口语表达的增多会造成人类语言简洁性的降低和逻辑性的减弱,导致语言表达更加感性与肤浅,更加依赖具象内容而非抽象表达。"[①]动画类短视频与传统的线性故事结构的短视频不同,它通常采用非线性叙事手法,通过片段式的故事来传达内容。这种非线性叙事方式往往蕴含着丰富的深层次意义和引人深思的元素,为观众提供了广阔的解读空间和自由度。此外,严格的制作周期和内容审核管理要求,也使得动画类短视频相较于传统短视频具有更高的门槛。

三、动画类短视频音效的综合表达

背景音乐、旁白、角色声效以及音效等元素,都能有效地引导观众的情绪走向。通过声音的巧妙变化和音效的恰当运用,观众能够更加直观地捕捉到短视频作品所要传达的意图。例如,在表现悲伤场景时,选用凄婉的音乐和细腻的音效可以加深情绪的渲染,使观众沉浸在悲伤的氛围之中。而在紧张的场景中,通过加快声音播放速度并搭配紧张刺激的音乐,可以进一步增强观众的紧张情绪和紧迫感。因此,声效与音效的精心渲染,与画面内容相得益彰,共同营造出更具感染力的视觉氛围。

---

① 郑智斌,蔡海波.短视频生活化叙事的逻辑与引导[J].南昌大学学报(人文社会科学版),2024,55(2).

声音设计有助于增强画面的冲击力,通过声音的动态变化和音效的巧妙创造,在观众的感官体验中激起强烈的共鸣和情感反应。运用感性的图形艺术语言、幽默风趣的配音,配合不断变幻的动态图形动画,为科普短视频提供更丰富、有趣的画面,具有极强的视听新鲜感,更有利于引起受众的注意。[1] 在常见的动画类短视频音效应用中,观众通过雷电的轰鸣声,能够更直接地感受到画面的剧烈和力量,进一步提升叙事的震撼效果。此外,通过巧妙运用细微的音效来展现角色的内心活动,观众能够更深入地理解角色情感的波动和心理状态。精心设计的声音效果,为观众带来了更为真实且充满趣味的视听享受。

在抖音、西瓜和快手等短视频平台上,众多精彩的动画类短视频凸显了音效在视听体验中的关键作用,使观众更加深入地融入戏剧性冲突之中。以抖音平台上的动画类短视频为例,蜂群文化 MCN 机构旗下的"凶鸭栗"账号拥有 121.5 万粉丝,其每一条动画类短视频的音效和背景音乐都经过精心设计,与画面节奏完美融合。在这些视频中,音效精确地再现了环境的真实声音,包括角色的脚步声、物体的坠落声、树叶的沙沙声以及地铁里的欢笑声。音效与画面的无缝对接为观众带来了沉浸式的体验,极大地提升了作品的视听吸引力和趣味性。

四、动画类短视频在视觉艺术中的创新应用

2022 年 8 月发布的《国家力推这件事,在家门口就有活干、有钱赚!》,已经累计发布了 45 个动画类短视频,旨在阐释国务院等相关工作主题内容。在制作过程中,我们从横屏阅读模式转变为竖屏,运用交互技术和虚拟现实技术,融入互动和虚拟现实等元素,以增强 MG 动画类短视频的画面效果。[2] 动画类短视频在视觉艺术领域的创新应用,旨在打破传统框架,通过实验性的视觉效果、艺术表达和视觉叙事,与观众建立情感纽带。随着科技的飞速发展和艺术家们对创新的不懈追求,越来越多的动画类短视频融合了科技元素,为观众带来了震撼的视觉体验。

随着一大批制作精良的动画类短视频的面世,国人对中国动画的水平有了重新的认知。这些动画作品不仅在娱乐性和商业性上不输美日动画,更在文化性上凸显了东方美学和哲学思想,具有鲜明的文化特色,不仅获得了市场的认可,也让我们这些动画从业者更有信心。[3] 以由上海美术电影制片厂与哔哩哔哩携手打造的中式奇幻动画

---

[1] 侯奕多,丛红艳.MG 动画在科普短视频中的优势、问题及优化策略探究[J].新闻研究导刊,2023,14(8).
[2] 王财.数字媒体艺术在短视频创作领域中的应用[J].电视技术,2022,46(11).
[3] 倪长洋.最适合短视频年代的动画创作[J].秦智,2023(3).

短片《中国奇谭》为例,该作品巧妙地融入了中国传统文化的精髓,展现了视觉艺术与叙事魅力的独特结合。特别是第一集"小妖怪的夏天",其情节和角色行为巧妙地映射了当代年轻一代的"形象",象征着年轻职场人在工作中的奋斗、希望与困境等复杂情感。这部作品引领观众进入一个既现实又充满想象的世界,不仅在视觉上令人震撼,而且通过剧情的共鸣与观众建立了深厚的情感联系,赢得了年轻观众的认同。

此外,创作者们利用动画类短视频的交互形式,将科学概念转化为视觉艺术语言,借助动画类短视频的动态弹幕、互动翻页、点击跳转以及 AR/VR 效果等互动体验功能,为用户提供了传统短视频所无法比拟的交互体验。

五、动画类短视频的产业发展与趋势

近年来,动画类短视频在视听领域迎来了显著的发展,特别是在经济和商业领域。视频分享平台,如抖音、快手、B 站等平台的崛起,为动画类短视频的广泛传播和分享提供了便捷的途径。各种动画创作工具的普及则降低了动画类短视频的创作门槛,让更多创作者得以加入制作行列。因此,随着短视频 App 的普及和用户对娱乐内容需求的增加,动画类短视频作为一种快速、轻松、有趣的娱乐形式,将会越来越受用户的喜爱。

动画类短视频的市场发展前景正逐渐多元化。从最初以幽默小段子吸引用户眼球,到现在各种互动式动画类短视频的涌现,这些都增强了用户的参与感和互动性,满足了不同短视频平台用户的需求。未来,随着虚拟与现实 AR/VR 技术的日益成熟,以及 AIGC 人工智能的不断进步,用户将可能在现实与虚拟环境之间实现无缝融合,甚至与虚拟 IP 形象和数字动画人物进行跨维度的互动。这些将成为短视频行业发展的必然方向。因此,内容创作者与平台管理者必须不断创新,无论是内容形式还是技术手段,以促进短视频行业的持续发展。

此外,随着短视频平台的商业化进程,打造原创动画 IP 形象也逐渐成为内容制作者的主要目标之一。原创的独立 IP 形象动画类短视频突破了实景拍摄和真人出镜的局限,使得创作者能够缩短制作周期、降低制作成本,从而更迅速地推出新作品,满足观众的需求,并推动短视频行业的更新与扩展。

结　语

自 2021 年 12 月起,中国网络视听节目服务协会颁布了《网络短视频内容审核标准细则》，预示着短视频平台的管理将趋向全面化和精细化。动画类短视频的创作者们将面临更加严格的内容审核，技术要求将更加先进，传播方式将更加新颖，制作方式也将更加规范。动画类短视频在视听领域的发展势头强劲，它不仅展示了视觉艺术的创新和表达，还更加注重视效、音效和动效的灵活运用。

  在数字化和技术化的赋能背景下，动画类短视频的发展仍需根植于视听领域。利用大数据分析平台，创作者应产出满足用户需求的短视频作品，并创作出更受欢迎的内容。这将有助于加强短视频内容管理的制度机制建设，推动平台朝着健康有益的方向发展。

（卢愿，武汉传媒学院新闻传播学院广告系副教授）

数据新闻课程:线上线下融合教学模式的探索与实践*

Exploration and Practice of Online and Offline Mixed Teaching Mode of Data Journalism Course

◇ 马 旻

Ma Min

摘要:随着信息技术的持续进步和教育模式的创新变革,数据新闻教学也迈入了一个新的发展阶段。在互联网和大数据时代的背景下,数据新闻课程的教学模式正逐渐展现出线上与线下相结合的趋势。本研究深入探讨了数据新闻课程线上线下融合教学模式的构建与实施,包括线上教学平台资源的整合与优化策略,以及线下教学互动和实践环节的设置与改进。借助线上资源与线下活动的合理搭配,以及数据的采集、处理、分析和可视化等关键流程的有效对接,能够显著提升学生的数据洞察力和新闻报道的表现力。进而,以线上教育平台如MOOC和教学管理系统(TMS)为基础,对线下课堂教学中实际案例研究教学法与小组合作式学习的交互体验进行了系统化设计与实施,验证了有效集成线上资源与线下教学模式的可行性和优越性。研究结果表明,融合教学模式能够在一定程度上弥合线上线下教学之间的鸿沟,实现学生知识能力与实际应用相结合的培养目标。

Abstract: With the continuous upgrading of information technology and innovation in educational models, data journalism teaching has also entered a new stage of development. Under the background of the Internet and big data era, the teaching mode of data news courses is also increasingly showing a mixed trend of online and offline. This study delves into the construction and implementation of a blended online and offline teaching model for data journalism courses. Explored the integration and optimization path of online teaching platform resources, as well as the

---

* 本文系武汉传媒学院2023年校级教学改革研究(非专项)立项项目(项目编号:XJ2023106)结项成果。

establishment and improvement of offline teaching interaction and practical links. Reasonably allocating online resources and offline activities, effectively combining key links such as data collection, processing, analysis, and visualization, can significantly enhance students' data sensitivity and news story presentation ability. Furthermore, based on online education platforms such as MOOC and Teaching Management System (TMS), a systematic design and implementation were carried out for the interactive experience of case study teaching method and group cooperative learning in offline classroom teaching. The feasibility and superiority of effectively integrating online resources and offline teaching mode were obtained. The conclusion points out that the blended learning model can to some extent bridge the gap between online and offline teaching, and achieve the cultivation goal of integrating student knowledge and practical application.

关键词：数据新闻；混合教学模式；教学资源整合；案例分析法

Keywords: Data Journalism, Blended Learning Model, Integration of Teaching Resources, Case Study Method

引 言

数据新闻是新媒体时代的产物，它融合了大数据的采集、分析和呈现技术与新闻行业的实际需求，旨在培养能够运用数据驱动新闻报道的新一代新闻工作者。该领域不仅包含了新闻传播学的基础知识，还融入了数据科学、艺术设计等多个学科的内容，旨在提升广播电视学专业学生的跨学科融合能力。

在以数据为核心的新闻教育领域，线上与线下相结合的教学模式已经成为提升教学品质和成效的关键策略。随着信息技术的飞速发展和教学方法的不断创新，传统的数据新闻教学方式已不能满足学术界和产业界对数据新闻专业人才日益增长的新需求。线上与线下相结合的教学模式，不仅保留了传统面对面教学的深度互动优势，同时融入了网络教学的便捷性和资源的丰富性，为数据新闻教育领域带来了革命性的变革。本文基于坚实的理论基础，设计并实施了一套数据新闻课程的线上线下融合教学方案，并通过实证分析的方法，探讨了该教学模式的有效性及其实施策略。

本文首先对高校当前的数据新闻课程进行了线上平台与传统课堂教学资源的对

接和满足性分析。在此基础上,构建了一个结合互联网大数据和前沿新闻报道技术的课程教学方案。通过整合数据采集、编辑、可视化等环节,我们突破了传统教学在内容广度与深度上的局限,为学生提供了一个更加注重实践和项目驱动的学习体验。学生通过参与线上平台的互动讨论,以及线下分组合作和案例分析,能够全面掌握数据新闻的核心技能及其在现实生活中的应用。

本研究聚焦于新闻学与计算机科学的交叉领域,凸显了学生在理论知识与实践技能两方面的显著进步。采用融合教学模式的学生,在数据解读能力、新闻撰写品质以及技术运用等方面有了显著的进步。此外,通过收集学生的学习体验反馈以及课程完成度的定量数据,我们评估了线上线下融合式教学在提升教学成效和激发学生学习积极性方面的显著优势。这项研究不仅证实了线上线下融合教学模式在数据新闻课程中的适用性和优势,而且为高等教育实践类课程的教学提供了可行性的研究和实施框架,同时也为未来数据新闻教学的进一步创新提供了理论和方法上的参考。

一、数据新闻的教学现状

数据新闻课程体现了数据新闻学在高等教育中的实际应用与操作。作为一门研究如何运用数据技术进行新闻报道的学科,数据新闻学通过数据新闻课程将理论知识转化为可操作的技能。课程内容不仅包括数据采集、分析、可视化等核心知识和技能,还着重于培养学生的实践操作能力。通过项目驱动的教学方法,学生能够深入理解新闻事件,并在实际操作中掌握数据新闻的制作流程和方法。

(一)数据新闻的教学背景

随着新媒体技术和信息处理的飞速发展,数据新闻教学正朝着技术精英化的方向迈进。当前的教育实践迫切需要在这一路径上深化和创新。高校的专业课程越来越重视结合新技术背景的教学内容更新和教学方法革新。数据新闻不仅要求学生具备传统新闻报道的素养,还要求他们对数据的采集、分析、展示拥有精准的把控能力以及较强的计算机技术应用能力。因此,近年来,构建与实施数据新闻课程的线上线下融合教学模式变得至关重要。

传统的新闻学教育着重于实地采访和调查的实践技能培养,而数据新闻学则更侧重于学生对数据分析和可视化技能的掌握。当前,如何将这两种教育模式有效融合,以提升学生的综合能力,已成为数据新闻教学领域亟须解决的关键问题。目前,数据新闻的教学环境已经相当成熟,越来越多的高校新闻院系开始为学生提供全方位的培养,涵盖数据采集、处理、可视化以及交互设计等各个方面。这种全方位、多维度的教育培养模式,有助于新闻专业的学生更好地适应未来新闻工作的复杂性和多变性。特别是在数字媒体快速发展的背景下,更新数据新闻教学策略显得尤为关键。

此外,为适应行业对数据新闻从业者多元化的需求,各教育机构也已开始探索跨学科教学模式,鼓励学生积极参与到计算机、统计学、视觉设计等相关课程的学习之中。[①]

(二)线上线下教学对比

在大数据时代背景下,数据新闻教学模式经历了革命性的变革。传统的面对面课堂教学与新兴的在线教育在实际应用中各展所长。面对面课堂提供了三维的交流环境,使学生能够进行直接的面对面沟通和情感交流,而在线教学则打破了地理和时间的界限,提供了灵活多变的学习途径。本文将深入对比分析不同教学环境下的教学特色,并探讨数据新闻课程如何高效地融合线上与线下的教学资源,以及如何构建一个线上线下相互促进的互动与实践体验。

在实体课堂环境中,教师能够实时捕捉学生的面部表情和反馈,从而迅速调整教学的步调和内容,确保每位学生都能同步掌握课程进度。此外,课堂上即时的问题解答以及小组讨论等互动环节,能够显著提升学生的团队协作能力和批判性思维。在数字化教学环境中,通过运用大数据分析和智能教学平台,教师能够更精确地评估学生的学习状况,包括对易错知识点和学习习惯进行统计分析,从而为学生提供定制化的辅导方案。

如当前流行的MOOC(Massive Open Online Course)平台和智能教学管理系统(TMS),已经被证明在提升学生自主学习能力、监控学习过程和反馈学习效果等方面发挥了重要作用。[②] 研究显示,在结合了线上和线下互动的融合教学模式中,学生的学习效率和教学成果均得到了显著提升。尽管如此,线上教学的实施依赖于信息技术的持续支持、课件资源的不断丰富以及教学内容的及时更新,这要求我们不断地投入技术和资金,以确保教学活动的连续性和稳定性。结合传统教学与现代信息技术,发展出适应数据新闻发展需求的融合教学模式,已经成为教育改革领域内公认的高效途径。本文旨在通过调查和实证研究,对比分析线上线下教学模式在数据新闻教学中的应用情况,并深入探讨融合式教学在实际操作中的具体方法和策略,以期在数据新闻

---

① 郭怀娟.媒介融合背景下数据新闻的教学[J].青年记者,2018:113-114.
② 曾晗,贾艳艳,贺转玲.线上线下混合式教学模式探究[J].科学咨询(教育科研),2021:2.

教学领域建立新的教学范式。

二、融合教学模式的理论基础

(一)融合教学的理论支撑

构建融合教学模式的理论基础,需要综合多方面的教育理念、教学策略和技术应用。这不仅仅是技术的简单叠加,更是一种根本性的教学与学习方式变革。该模式在继承传统教学方法的同时,融合了现代教育技术,旨在提升教学的互动性和实现个性化学习。在这一框架内,理论基础的构建尤为关键。通常认为,融合教学的核心理论基础包括社会构建主义和认知灵活性理论,它们共同为融合教学模式提供了坚实的理论支撑。社会构建主义强调知识的共建共享和社群互动,而认知灵活性理论则提倡在不同情境下灵活运用和构建知识[①]。

针对数据新闻教学的需求,线上线下融合教学模式通过网络平台实现了资料共享和讨论互动,运用技术手段消除了传统课堂的时空限制。同时,教师利用线下教学时间进行案例分析和实践操作,加深了学生的理论理解和技能训练。融合教学模式通过精心设计的课程结构,促进了在线自学与面对面教学的有效衔接,并配合实时反馈机制和评价体系,有助于提升学生的学习效果和教师的教学质量。

为了系统化实施融合教学模式,我们还需借鉴相关学科的先进理论和方法,将数据挖掘、用户模型、适应性学习技术等领域的研究成果融入教学设计当中。例如,借助数据挖掘技术分析学习管理系统(LMS)中的大量教学活动数据,了解学习者的行为模式和知识掌握情况;通过用户模型来评估学生的认知能力和学习兴趣,从而提供个性化的教学服务。这些技术的集成和应用,可以极大地提升融合教学的互动性和教学效果,实现课程的个性化和精细化管理。尽管融合教学模式在执行过程中面临一些挑战,比如线上资源与线下教学活动的无缝对接问题,以及教师对新教学模式的适应问题等,但其在数据新闻领域所带来的教育成效和潜力是不容置疑的。

(二)教学模式的发展趋势

随着互联网技术的飞速进步和信息化教育模式的创新,线上线下融合教学模式在数据新闻领域的教学中显示出卓越的教育成效。该模式融合了网络资源的丰富性和

---

① 李烨."混合式教学法"在《综合德语》教学中的实践意义[J].成都师范学院学报,2017:95-98.

传统面授课堂的互动性，旨在创造一个优越的教学环境，助力学生迅速适应并掌握数字时代数据新闻的核心竞争力。融合教学模式不仅在数据处理和分析教学中扮演着关键角色，还显著增强了学生的多角度思考和问题解决能力。它不仅关注学生知识结构的构建，更重视对学生实践操作能力和创新思维的培养，对于当前及未来的新闻教育具有重要的指导意义和推广价值。

在融合教学模式下，数据新闻教学将传统新闻创作与数据科学紧密结合，利用可视化技术和故事叙述手法作为桥梁，实现理论学习与实际操作的无缝对接，从而提高了学生处理复杂新闻报道情境的能力。展望未来教学模式的发展，从专业教师对数据新闻的深入剖析到在线平台资源的有效整合，从实验室环境模拟到模拟情境下的新闻报道演练，线上线下融合教学模式将通过多样化的途径和手段，实现对学生全方位、多维度、高质量的教育投入，为培养高素质、高水准、高能力的专业人才提供坚实保障。

三、课程设计与实施

数据新闻课程的设计理念应围绕"实践导向、项目驱动、跨学科融合"展开。通过引入真实的新闻案例和项目，让学生在实践中学习和掌握数据新闻的核心技能。同时，注重跨学科知识的融合，使学生能从多个角度理解和应用数据。

(一)线上线下整合策略

为了实现课程设计与实施的最优化，我们在教学过程中采用了多维度整合策略，确保了线上线下教学资源的有机融合与充分利用。这种线上线下相结合的教学模式打破了时间和空间的界限，使学生能够根据自己的学习进度和兴趣进行自主学习，从而提升了学习效率。

在线上教学环节，教学平台利用先进的信息技术为学生提供了丰富的交互式学习材料，这些材料包括互动讨论版块以及模拟新闻数据分析讨论。而在平台所构建的数据新闻产业数据库中则汇集了国内外主要新闻机构的数据报道案例，学生通过数据挖掘与分析，能够对数据新闻的最新趋势和制作技巧获得直观的认识。

在课程启动之前，教师通过线上平台提供预习资料和引导性问题，使学生能够预先熟悉课程内容和要求。此外，教师会根据学生的线上学习情况，调整课堂案例分析的深度和广度，对学生在信息可视化、新闻故事构建逻辑等方面提出个性化指导建议。①。

线下课堂专注于解答学生的疑问和难点,提供深入的讲解和实践操作。对于关键的课程内容或实践活动,我们采取线上线下相结合的教学方式。例如,在线上平台发布新闻案例分析和网页数据采集任务,要求学生在限定时间内完成并提交作业。线下课堂则针对学生的作业完成情况进行点评和指导。

在教学的某些环节,线上和线下教学可以相互补充。例如,在线上平台提供数据可视化工具的教学视频和教程,鼓励学生自主学习并掌握基础操作技能。线下课堂则组织学生进行实际操作和练习,以巩固学习成果。

(二)教学活动与课程内容

为了提升教学实践的实效性和针对性,本课程采用了线上线下相结合的教学模式,进行了多维度的课程内容开发和教学活动设计。针对当前媒体行业对数据新闻专业人才的具体需求,我们精心挑选了适合线上学习的理论知识和实践技能训练,并组织了线下互动以及真实新闻案例的分析讨论。教师指导学生开展团队合作项目,每个团队负责制作一份完整的数据新闻作品。在这一过程中,学生需分工明确,协作完成数据搜集、分析、可视化以及故事叙述等关键环节。对于特定主题的作品,教师还可以引导学生进行现场采访和调研,以获取第一手数据资料。此类实践活动有助于学生深入理解新闻事件背后的真相,从而增强数据新闻作品的真实性和可信度。在学期末的课堂上,每个团队需展示其数据新闻作品,并开展讨论与反思。这一环节旨在帮助学生识别自身的不足,进一步提高数据新闻制作技能。

在课程内容的选择上,我们重点培养学生的数据采集、清洗、分析、可视化及故事叙述等关键技能。根据不同的教学章节,引入相应的国内外新闻案例和数据新闻作品,使学生能够站在国际新闻的前沿,深入理解并分析数据新闻作品背后的数据逻辑与传播策略。

为确保教学活动与课程内容的有效结合,线上教学平台不仅提供了教学视频资源和互动讨论区,还确保学生在理论学习后能够通过线上模拟实践来巩固学习成果。线下课堂则侧重于培养学生的合作精神与创新思维,通过组织团队合作项目,让学生在亲身参与数据新闻制作的过程中体验团队协作并解决实际问题。同时,教师要引导学生对数据结果进行深入分析和讨论,并能够将数据揭示的现象转化为具有新闻价值和社会意义的报道。

---

① 苏慧平.线上线下混合式教学模式研究[J].科技视界,2021(2):118-119.

四、实践效果与问题

(一)教学模式实践效果评估

在进行融合教学实验的过程中,我们采用了包括课堂参与度和学习满意度在内的多维度指标来评估教学效果。评估样本主要来自参与融合教学实验的本专业不同年级的学生。在评估学习满意度时,教学团队向所有参与实验的学生发放了问卷链接,并收集了他们的回答作为评估样本。同时,我们设定了问卷填写的具体时间和截止日期。为了确保问卷的回收率和数据的有效性,我们在课堂上对问卷填写进行了详细说明和强调。最终,我们根据收到的学生问卷回复,对这些数据进行了统计和分析。

为了评估学生的课堂参与度,教学团队详细记录了学生在线上和线下课堂中的互动情况,包括在线讨论区的回复量、面对面课堂的小组讨论参与度等。这些数据揭示了一个现象:在融合教学模式下,学生展现出更高的课堂参与积极性。他们不仅在在线平台上积极发言和提问,而且在面对面的环境中也与同学们展开了深入的讨论和交流。这种高度的课堂参与积极性,不仅促进了学生间的知识共享和思维碰撞,还加深了他们对课程内容的理解和记忆。

通过对比教学前后的情况,我们发现学生在数据新闻领域的关键技能,包括数据分析、可视化解读以及新闻故事的构建等方面,都有了明显的提升。

(二)面临的问题与挑战

在数据新闻课程中,通过线上线下融合教学模式的探索与实践,我们发现该模式显著提升了学生的数据处理能力和新闻呈现的效率。然而,这一模式也面临诸多挑战。尽管我们整合了多种互动资源并优化了教学流程,但在实际操作中,模式的实施难度显著增加,学生的参与度和学习主动性存在显著差异,这些因素直接影响了教学效果和学生的学习成效。

特别是在涉及数据采集和分析技能的课程内容方面,学生所具备的先验知识和技能水平差异较大,这对教育者在课程设计和资源配置上提出了更高的要求。对于不同基础水平的学生,如何设计差异化和个性化的教学路径,成为融合教学模式实施中必须解决的问题。学生的数据感知能力、临场应变能力和实际操作技能的培养需要一个相对长期的过程,这直接冲击了混合教学模式的短期内有效性和普适性。①

在整合多元化教学资源的过程中,我们必须意识到,资源的结合并非单纯的累加,而是需要深入探索每种教学资源的独特之处,并精确满足学生的学习需求。在线教学资源的质量不一、更新滞后等问题,也严重限制了线上教学资源的使用效率。

线下教学中互动和实践环节的质量监控亦存在诸多难题,教师的瞬间反应、场景化教学设计以及实践指导的个性化调整对教师的综合素质提出了更高要求。② 在实际教学过程中,我们发现尽管 MOOC 和教学管理系统(TMS)等平台极大地提升了课程内容的互动性和趣味性,但这些线上工具的使用和维护需要专业知识和技术支持。然而,教师队伍在这一方面的专业培训不足,这已成为制约混合型教学发展的瓶颈之一。最终,尽管我们已经建立了基于用户体验(UE)和学习成效(LE)的评估体系,但其完善程度仍不足以全面科学地评价混合教学模式,并据此提出有效的改进措施。因此,我们建议深入挖掘和分析学生的学习行为数据,利用先进的数据分析技术,制定更加精准的个性化教学方案。这样,我们能够更合理地分配教学资源,提高教学成果,进而推动数据新闻教育实现质的提升。

结　语

通过深入研究数据新闻教学模式,我们发现,实现线上与线下资源的最优配置、设计针对性强的数据新闻实践环节以及建立科学的教学评估体系,是成功实施融合教学模式的关键要素。线上线下融合教学模式的核心理念在于构建一个相互补充、互动的教育生态环境。线上教育凭借其内容资源的丰富性和新颖多样的呈现方式,满足了个性化学习的需求;而线下教学则更加注重师生之间的互动、团队合作以及实际操作能力的提升,二者的结合能够更有效地促进学生的全面发展。

线上线下融合教学模式在数据新闻教学领域已经显示出其显著的优势和可行性,它巧妙地融合了线上与线下教学的优点,并以创新的理论和方法为支撑。这种模式不断提高了线上资源的规范化和系统化管理,同时优化了线下教学的互动形式和实践环节,从而有助于推动数据新闻的教学和研究。

(马旻,武汉传媒学院新闻传播学院讲师)

---

① 刘波,蔡燕斯,钟少丹.大数据背景下数据挖掘课程实践教学的探索[J].高教学刊,2019:130-131,134.
② 郭怀娟.媒介融合背景下数据新闻的教学[J].青年记者,2018:113-114.

浅析人工智能技术 AICG 在传媒教学中的影响及应用

Analysis of the Impact and Application of Artificial Intelligence Technology AICG in Media Teaching

毛 艳

Mao Yan

摘要： 随着科技的持续进步，人工智能 AICG 技术已经深入各个行业，传媒教学领域也不例外。当前，武汉传媒学院积极应对新形势，勇于接纳技术革新，适应市场变化，开设了融合媒体、大数据等前沿专业课程，并设立了融合媒体基地班等创新教学模式。这些举措为我国传媒教育领域的创新发展奠定了坚实的基础。本文将浅析 AICG 技术对传媒教学的影响，探讨教学方法的创新、学生学习体验的转变，并对未来传媒行业的人才培养趋势作出预测。

Abstract: With the continuous progress of science and technology, artificial intelligence AICG technology has penetrated into various industries, and the field of media teaching is no exception. At present, Wuhan University of Communication actively responds to the new situation, has the courage to accept technological innovation and adapt to market changes, has opened cutting-edge professional courses such as converged media and big data, and has set up innovative teaching models such as converged media base class. These measures have laid a solid foundation for the innovative development of media education in China. This paper will analyze the impact of AICG technology on media teaching, explore the innovation of teaching methods, the transformation of students' learning experience, and forecast the future trend of talent training in the media industry.

关键词： 人工智能技术；AICG；传媒教学；教学方法

Keywords: Artificial Intelligence Technology, AICG, Media Teaching,

Teaching Method

引 言

随着信息时代的到来,传媒行业作为信息传播的重要渠道,其教学方式和手段也在不断革新。AICG,作为一种前沿的人工智能技术,凭借其卓越的数据处理能力和创新性的应用模式,为传媒教学领域带来了前所未有的发展机遇。在移动互联网时代,教学已经超越了移动设备与互联网简单融合的阶段,更加注重随时随地的信息获取与交流。进入数字化时代,数据的驱动作用越发显著,数据收集、分析和应用已成为优化决策的关键。技术创新在这一阶段更为广泛,涉及人工智能、大数据等颠覆性技术的深入应用,这些技术正在改变生产性服务业的模式。移动互联网时代不仅提升了移动设备和应用的普及度与便捷性,还为数字化时代的到来奠定了基础,并促进了人工智能时代的进步。本文将首先回顾传媒教学的历史发展脉络,接着探讨 AICG 技术对传媒教学的影响,以及 AICG 技术在传媒教学中的具体应用。

一、传媒教学的历史与发展

传媒教学是培养信息传播专业人才的关键途径,其历史发展与现代科技的进步紧密相连。从最初的传统教学模式,到后来的数字化、网络化,再到如今的 AICG 智能化阶段,每一步的跨越都标志着传媒教育领域的重大变革。

(一)传统模式

在传统的传媒教学模式中,主要依赖纸质教材、实体课堂以及教师的面对面讲授。学生通过阅读、听讲以及参与实习和实践活动来掌握传媒知识和技能。这种模式的教学内容较为固定,且教学经验经过长时间的积累,但其教学方式较为单一。尽管传统模式在传授基础知识方面具有一定的优势,然而,随着信息时代的到来,这种教学模式的局限性变得越来越明显。

(二)数字化阶段

随着数字技术的蓬勃发展,传媒教学迈入了数字化的新阶段。数字技术的普及不仅丰富和扩展了传媒教学的内容,也使得教学方法更加多样化和灵活。例如,多媒体课件、在线视频教程等数字教学资源的大量涌现,极大地丰富了学生的学习体验。同时,数字化还推动了传媒教学的国际化进程,使得来自不同国家和地区的学生能够更加便捷地接触到全球范围内的优质传媒教育资源。然而,在数字化阶段,我们也面临着一些挑战,包括难以解决的数字化版权问题以及教学资源质量的不均衡等。

(三)移动互联网时代

随着移动互联网和5G技术的迅猛发展,传媒教学已经进入了网络化的新阶段。网络化的传媒教学突破了时间和空间的界限,实现了真正的随时随地学习。在线课程和远程教育平台等网络化教学模式的兴起,不仅为学生带来了更加便捷的学习途径,也为教师开辟了更广阔的教学天地。此外,网络化教学与学生实际需求的紧密结合,使得教学内容更加贴合社会发展和行业需求。然而,在网络化阶段,我们也面临着筛选海量网络资源的难度以及学习内容缺乏针对性等挑战。

(四)AICG时代

随着人工智能AICG技术的持续发展,传媒教学正逐渐进入智能化时代。智能化教学系统能够依据学生的个性化学习需求和特点,提供定制化的学习内容推荐和智能辅导服务。此外,智能化技术还能实时监控和评估学生的学习过程,为教师提供更全面、更精确的教学反馈。总体而言,人工智能AICG技术能够有效弥补传统教学的不足,展现出极为广阔的应用潜力。

二、AICG技术对传媒教学的影响分析

(一)正面影响

随着人工智能与计算机图形学(AICG)技术在传媒教学领域的深入应用,其积极效应日益凸显,显著提升了教学成效和学习效率,满足了学生多样化的学习需求,并为培养具备创新精神和国际视野的传媒人才开辟了新的途径。

1.AICG技术显著提升了传媒教学的效果和学习效率

利用智能算法和大数据分析,AICG技术能够精确地识别学生的学习需求和知识盲点,为每位学生量身打造学习内容和路径。这种个性化的教学方法不仅提升了学生的学习兴趣和动力,还使他们能在较短的时间内掌握更多的知识和技能。同时,AICG

技术还支持实时反馈和互动,让教师与学生之间的沟通更加便捷和高效,从而进一步增强了教学效果。

2.AICG技术通过个性化教学满足了学生的多样化需求

每位学生都拥有自己独特的学习方式、兴趣和职业规划,传统的"一刀切"教学方法难以满足他们的个性化需求。然而,AICG技术能够依据学生的个别差异,提供定制化的教学方案,使每位学生都能在其感兴趣的领域深入发展。这种定制化的教学方法不仅提升了学生的满意度,还为他们未来的职业道路奠定了坚实的基础。

3.AICG技术可以创新教学方式

AICG技术能够依据学生的学习进度、兴趣以及反馈,智能地设计出符合需求的教学内容。通过算法对学生学习数据的分析,AICG技术能够识别学生的知识盲点和需求,进而制订个性化的学习计划。

在在线教育领域,AICG技术的应用使得教师能够构建虚拟的传媒实践环境,让学生在其中进行模拟实践。这种虚拟实景教学能够模拟真实的传媒工作场景,让学生在实践中学习并掌握传媒技能。通过不断的练习和及时的反馈,学生能够迅速提高自己的实践能力。

在教学任务中,AICG技术亦可作为教师的辅助工具,助力教师更高效地开展教学工作。例如,智能教学系统能够自动批改作业、提供个性化学习建议、解答学生疑问等。这些智能化的辅助功能有助于减轻教师的工作负担,使他们能够投入更多的时间和精力去关注学生的学习进展和个性化需求。

(二)负面影响

随着AICG技术在传媒教学领域的广泛运用,也引发了一系列的负面效应。

1.教学过程容易机械化

AICG技术通常依赖算法和数据分析来决定教学内容和方法,这可能导致教学过程过于标准化和程序化,缺乏必要的灵活性和深度。在这样的环境下,教师可能逐渐失去对教学内容的自主性和创造性,同时也会影响对学生创新思维和批判性思考能力的培养。

2.过度依赖AICG技术可能导致教学能力的退化

随着智能辅助系统的广泛运用,教师的教学负担得到了显著的减轻。然而,随着"潘多拉魔盒"的开启,一些教师开始过分依赖这些工具来完成教学任务,从而忽视了提升自身的教学技能。长此以往,许多教师在缺乏技术支持的情况下,将难以独立进行有效的教学,这无疑会降低教学质量和教师应对突发教学状况的能力。

3.AICG技术的高昂成本也会进一步加剧教育资源的不平等

采用AICG技术需要投入巨大的时间和财务资源进行维护,传媒教学领域亦不例外。尽管智能教学工具能够提高教学成效,但其昂贵的研发与维护费用意味着这些工具往往仅限于条件较好的学校使用。这将加剧不同教学条件学校之间的教育鸿沟,对实现教育公平构成障碍。

(三)总结

AICG技术在传媒教学领域展现了其显著的双刃剑特性。其积极效应不容小觑,借助智能算法和个性化教学策略,它显著提升了教学成效和学习效率,满足了学生多样化的需求,为培育具有创新精神和国际视野的传媒人才开辟了新途径。然而,其潜在的负面影响亦不容忽视,例如教学过程可能趋向机械化、教师的教学能力可能退化,以及教育资源分配不均的问题可能加剧。面对这些复杂的影响,我们应保持一种理性和审慎的态度。作为教师,我们应当充分利用AICG技术的优势,为学生创造更加丰富和个性化的学习体验,同时提升教学效率。教师和学生都需要警惕对AICG技术的过度依赖,保持在教学和学习过程中的主动性和创造性。

三、AICG技术在传媒教学领域中的应用

(一)AICG技术在传媒理论教学中的应用

随着智能技术的迅猛发展和传媒行业的根本性变革,传统的传媒理论体系已难以完全满足智能媒体社会的需求。智能融媒技术的广泛运用,不仅对现行的传媒伦理规范提出了挑战,还在一定程度上颠覆了传统的传媒理论体系。在这样的背景下,传媒理论教学的改革变得尤为迫切和必要。AICG技术,作为人工智能与计算机生成技术的融合体,展现了强大的数据处理能力、内容生成能力和创新潜力,为传媒理论教学的改革提供了新的视角和工具。通过引入AICG技术,我们能够从智媒伦理规范和智媒理论体系两个维度出发,对传媒教育理念进行深刻的改革与创新。

1.革新传媒理论教学方式

在智能媒体时代,传媒教育正面临新技术和新业态所带来的挑战。AICG的应用

为传媒教育注入了新的活力。我国教育学家陶行知曾经说过:"思维方法教学重于内容教学。"传媒教育必须深化人工智能与传媒学科的结合,将其不仅仅作为教学工具,而是作为一种思维模式和方法论,全面地融入教学实践中。

(1)个性化教学理论的实践

借助 AICG 技术,教师能够依据每位学生的兴趣、能力和学习风格,实施定制化的教学策略。通过深入分析学生的学习数据,教师得以针对每个学生制定更为精确的学习计划,并提供个性化的学习资源,进而提升教学成效。

(2)互动式学习环境的创建

借助 AICG 技术,教师能够构建互动式学习环境,使学生能在模拟的新闻场景中进行实际操作。这种互动式学习不仅能够点燃学生的学习热情,还能帮助他们在实践中加深对新闻理论的理解。

(3)案例教学法的革新

AICG 技术为案例教学法开辟了新的可能性。教师可以借助 AI 生成的具有高度真实感的新闻案例,引导学生在分析、讨论和解决问题的过程中学习和掌握新闻理论。这种教学方式不仅能够提升学生的实践能力,还能促进他们的创新思维和批判性思维的发展。

(4)实时反馈与评估

AICG 技术能够提供实时的学习反馈和评估。教师能够借助 AI 系统实时掌握学生的学习进度和掌握情况,从而及时调整教学策略,帮助学生更有效地掌握新闻理论知识。

2. 重构智能媒体理论体系

随着 AICG 技术的深入应用,智能媒体的发展正经历着前所未有的变革。传统的传媒理论体系已无法满足当前的需求。因此,构建新的理论体系变得至关重要。它必须充分考量人工智能与传媒的深度整合,以及在内容创作、传播方式、受众行为等方面的深刻变革。在这一新的理论体系中,AICG 不再仅仅是一种技术工具,而是被视为推动传媒创新和发展的核心动力。因此,传媒专业的学生需要打下坚实的技术基础,以便能够灵活运用 AICG 进行内容生产和制定有效的传播策略。

同时,数据在智能媒体时代的重要性越发显著。传媒专业的学生应培养数据思维和掌握数据技能,以便能够运用数据进行受众分析、内容优化以及传播效果的评估。在构建新的理论体系时,我们还应特别强调培养学生的伦理意识和社会责任感。面对人工智能可能带来的挑战和问题,传媒专业的学生应坚守职业操守,以负责任的态度进行内容生产和传播活动。

3.完善人工智能传媒伦理，避免信息茧房效应，提升社会责任感

在智能媒体时代，随着5G、人工智能和深度学习等技术的广泛应用，内容生产和信息分发的方式经历了深刻的变革。尽管人工智能技术强大，但其应用不应超越道德边界。因此，制定一套明确、具体的人工智能传媒伦理规范显得尤为重要。这些规范旨在明确人工智能在内容创作、信息传播等领域的行为准则和道德标准，它们应包括避免偏见和歧视、尊重用户隐私和版权、确保信息安全等多个方面。为了避免信息茧房效应，推动算法的透明化和多元化显得至关重要。信息茧房效应描绘了这样一种现象，即人们因算法提供的个性化推荐而被限制在特定的兴趣圈内，难以接触到更广泛的信息。为了突破这一局限，算法提供者应公开其推荐算法的基本原理和逻辑，确保算法的公正性和透明度。

(二)AICG技术在传媒实践教学中的应用

在文科领域，构建传媒人才培养体系至关重要。为了培养出适应新时代需求的传媒人才，我们必须从三个核心方面推进工作。首先，探索交叉学科的专业发展路径，将教育过程中不同学科(包括新闻传播学、艺术学、社会学等)的优势资源进行整合，以此为基础构建全新的课程体系。其次，平衡学科理论与实践能力的培养，因为传媒行业不仅要求学生具备扎实的理论知识，还强调实践操作和创新能力。最后，在全球化的背景下，传媒人才不仅要展示专业能力，还要展现文化自信。因此，我们应探索国际合作的新途径，为学生提供国际交流的机会，以满足国家和社会的需求，培养出具有国际竞争力的传媒人才。

随着科技的迅猛发展，诸如SORa、Midjourney、ChatGPT等新兴AI工具的不断涌现，为传媒实践教学领域带来了前所未有的机遇。这些AI工具，包括SORa、Midjourney和ChatGPT，在传媒领域的应用正变得越来越普遍。特别是SORa，作为一款智能视频生成软件，已经展现出强大的视频流媒体生成能力，显著降低了视频制作的成本；Midjourney凭借其令人瞩目的图像生成和创造能力，为传媒设计领域开辟了新的创意空间；而ChatGPT的自然语言处理技术，则极大地提升了传媒内容的交互性。这些AI工具的应用，不仅显著提高了传媒内容的生产效率和质量，同时也为传媒实践教学提供了更加丰富和多元化的教学资源。

在传媒实践教学中，我们应当利用这些软件进行专项教学，以培养学生掌握驾驭AICG的核心技能。一方面，如何向软件"提问"是学生必须掌握的关键技能。在面对

AICG技术时,鉴于目前所有的AICG软件均采用"提问"方式来获取结果,因此准确地表述自己的需求变得至关重要。学生需要学会提出具有针对性的问题,以引导AI工具产生符合需求的内容。这不仅要求学生具备敏锐的观察力,还要求他们拥有深刻的思考能力,能够从多个角度深入剖析问题的本质,并能总结出自己期望成果的关键要素。

另一方面,培养想象力和创造力至关重要。尽管AICG技术十分强大,但其生成内容的创意和个性仍需人类的想象力来引导。学生必须学会如何发挥自身的想象力,与AI工具进行有效的互动,共同创作出独一无二的传媒作品。

结　语

AICG技术在传媒教学中的广泛应用,不仅为实践教学环节注入了新的活力,也为整个传媒教育领域带来了深远的影响。借助这项技术的引入,传媒教育能够与时代同步发展,更有效地培养出具备新媒体产品设计思维和能力的高素质人才。同时,这也带来了新的挑战和问题,需要我们不断探索和创新教学方式方法。总体而言,AICG技术的整合为传媒教育开辟了新的发展空间,有助于推动传媒行业向更高级别、更广阔领域的发展,为未来行业的创新和进步奠定了坚实的人才基础。

(毛艳,武汉传媒学院讲师)

新文科背景下网络与新媒体专业课程体系改革研究*

Research on the Reform of Curriculum System for Network and New Media Majors under the Background of New Liberal Arts

杨开源

Yang Kaiyuan

摘要：随着互联网的蓬勃发展，新文科建设亦迈入了一个崭新的阶段。特别是人工智能与 AIGC（人工智能生成内容）的兴起，使得网络与新媒体专业的建设必须持续不断地进行改革。专业建设与行业发展之间往往存在一定的滞后性，作为应用型本科高校，我们更需努力避免这种滞后。从专业课程体系着手，对网络与新媒体专业进行改革，将更显科学性和系统性，这无疑将成为未来学科建设的核心改革方向。

Abstract: With the development of the Internet, the construction of new liberal arts has entered a new stage. Especially with the development of artificial intelligence and AIGC, the construction of the network and new media profession must maintain uninterrupted reform. There may be a lag between professional construction and industry development, and as an applied undergraduate university, it is even more necessary to avoid this situation. Starting from the professional curriculum system, reforming the network and new media major will be more scientific and systematic, which will be the key reform direction of future discipline construction.

关键词：新文科；网络与新媒体；课程体系改革

Keywords: New Liberal Arts, Network and New Media, Curriculum System Reform

我国近年来高度重视新文科建设，相继推出多项政策以期加强教育领域的新文科发展，如《六卓越一拔尖计划2.0》和《新文科研究与改革实践项目指南》等。这些政策

---

* 本文系武汉传媒学院校级科研团队"融媒体报道实务研究团队"（项目编号：XJTD2023013）相关研究成果。

不仅大力推动了新文科建设,还为该领域的发展指明了方向。网络与新媒体专业,作为依托互联网快速发展的新兴专业,其建设步伐迅猛。教育部于 2012 年将网络与新媒体专业纳入本科专业目录。2013 年,陕西师范大学等 20 所高校率先开设了该专业。截至 2023 年,全国已有 353 所大学开设了网络与新媒体专业。相较于新闻传播学院的其他专业,网络与新媒体专业拥有其独特的专业特色。在新文科的背景下,网络与新媒体专业的建设应聚焦于学科交叉融合、技术能力强化、实践能力重视、课程体系更新、师资力量加强、校企合作深化、国际视野拓展以及创新创业教育的推进。通过持续优化培养方案和教学资源配置,我们有望培养出更多具备综合素质和创新精神的网络与新媒体专业人才,为社会进步贡献力量。

一、网络与新媒体专业建设存在的问题

在传统的网络与新媒体专业建设过程中,主要面临的问题包括理论课程与实践技术课程配置失衡、培养目标模糊不清,以及缺乏专业特色优势等。

(一)理论课程与实践技术课程匹配失衡

网络与新媒体专业作为现代化教育科目,是在国家网络时代背景下特别设立的,旨在填补国内在此领域的知识空白。该专业兴起的时间较晚,许多院校虽已开设相关课程,但课程体系尚不完善。此外,众多院校的课程内容高度雷同,导致培养出的人才往往无法满足实际岗位的需求。网络与新媒体专业对学生的实践能力有着严格的要求,因此,除了基础理论课程外,实践技术课程的设置同样至关重要。遗憾的是,大多数院校的网络与新媒体专业未能给予实践技术课程足够的重视,导致理论与实践课程之间匹配失衡,这反而不利于应用型人才的培养。

(二)培养目标模糊不清

网络与新媒体专业的设立旨在培育能够适应传统媒体机构、政府机关、事业单位、公司等各类组织需求的宽口径、复合型信息传播人才。这些人才不仅要能够应对传统媒体形态,还要能熟练操作新型媒体工具,适应媒介深度融合的市场环境,以更好地服务于现代传媒产业。应用型人才的培养应是网络与新媒体专业的核心目标。然而,目前多数院校的网络与新媒体专业尚未确立这一培养目标,反而更偏重于理论知识的传授。这导致了即便学生拥有丰富的知识储备,其实际应用能力也难以满足岗位需求。

(三)缺乏专业特色优势

网络与新媒体专业是一门相对较新的学科,相较于其他传媒类专业,它的发展起步较晚。其课程设置和培养方案在多个方面都受到了传统新闻传播类专业的启发,这使得该专业的整体情况与传统新闻传播类专业颇为相似。然而,网络与新媒体专业在本质上与传统新闻传播类专业存在显著差异。这种借鉴方式未能有效凸显出网络与新媒体专业的独特优势和特色,反而导致了专业内容的高重合度。最终,这种培养模式下产出的人才可能无法完全满足岗位的实际需求。

二、网络与新媒体专业建设举措

在新文科的背景下,网络与新媒体专业的课程体系改革必须与时俱进,满足时代需求和行业进步,旨在提升学生的综合素养和创新潜能。对于应用型高校而言,培养具备实际能力的人才应成为首要任务。网络与新媒体专业的课程改革主要聚焦于以下几个关键领域:

(一)构建多元化的课程体系

新闻传播学专业应当构建一个多元化的课程体系,旨在全面提升学生的综合素质与创新能力。课程内容应涵盖人文科学、社会科学以及自然科学等领域,以奠定学生的基础素质并激发其创新潜能。目前,武汉大学和暨南大学等高校已开设了丰富的课程包供学生自由选择。应用型本科院校则根据自身的办学条件,在公共选修平台上提供多样化的素养课程。专业核心课程则侧重于新闻传播学的基础理论、基础知识和基础技能。同时,为适应新媒体的发展趋势,课程中还应包括新媒体概论、互联网思维等,以增强学生的专业素质和综合能力。此外,专业课程还应结合行业需求和学科特色,设置视频制作、数据搜集、融媒体运营等课程,以培养学生的专业技能和职业素养。

(二)加强学科交叉融合

随着互联网的迅猛发展,网络与新媒体专业的学生能力培养需求变得更加多元化。这促使网络与新媒体专业必须重视与其他学科的交叉融合,从而培养学生的综合素质和创新能力。

1.专业与人文、社会科学的结合

通过开设马克思主义新闻观、社会热点问题研究等课程,旨在提升学生的文化素质和社会责任感。

2.专业与自然科学的结合

通过引入数据收集原理、web前端开发等课程,旨在增强学生的科学素养和创新能力。

3.专业与设计学科的结合

通过开设界面设计、信息可视化等课程,旨在提升学生的新媒体制作技能。

4.专业与管理学科的结合

通过引入舆情监测与研判、融合媒体运营等课程,旨在增强学生的管理和应对能力。

(三)强化实践教学环节

在针对网络与新媒体专业的课程体系中,实践教学环节占据着至关重要的地位,它直接关联到学生的未来职业发展。因此,加强与企业的合作,洞悉企业的需求变得尤为关键。我们应当推动实践教学从校园内延伸至企业一线,以此培养学生的实际操作能力和创新思维。

(四) 更新教学内容和方法

网络与新媒体专业与互联网的发展紧密相连,因此,该专业必须不断更新其教学内容和方法,以满足时代需求和行业进步。具体来说,教学内容的更新应包括引入最新的行业案例、技术和理论,旨在培养学生的综合素质和创新能力。同时,教学方法也应进行更新,采用案例分析、小组讨论、角色扮演等多元化教学手段,以激发学生的学习兴趣和创新能力。

(五) 加强师资队伍建设

网络与新媒体专业需强化师资队伍的建设,以提升教学品质与水准。具体措施应涵盖以下几个方面:

1.吸纳杰出教师

积极从国内外招募具备丰富实战经验和学术背景的优秀教师,从而提升教学品质与水准。

2. 培育青年教师

为青年教师提供培训、深造等支持,以增强他们的教学技巧和能力。

3. 实施双师制度

邀请来自媒体、互联网企业等机构的行业专家参与教学工作,以引入最新的行业趋势和实战经验。

三、实践教学环节建设

实践教学环节构成了网络与新媒体专业建设的核心,它不仅能够检验专业建设的成效,而且能够有效地将专业培养与学生应用能力的提升相结合。实践教学内容和任务的设计应紧贴专业培养目标和学生的实际需求,确保其针对性。此外,实践教学活动必须注重实效,确保学生能在实际操作中切实掌握所需的知识和技能,并能在实践中灵活运用。实践教学还应具备明确的计划和安排,遵循循序渐进的原则,依据学生的认知规律和技能发展水平,合理规划实践内容和难度。同时,应注重实践教学的深化与拓展,逐步提升学生的实践能力和综合素质。具体而言,实践教学应涵盖以下几个方面:

(一)实习项目

安排学生前往媒体、广告公司、政府机构等单位进行实习,旨在培养他们的实际操作能力和职业素养。武汉传媒学院的网络与新媒体专业在大三下学期开设了为期8周的专业大实践课程。该课程通过邀请企业专家进入校园和学生前往企业事业单位实习的方式,实现了学生与实践环境的直接对接。专业大实践遵循全面覆盖的原则,确保每位学生和指导老师都参与其中,并在实习后期进行综合考察。在实习单位,学生将得到校外指导老师和校内指导老师的双重指导与保护,从而确保他们能够真正从实习中获得宝贵的知识和经验。

(二)实践课程

开设涉及社会调查、媒体策划等领域的实践课程,旨在培养学生的实际操作能力和创新意识。将实践课程与专业竞赛相结合,通过竞赛进行实践训练,使学生通过参与竞赛来提升自身的专业技能,为未来的就业增添竞争优势。

(三)毕业设计

安排学生完成毕业创作项目,旨在培养学生的综合技能和创新思维。在应用型本科院校中,网络与新媒体专业的学生通常通过结合创作作品与撰写创作报告的方式来完成他们的毕业设计。深圳大学的网络与新媒体专业走在了前列,率先采用了毕业创作的模式。该校的毕业创作项目允许学生自主选择主题,或者根据企业的需求来确定选题,从而确保学生的作品能够直接对接市场需求。

武汉传媒学院的网络与新媒体专业将实践教学环节融入实践体系,将各个独立的教学环节与网络与新媒体专业的培养目标相结合,构建起一个完整的融媒体信息生产流程。该流程运用 OBE(Outcome-Based Education,成果导向教育)方法,将融媒体信息生产过程细分为:信息策划基础、信息创意策划、信息采集、信息呈现、信息制作、信息内容运营以及媒体平台运营等关键环节。每个学期末,通过集中实践的方式,针对性地训练学生制作相关融媒体作品的技能。

在整个实践体系中,武汉传媒学院网络与新媒体专业采用六步监测法:教、学、用、评、转、展。学校的教学以理论知识为基础,以实践教学为手段。学生通过连续性的实践教学,提升自己的专业水平。

暨南大学在实践教学领域展现了其独特的探索精神。通过实施教学训练营项目,该校鼓励学生从低年级起便融入多样化的团队合作之中。特别值得一提的是,暨南大学组织的延安马克思主义新闻观主题社会实践,实践团队深入延安进行实地调研,研究内容涵盖了延安的生态环境、新闻传播现状、革命故事的传播方式、红色文化的传承研究、广播事业的发展以及木刻版画艺术。此外,暨南大学的求真实验室致力于应对外国媒体对中国的不实报道,结合事实与数据对其进行有力反驳,这一做法显著提升了学生的国际传播技能和全球视野。

暨南大学与武汉传媒学院,一所是国内重点高校,一所是应用型本科院校,尽管在专业定位和培养模式上存在差异,但两校都同样重视对学生实践能力的培养。它们依据各自的教育特色,开发了适合本校学生的专业实践教学模式。

结 语

针对传统网络与新媒体专业面临的挑战,应用型本科高校利用自身优势,结合市场需求,在专业建设中精心设置核心课程,量身定制培养方案,旨在培养出既懂技术又会应用的复合型人才。以武汉传媒学院为例,该校新闻传播学院于 2010 年在传播学专业中增设了网络传播方向,2014年申报网络与新媒体专业,并于2015年开始正式招生。同年,为了培养适应新媒体环境的复合型人才,学院成立了媒体融合基地班。武汉传媒学院的网络与新媒体专业专注于培养具备网络与新媒体信息传播理论知识和实践技能的人才,使学生能够熟练地运用网络与新媒体进行信息的采集、策划和传播工作,并具备新媒体组织运营和管理的能力,擅长整合传播。这些专业人才不仅能够胜任信息传播时代内容方面的深度报道、综合性分析和跨学科的传播任务,还能在全媒体传播领域承担设计、制作、网络编辑等技术性工作。学校以适应市场需求为导向,致力于培育具备全媒体应用能力的传播人才。在确立专业培养目标的过程中,学校广泛调研了多家企事业单位,深入掌握其招聘需求,并在持续的人才培养实践中,不断改进教育方案和教学方法。经过七年的建设与成长,武汉传媒学院的网络与新媒体专业在2022年荣获"湖北省一流专业建设点"的称号,学生的就业率亦持续攀升。

  在新文科的背景下,新闻传播学课程体系的改革必须与时俱进,满足时代需求和行业进步。通过构建多元化的课程体系、促进学科间的交叉融合、加强实践教学环节、更新教学内容与方法,以及强化师资队伍建设等措施,可以有效提升学生的综合素质和创新能力,为新闻传播领域培育更多杰出人才。

(杨开源,武汉传媒学院副教授)

新闻采访类课程虚拟仿真实验教学项目建设现状及思考
——以"三农"主题新闻报道中的融媒体采访虚拟仿真实验为例

The Current Situation and Thinking of the Construction of Virtual Simulation Experiment Teaching Project for News Interview Courses
—Taking the virtual simulation experiment of media interview in the "three rural" theme news report as an example

⊕ 赵 倩

Zhao Qian

摘要：随着技术的不断进步，新闻传播教学的传统模式正在经历变革。以往依赖模拟新闻采访环境和情境式采访的实践方式，正逐步被虚拟仿真技术所取代。武汉传媒学院推出的"'三农'主题新闻报道中的融媒体采访虚拟仿真实验""'三农'主题新闻报道中的融媒体采访虚拟仿真实验"项目，正是为了适应应用型新闻人才培养的需求而设计的实验平台。该项目在2023年成功获批为湖北省一流本科课程。本文将深入剖析虚拟仿真实验项目的建设目标、设计流程、教学实施以及实验方法等关键领域，同时评估其当前状态并指出存在的问题。

Abstract: With the development of new technology, the traditional teaching of journalism and communication is changing. From the previous practice forms such as simulating news interview environment and setting situational interview, virtual simulation technology is gradually used to replace news practice. The virtual simulation experiment of media interview in the "three rural" theme news report is an experimental platform built by Wuhan Institute of Media and Communications, which is suitable for the training goal of applied journalism talents in Wuhan Institute of Media and Communications. The project was approved as a first-class undergraduate course in Hubei Province in 2023. This paper analyzes the current situation and problems of the project construction around the objectives, design steps, teaching process and experimental methods of the virtual simulation experiment project construction, in order to realize the deep integration of virtual reality technology and offline teaching for journalism and communication majors, and provide reference for cultivating compound all media talents.

关键词：虚拟仿真实验；三农；采访；新闻

Keywords：Virtual Simulation Experiment, Three Rural, Interview, News

在融合媒体时代，新兴技术的不断涌现已经彻底改变了传统新闻生产的实践和传播方式。随着传播技术的迭代更新，传统高校偏重理论的新闻传播人才培养模式已无法满足市场的需求。建构技能型、实践型的新闻传播类人才培养模式，成为新闻传播教育亟须解决的问题。而传统的新闻传播技能型、实践型的人才培养渠道和方式主要以课堂内外的实践教学为主，通过设立或模拟采访情景，进行实践教学的引导。[①] 如今，随着新的教学技术手段的发展和运用，虚拟仿真实验教学正成为新闻实践教学的手段之一。

本文以武汉传媒学院省级一流课程"'三农'主题新闻报道中的融媒体采访虚拟仿真实验"为研究对象，从虚拟仿真项目的概述、建设目标、设计流程以及教学实施与实验方法等多个维度，剖析了虚拟仿真实验教学项目的当前状况及存在的问题，旨在为新闻采访类课程的构建与提升提供参考。

一、虚拟仿真实验项目简介

"'三农'主题新闻报道中的融媒体采访虚拟仿真实验"项目，基于习近平总书记关于确保粮食安全的重要指示精神，紧密结合湖北省作为农业大省的实际情况，旨在让学生通过虚拟仿真实验深入理解并掌握农业新闻报道的规律与技巧，从而培养能够胜任本地重大新闻主题采访报道的专业人才。

本项目利用虚拟仿真技术，将与粮食安全密切相关的"春耕"这一重要事件的现场体验引入网络平台。通过在互联网上运用虚拟仿真技术，我们能够创建一个近乎真实的"春耕"场景，包括模拟新闻现场的人物、环境和设备等元素。这使得老师和学生都能沉浸其中，在虚拟的春耕环境中充分调动感官，实现与虚拟场景的有效互动，进而通

---

① 刘晓丽,阳雨欣,张燕.新闻传播类国家虚拟仿真实验教学项目建设现状及思考[J].中国传媒实践教学研究, 2023(1).

过这种实战模拟提升他们的采访技巧。

本项目生动、直观地展现了"三农"宏大主题下具体新闻事件的特色,有效弥补了传统新闻教学模式的不足。它以虚拟仿真取代实际操作、以练习提升技能、以训练增强能力,让学生全面体验大型农业新闻采访报道的整个流程和技术应用。借助这种虚拟仿真训练,我们实现了让学生独立进行调度、制作和发布融媒体新闻产品的教学目标。

本项目包含4个课时,围绕湖北省某地区的"春耕"主题展开。首先,课程将引导学生了解党和国家的相关政策,并为采访活动做好充分的资料准备。接着,课程将指导学生按照标准的融媒体采访流程,深入新闻现场。学生需在设备使用、技术掌握、着装规范等方面做好准备,并精心选择采访地点、人物,设计提问,以完成一次规范化的采访实践。最终,学生将根据采访内容撰写新闻稿件。

二、虚拟仿真实验项目建设目标

新闻媒体从业者作为社会信息传播的使者,其职责和使命不仅限于传递新闻事实,更在于通过新闻舆论引导社会价值观的形成。这一使命要求新闻工作者必须坚守党性原则,这是新闻媒体在政治立场上的核心要求,也是确保新闻舆论工作正确导向的关键保障。因此,本实验项目主要聚焦于课程所倡导的价值观,引导学生理解"春耕"采访的意义和背景,围绕国家粮食安全的战略,设计了一系列采访场景和问题。

电视新闻结合了视觉和听觉元素,要求记者深入新闻现场,亲自挖掘新闻线索和故事。亲临现场的记者能够全面、客观、真实地通过观察和提问等方式呈现新闻事实。他们利用真实的画面和声音为电视观众营造一种身临其境的体验,从而增强了新闻传播的说服力。从传播学视角分析,电视新闻记者与现场新闻人物之间的互动属于人际传播范畴。一次规范的采访不应仅限于信息搜集,记者应通过提问和深入交流来获取更全面的信息,丰富新闻内容,并从新闻事件中捕捉到新闻人物的情感细节。

本项目利用虚拟仿真技术复现了湖北省某地区的春耕场景,使学生能够沉浸在新闻现场的氛围中,同时显著降低了实践操作的成本。通过这种方式,我们致力于构建"以学生为中心"的教学模式。学生在虚拟仿真实验系统中操作各种实验模块,以熟练掌握新闻现场采访的技巧,并将新闻理论知识付诸实践,从而清晰地了解采访的流程和细节。这不仅提升了学生的实际操作能力,而且培养了他们对新闻事业的热情和采访写作的专业技能,为培养应用型新闻专业人才提供了有力支持,进而更好地服务于地方传媒行业。

本虚拟仿真实验旨在培养学生的融媒体新闻采访素养。通过沉浸式的体验，学生将能亲临新闻现场，深刻理解新闻工作者的责任与使命，承担起新闻人的社会责任，确保新闻报道的真实性和准确性，同时讲好中国故事。此外，该实验有助于学生在近似真实的新闻现场环境中掌握提炼新闻采访主题的技巧。通过本项目的实践，新闻专业的学生将能深入理解"三农新闻"这一重要主题的宣传采访报道技巧和方法。通过虚拟再现粮食安全相关的"春耕"主题事件，学生将学会掌握农业新闻采访工作的关键点和技巧，从而提高应对新闻事件的应变能力和心理素质。

通过构建这个虚拟仿真的实验项目，学生将学会如何设计问题，理解采访问题的适用性，并学会针对采访对象提出具体问题，避免提出过于宽泛的问题。他们还将学会根据新闻采访现场的内容撰写新闻稿件，并在新闻现场综合运用融媒体采访手段进行实践。这将全面提升学生在融媒体传播时代对现代传播技术的使用能力、融媒体新闻内容的生产与传播能力以及实践创新能力。

三、虚拟仿真实验项目仿真设计内容

本实验项目采用3dsMax进行建模与制作，支持在360、火狐、搜狗等主流浏览器中直接打开使用。通过构建的互动场景，激发学生主动探索的热情，挖掘其内在的探究潜力。在上机实践环节，学生通过与程序的互动，获得多样化的反馈结果。实验结束后，上传实验报告，对实验过程进行整理回顾，并得出个人的观察见解和结论。

为了更贴近"春耕"现场的实际需求，本项目利用虚拟仿真技术，精心构建了四个模块场景，以满足采访所需。

模块1：引导学生深入了解党和国家的政策，为采访做好政策方面的充分准备；

模块2：运用标准的融媒体采访技巧，带领学生深入新闻现场，从设备使用、技术掌握到着装规范等多方面做好准备；

模块3：精心挑选采访地点、确定采访对象，并设计相关提问，以完成一例标准化的电视采访；

模块4：基于采访内容，撰写相应的新闻稿件。

实验聚焦于采访装备和人物形象、"春耕"现场采访、演播室连线采访以及摄像机、无人机系统操作者这四个核心要素的仿真。实验通过建模复原融媒体采访的器材和出镜记者的形象，包括选择合适的采访设备、挑选适宜的出镜采访装扮等具体实操任务。此部分仿真训练为学生提供了掌握实际采访准备工作的机会，帮助他们理解记者在镜头前非语言符号的重要性以及如何做出恰当的选择。

在模拟"春耕"现场时,我们重现了记者的真实采访场景,涵盖了摄像机机位的预设、挑选采访对象、采访提问以及采访画面的拍摄等环节。学生需依据"春耕"现场的动态和采访地点的特色,挑选合适的采访对象,并提出恰当的问题。这部分仿真考验学生在真实的新闻现场中,在有限的时间内迅速锁定被采访对象及提出有效问题的能力。

在采访设备的仿真要素中,重点模拟摄像机拍摄和无人机操作的场景,包括场景的选择、画面的拍摄和无人机画面的拍摄。学生需根据最终新闻片的要求选择不同的拍摄角度和拍摄内容,以此提升电视新闻的可视化效果。

最后,为了提升新闻的权威性和可信度,模拟演播室连线采访情形,包括与演播室嘉宾连线的技巧和针对嘉宾身份的提问。根据"春耕"这一主题,我们与演播室内的专业评论员进行了连线,通过这些专家,我们能够获取最权威的信息。

通过精心设计的四个关键采访要素的模拟训练,学生将能够在真实的新闻采访场景中,准确挑选适合的摄像机、无人机、三脚架、话筒等专业设备。在出镜采访时,他们能够根据农业新闻的特点,选择恰当的形象和服饰。抵达新闻现场后,他们将学会如何观察环境,挑选合适的采访地点和角度,确保视线开阔并能有效展现新闻背景。在实际采访农民、农技人员、乡干部以及演播室嘉宾的过程中,学生将能够提出恰当的采访问题,获取重要的新闻信息。他们还将学会按照电视新闻的标准撰写和剪辑消息类新闻稿件,确保稿件内容不仅符合专业要求,而且能够充分展现采访的价值和目的。

四、虚拟仿真实验项目:仿真设计教学过程与实验方法

本虚拟仿真实验教学流程以案例引导为核心,构建了一种教学模式。实验课程开始之前,学生需要利用课堂学习、教材研读以及经典案例分析等多种资源,深入理解采访的理论知识,并针对虚拟仿真实验的具体内容进行自主学习和充分准备,以确保实验过程的顺利进行和实验目标的顺利实现。

在课堂上,教师设计与课程主题紧密相关的采访问题和人际交流场景,旨在引导学生进行深入研讨与交流,从而帮助他们形成对采访活动的初步认知。[①] 随后,依托实验系统,教师指导学生根据个人的理解进行在线实验操作,鼓励他们在实践中发现问题并激发新的思考。在实验过程中,教师为学生提供必要的指导,协助他们依据所掌握的理论知识进行改进尝试和深入研究,旨在发现更有效的采访技巧。学生在实验

---

① 焦凤.藏纸传统造纸技艺的生产性保护:藏纸的虚拟仿真实验设计[J].造纸装备及材料,2021(8).

平台上不断锤炼自己的采访技巧,提交实验成果与最终的实验报告。

在整个实验过程中,教师始终扮演着引导者、解惑者和推动者的角色,确保学生能够充分发挥主观能动性,在探究与实践中不断提升自己的采访技巧,引导学生通过以下实验步骤完成对"春耕"采访的实践。

(一)虚拟仿真实验的课前准备与理论学习

在实验启动之前,学生通过课堂讲授、教材阅读、经典案例研究以及实验指导书等多元化资源,深入掌握采访相关的理论知识。本虚拟仿真实验项目附带一份全面的实验指导手册,内容全面,涉及实验的目标设定、核心问题的探索、基础理论的讲解、实验方法的介绍、操作步骤的详细说明以及注意事项的特别提示。学生可借助这份手册,在实验开始前进行独立学习,确保为后续的实验操作做好充分的准备。

(二)实验前的专业实操知识学习

提供采访的背景信息和案例作为参考资料,促进学生之间的讨论与互动。引导学生围绕"春耕"主题的采访进行深入探讨,涵盖采访的目标、被采访者、提问方式、表现技巧、拍摄方法等众多方面。通过此类分析,学生将能够独立地确定自己的实验方法和步骤。

(三)实验操作与评价

遵循既定的实验方法和步骤,开展本项目的线上虚拟仿真实验。教师指导学生在系统中依照采访流程的要求和提示,完成"春耕"现场的虚拟仿真采访。随后,学生将承担视频制作和文稿编写的任务,并对整个实验过程进行评估与总结。

(四)实验反思与改进

针对实验过程中显现的问题或由实验引发的其他问题,应结合实验目的和反思要求,进行深入的自主反思。例如:基于理论学习的成果,掌握实验中采访设备的选择标准;确定采访对象的方法;面对镜头进行有效交流的技巧;提出恰当问题的策略;记者与被访者沟通的方式;以及新闻稿件的撰写技巧等。

此外,本虚拟仿真实验项目采用高度开放的学习模式。若时间有限,无法完成所有实验内容,学生完全能够利用网络平台的便捷性,在课后自主选择时间和地点,随时登录虚拟仿真实验平台进行实验操作。这种灵活的学习方式有效促进了学生的自主学习和个性化学习。

（五）上传实验结果

一旦学生深入理解并掌握了相关知识，并完成了相应的实验内容，他们便可以将新闻采访的过程和结果整理成文档，提交至虚拟仿真实验项目平台进行保存。在回顾学习成果时，学生可以根据自己的采访流程进行反思，整理并思考如何将相关专业知识应用于虚拟仿真采访的整个过程。最终，将整理好的成果上传并提交至平台。

结　语

本虚拟仿真实验项目作为文科实验与实践教学的典范，充分利用了虚拟仿真技术，从而在一定程度上革新了传统新闻传播实践类课程的教学模式。"学生直接参与新闻采访的教学过程，通过设置逼真的场景化采访实践环境，营造沉浸式的新闻实践氛围，从视觉、听觉和触觉上全面优化学生的学习体验，锻炼学生的操作能力，为社会培养兼具理论基础与实践能力的全媒体人才。"[1]然而，本虚拟仿真实验项目在实际运行中也遭遇了若干挑战。举例来说，尽管项目引入了3D场景，场景的多样性却略显不足，人物与环境的逼真度尚需提升，技术上模拟真实情境的细节亦需进一步完善。这些问题可能会影响学生在虚拟环境中的实验操作体验和沉浸感。因此，在项目的后续建设与维护过程中，技术层面、交互性以及场景细节的绘制与开发、交互体验等方面亟须进一步的提升。

随着5G/VR、人工智能、大数据和云计算等前沿信息技术的飞速发展，新闻传播领域的虚拟仿真实验项目正迎来教学理念、模式、方法及手段的显著革新。这些技术将推动教学方式的深刻转变，为新闻传播教育注入新的活力。新闻传播的实践教学将不再局限于传统的课堂教学，而是更加注重培养学生的实际操作能力和问题解决能力，从课堂内走向真实的新闻现场，让学生在课堂学习和实践操作之间实现无缝切换，更好地实现知识的转化和应用。

（赵倩，武汉传媒学院新闻传播学院教授）

---

[1] 王敏静.新闻传播类专业虚拟仿真实验项目在教学中的应用及反思[J].传播与版权，2023(8).

项目任务驱动教学法在"数字界面设计"课程中的应用研究

Research on the Application of Project Task Driven Teaching Method in the Course of Digital Interface Design

赵雅婷

Zhao Yating

摘要：随着互联网技术的蓬勃发展，数字界面设计这一新兴的应用型学科必须迅速适应时代潮流，以满足市场不断增长的需求。目前，国内对数字界面设计的研究主要集中在视觉设计领域，教学内容偏向于App的视觉表现和设计规范，而对用户体验的深入探索则相对较少。相比之下，国外的研究更倾向于交互设计的领域，特别关注产品的用户体验要素。本文以视觉传达设计专业的"数字界面设计"课程为研究对象，深入探讨了项目任务驱动教学法在该课程中的创新实践及其应用价值。课程的教学设计思路以"项目任务驱动"为核心，结合项目式课堂组织设计，同时在项目教学中，充分利用人工智能的优势，以满足数字化时代的发展需求。

Abstract: With the vigorous rise of Internet technology, digital interface design, as a new applied discipline, needs to keep up with the pace of The Times in its educational content and methods to meet the growing demand of the market. At present, the domestic research on digital interface design mainly focuses on the visual design dimension, and the teaching content tends to focus on the visual expression and design specifications of apps, and pays less attention to the in-depth mining of user experience. In contrast, foreign researches pay more attention to the exploration in the field of interaction design, especially the user experience elements of products. This paper takes "Digital Interface Design" course of visual communication design major as a specific case to deeply analyze the innovative practice and application value of "project task-driven" teaching method in this course. The overall teaching design of the course is based on "project task-driven", integrating project-style classroom organization design, while giving full play to the advantages of artificial intelligence in project teaching, and keeping up with the development needs of the era of digital intelligence.

关键词：数字界面设计；项目任务驱动；教学改革；AIGC

Keywords：Digital Interface Design, Project Task Driven, Teaching Reform, AIGC

引 言

数字界面设计，不仅是技术与人类沟通的桥梁，更是信息精准触达用户的艺术。随着数字化浪潮席卷全球，数字界面设计教育面临着前所未有的考验：怎样培育出既精通设计技艺又富有创新思维的专业人才，怎样培养出实用型、技术型的高素质人才，成为亟待解决的关键议题。[①] 传统教育模式往往囿于理论框架，忽视了实践与创新在学生成长过程中的催化作用，难以充分激发学生的潜能与创造力。鉴于此，探索一种契合现代教育理念、能够激活学生内在动力、促进其全面发展的教学方法显得尤为迫切。在此背景下，项目任务驱动教学法应运而生。它以项目实践为引擎，通过设定具体任务，引导学生在解决实际问题的过程中主动学习、探索与创造，从而有效融合理论与实践，提升学生的综合设计能力与创新能力。本研究聚焦于项目任务驱动教学法在"数字界面设计"课程中的应用，旨在为数字界面设计教育的改革和创新提供理论指导和实践经验。

一、课程基础架构

本课程作为视觉传达设计专业的专业选修课，深入探讨数字界面设计的完整知识架构。内容包括数字界面设计的基本概念、应用领域、界面框架、策划原则、界面构成元素以及常用设计软件的介绍等。课程的核心目标是培养学生在数字界面设计方面的实战技能和创新思维。本课程采用理论讲授、案例分析与项目实践相结合的教学模式，目标是让学生掌握数字界面设计的策略和技巧。通过这种方式，学生将能够设计出既实用又富有创新性的高质量数字界面视觉作品，为他们未来的职业生涯和专业发展奠定坚实的基础。

---

① 曾照静.高职院校 UI 界面设计课程创想与探究[D].郑州：河南师范大学，2014.

基于人才培养方案的核心理念,本课程的核心目标集中在三个主要方面:提升专业知识技能、增强问题解决能力,以及熟练运用现代设计工具。具体来说,课程目标紧密围绕以下几点展开:(1)理论基础与原理阐释;(2)掌握数字界面设计方法与激发创意;(3)规范应用与布局优化;(4)辨析各类数字界面设计作品;(5)独立完成数字界面设计作品。

从行业发展的角度审视,我们的课程目标与行业需求高度一致,共同追求更高的创意标准、品牌营销意识、视觉传达设计能力以及技术与工具的熟练运用。然而,行业对创意性以及用户体验设计和交互设计的深入探索提出了更高的要求(如图1所示)。针对学生在学习过程中可能遇到的两大挑战——设计创意与行业标准的把握,我们已经制定了富有针对性的解决方案:其一,针对设计创意难题——利用人工智能技术的力量,为学生提供灵感启发、设计趋势预测等支持,帮助他们突破创意瓶颈;其二,针对行业标准问题——通过实施项目驱动教学法,让学生在真实或模拟的项目实践中深入理解并遵循行业标准,同时培养其职业素养和团队协作能力,确保学生毕业后能够迅速适应行业需求。

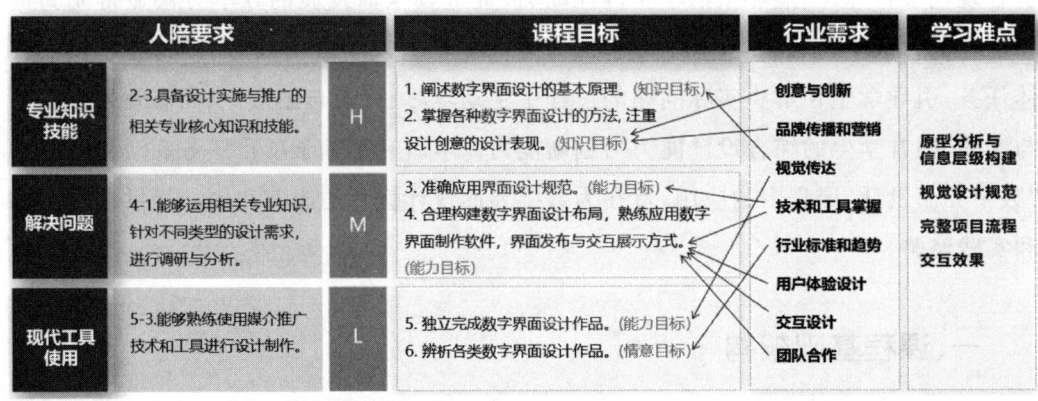

图1 课程目标

二、课程教学现状

众多高校纷纷将"数字界面设计"纳入课程体系中,其中比较有代表性的是华中科技大学的慕课网络教学视频。该课程为大三本科生设计,采用理论讲授与实践操作并重的教学模式,旨在全方位提升学生的专业素养。在理论层面,本课程深入探讨了设计原理、图标设计、字体运用、色彩搭配等核心要素,并加强了界面设计思维与逻辑训练,为学生打下了坚实的理论基础。此外,课程还特别强调了对新技术的敏感捕捉与熟练掌握,引入了多款设计软件,使学生能够在实践中掌握交互与视觉表现的高级技巧。

同时,作为现代科技发展的产物,"数字界面设计"课程不仅限于校园之内,更成为众多求职者和设计师自我提升的热门选择。特别是那些希望快速融入职场、提升竞争力的学生,纷纷转向UI设计在线课程,如站酷网上设计师张双精心打造的UI课程,共包含16次课,巧妙划分为四大核心章节:从行业认知到UI设计师必备知识全面覆盖,再到品牌视觉设计的提升训练,最后直击就业指导,帮助学生实现从校园到职场的无缝对接。值得一提的是,课程中融入了一些大厂的工作流程与实战项目案例,不仅增强了学习的实战性,也为学生提供了宝贵的行业洞察。

三、课程教学改革

(一)教学内容

1.设定课程分级目标,系统化构建教学知识体系框架

本课程初级阶段致力于为学生打下坚实的理论基础,使他们理解界面设计的流程与方法,掌握数字界面的基本构造原则。而高级阶段的目标则聚焦于培养学生的全链路设计思维,使他们能够熟练运用视觉规范,创作出既美观又实用的界面设计作品,确保这些作品能够成功投入市场应用。

为了达成这一目标,我们对课程内容进行了全面的优化和重构。在保留了传统的网页与App设计教学的同时,我们加强了品牌运营的教学内容,特别针对学生毕业后频繁遇到的设计需求,例如Banner设计和运营活动页H5的制作,进行了深入的拓展和讲解。我们为学生提供了活动策划的实践机会,让他们在真实的项目中锻炼技能,积累宝贵的经验。此外,我们新增了标注切图模块的知识点,目的是增强学生的规范意识和开发协作能力,确保设计作品能够高效地转化为实际产品。优化后的知识板块紧密地贴合市场前沿需求,实现了教育链与产业链的深度融合,确保了人才培养与企业实际需求的精准对接,真正做到了学以致用。在设定高阶目标时,我们紧跟时代需求,引入了新兴技术与设计理念,如AR虚实融合技术等,拓宽了学生的知识边界,激发了创新思维。

"数字界面设计"作为技术与艺术的交融体,其生命力在于与硬件、软件的紧密结

合以及在不同行业应用场景中的实践探索。因此,在最终章节的设置上,我们融入了数字化升级平台设计的内容,使学生能够更好地适应未来数字界面设计行业的发展需求(如表1所示)。

表1 教学内容

章节		低阶目标内容	高阶目标内容
一	数字界面概述	1.界面的含义 2.界面设计分类和特征 4.界面设计风格 5.不同设备界面设计介绍 6.图标设计	3.界面设计的策划与调研
二	品牌运营设计	1.Banner 设计	2.IP 形象设计贯穿 3.运营活动页 H5 设计
三	网页界面设计	1.网页界面设计的基本概念 2.网页界面的构成	3.网页界面的视觉设计规范 4.网页电商后台
四	移动端界面设计	1.App 界面设计概述	2.App 界面设计的基本流程与元素 3.App 界面设计原则与规范 4.切图与标注 5.微信小程序
五	数字化升级平台设计		1.VR 数字平台 2.3D 模型 3.特色交互

2.强化项目式专题训练,聚焦真题项目复盘,提升实战能力

以市场需求为驱动力,推动课程教学的创新设计。重视将应用实践与专题训练紧密结合。课程结构被划分为两大核心模块:网页端界面设计与移动端界面设计。这两个模块直接对应当前界面设计领域的就业市场热点需求,目的是确保学生掌握行业前沿技能,提升市场竞争力。在每个模块中融入真实项目案例,采用项目导向教学法,让学生在解决实际问题的过程中激发创意灵感,锻炼设计思维。

项目来源多元化(如表2所示),旨在全面促进学生实践能力与综合素质的提升:

一是服务地方文旅融合,驱动经济发展。比如,围绕武汉东湖景区的校企合作项目,针对该景区活动宣传的紧迫需求,我们决定通过实战项目演练来培养学生的策划与创新能力。学生们不仅参与了节日及活动推广的 H5 制作,还利用设计力量助力地

方文旅经济的复苏。这一过程不仅加深了学生对地方文化的理解,还推动了数字界面设计与地域文化的深度融合。

表 2 项目来源

项目来源	内容
服务地方文旅融合	围绕武汉东湖校企合作项目,同步进行节日及活动推文 H5 制作
校企联合企业案例	泰久信息系统股份有限公司项目案例
服务学校和学院设计项目	校园官网及相应官宣推文设计 "只是好物"后台搭建
校外外包项目	华南理工大学建筑设计研究院活动页外包设计项目等

二是深化校企合作,融入企业真实案例。项目直接对接企业需求,引入公司实际项目案例,使学生能够身临其境地参与到企业的设计流程中。课堂上为学生提供模拟的设计环境,让他们在实践中深刻理解行业运作模式。通过项目复盘训练,结合大厂及企业真实原型,强化案例分析与实践操作,确保学生掌握实际工作流程中的每一个环节,设计内容、目标、输出要求及思考过程均得以详尽规划。

三是服务学校,提升设计实践能力。比如,学生会配合校园官网设计,并参与相应的官宣推文设计工作。这类项目不仅为学生提供了代表学校发声的机会,增强了他们的参与感,更在实际操作中锻炼了他们的设计技能。

四是校外外包项目,强化综合能力。外包项目因其高效快捷的特性,已成为培养学生时间管理、责任感以及沟通与协作能力的有效途径。通过参与外包项目,学生将直接与客户进行沟通,准确理解客户需求,并在限定的时间内高效地完成设计任务。这一过程显著提升了学生的应变能力和专业技能,为他们将来步入社会、适应职场环境积累了宝贵经验。

3.融合 AIGC 技术,构建适应未来需求的创新课程体系

在当今时代,人工智能话题热度持续高涨,广泛渗透至社会经济的各个领域,展现出难以估量的潜力与深远的影响力。数字界面设计,作为创意与技术的融合点,正见证着人工智能以空前的速度推动一场颠覆性的变革。它不仅重塑了设计行业的格局,

还显著提升了设计流程的效率,实现了工作效率的质的飞跃,引领数字界面设计进入了高效与智能化的新时代。

在数字界面的个人项目中,可以融入 AIGC 技术的操作方法。以武汉东湖的 h5 活动设计为例,利用人工智能工具,可以自动生成活动构思的推文(如图 2 所示)。学生们可以在这些生成内容的基础上进行进一步的优化,这将大大节省构思所需的时间。

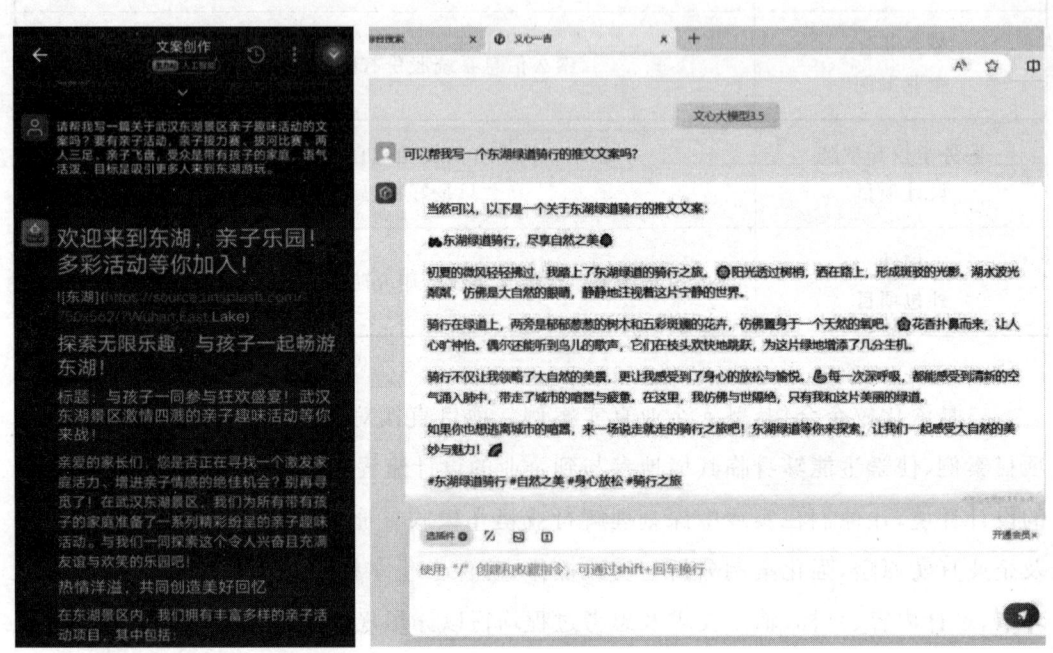

图 2　人工智能生成推文

对于分组项目,需求分析、用户分析以及确认设计风格这三个方面是不可或缺的。在后续设计流程中,我们可以巧妙地运用人工智能技术来提升设计的效率和创意水平。例如,借助 ChatGPT 或"文心一言"等先进的语言模型,我们可以迅速生成画面描述。基于这些描述,我们可以使用 Midjourney 等工具精确地提取关键词,然后采取"智能刷图＋创意垫图"的策略,高效地构建出设计初稿的框架。最终,通过设计工具对草图细节进行精细打磨,并对整体排版进行精心策划,将人工智能生成的成果与设计师的专业素养紧密结合。这种流程的优化,能够显著提高工作效率。图 3 展示了 AIGC 设计工作流程。

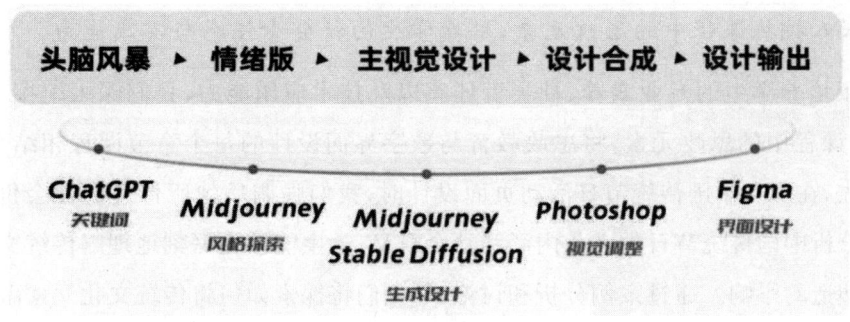

图 3　AIGC 设计工作流程

因此，借助 AIGC 人工智能技术，我们能够解决数字界面设计中创意激发和风格选择等难题。AIGC 技术能够扩充素材库，为设计师们提供大量丰富的素材资源，涵盖图片、图标、背景等多种类型。此外，AIGC 技术还能够显著节约时间成本，通过自动化生成设计元素，减少了人工处理的时间和劳动强度，从而提升了设计效率。尤其在界面设计的启动页、开屏设计以及活动页图设计等领域，人工智能展现出了广阔的应用潜力。

此外，通过整合更多前沿的人工智能工具，例如智能文本生成、项目创意激发、主题画面自动生成以及手绘辅助和交互式 UI 设计优化等，我们能够将课程的技术先进性提升至新的高度（如表 3 所示）。

表 3　AIGC 工具

项目阶段	工具需求	人工智能工具	具体应用
需求分析和规划	数据挖算工具		分析用户数据、市场趋势
产品概念设计	创意生成工具	ChatGPT、文心一言	文本描述，项目构思
信息架构	自动排版工具	motiff、galileo Al	基于人工智能的排版工具，帮助设计师优化版面和内容排列
原型制作	原型设计工具	uizard	手绘草图或文字描述来生成交互式 UI 设计，提供快速原型开发
界面设计	图像生成工具	midjourney	使用 AI 生成图标、插图等视觉元素
交互设计	用户行为预测工具		
反馈和修改	用户情感分析工具		分析用户反馈、评论等，了解用户情感，指导设计调整
开发准备	颜色配色工具		根据主题自动生成配色方案
开发和实施	自动生成代码工具		将设计稿转化为代码，如 Framer X、Sketch2React
测试和优化	自动化测试工具		模拟用户行为，测试界面的稳定性和性能
发布和维护	内容生成工具	ChatGPT、文心一言	帮助自动生成某些类型的内容，如新闻摘要、博客文章

4. 深入挖掘课程中的思政元素，培养学生的社会责任感与实践能力

为了培养学生的专业素养、社会责任感以及技术应用能力，我们深入挖掘"数字界面设计"课程中的思政元素，将思政教育与数字界面设计的每个章节课程相结合。

首先，在引入中国传统节日活动页面设计时，我们强调品牌所传递的社会价值。通过深入分析中国传统节日的文化内涵和社会意义，学生能够更深刻地理解传统文化对品牌形象塑造的影响。通过案例分析和讨论，学生们将探索如何将传统文化元素融入设计之中，以传达企业的社会责任感和文化认同。同时，数字界面需进行有效的本土化设计，围绕东湖和黄鹤楼活动开展H5设计，深入挖掘荆楚文化，展现荆楚之美，讲述湖北故事，通过设计为地方文旅赋能。教师要引导学生关注地域文化，思考本地文化的保护与传承。

其次，在强调视觉设计规范的过程中，可以培养学生的团队协作意识。通过引入团队项目与合作任务，学生将学会与他人协作，共同完成设计任务。同时，课程中会着重强调设计规范的重要性，教导学生如何遵循行业标准和规范，以确保设计作品的质量和一致性。

此外，我们将着重强调用户体验和人文关怀，并探讨设计行业的演变及发展趋势。通过深入分析用户需求和行为模式，学生们将掌握如何设计出既充满人文关怀又用户友好的界面。

通过实施这样的课程改革，我们致力于构建一个充满人文关怀、文化底蕴和技术革新的教学环境。学生将不只是技术的使用者，而是具备社会责任感和文化传承使命的创新设计人才。这样的课程设置旨在点燃学生对专业的激情，培育他们对社会的责任意识和担当精神，同时推动荆楚地区本土文化的保护与可持续发展（如表4所示）。

表 4　课程思政融入点

授课内容	思政映射与融入点	案例主要内容
一、数字界面概述	终身学习、设计师国际视野	1.介绍数字界面的发展历程、设计风格等，引导学生关注设计新趋势，持续学习进步 2.引入跨文化设计实例，展示不同国家和文化背景下的数字界面设计创新。通过对国际设计趋势的分析和讨论，培养学生的国际视野和跨文化交流能力
二、H5界面设计	地域文化传承	1.东湖专题页面，设计赋能地方文旅，引导学生关注地域文化，思考如何保护和传承本地文化

续表

授课内容	思政映射与融入点	案例主要内容
三、网页界面设计	工匠精神、职业精神	1.强调网页界面的视觉设计规范,引导学生从工匠精神的角度审视网页界面设计。强调追求卓越、精益求精、注重细节和匠心独运的重要性 2.引导学生在团队合作中体现出职业精神,讨论如何与其他设计师、开发人员和客户紧密合作,实现共同的设计目标
四、移动端界面设计	职业精神、团队意识、人文关怀	1.引入团队项目实践,让学生在实际项目中体验团队协作的重要性,通过合作完成移动端界面设计,培养学生的团队意识和协调能力 2.在移动端界面设计中,强调用户体验的人文关怀,讨论如何设计界面以满足用户的需求,考虑用户的情绪和感受,为用户提供更好的使用体验
五、数字化升级平台	科技强国、设计师国际视野	1.讨论设计行业的不断变化和发展,鼓励学生积极追踪最新的技术动态、趋势以及设计方法 2.与 AIGC 结合,引导学生深入思考技术与社会的互动关系,培养多元综合素养,迎接新技术带来的挑战

(二)教学形式

1.项目小组学习,课堂模拟公司流程

学生们依据项目主题和兴趣爱好进行分组,每组负责一个完整的数字界面设计项目。小组内部职责分明,成员们协作完成设计任务,从而培养团队合作精神。项目的执行流程包括产品功能规划、原型探索、视觉美化以及效果验证等多个关键环节,这一过程为学生们提供了宝贵的学习和实践机会。通过让学生们扮演不同的项目角色,例如产品经理、UI 设计师、前端工程师等,他们能够亲身体验并深入了解真实项目中的每一个细节,有效提升分析问题的能力、实践操作的技能以及解决复杂挑战的能力。此外,这种角色扮演模式还显著增强了学生之间的团队合作精神和有效沟通能力。

为了帮助学生更有效地融入并适应项目阶段,我们引入了一种创新的教学方法——课堂模拟公司运作流程。例如,在设计启动阶段,我们模拟公司参与需求评审的情景,引入真实的项目案例,并创建了专属群组来发布项目要求。在设计实施阶段,我们鼓励学生在小组内部进行深入讨论,共同构建初步的产品原型,并在确保框架结构合理后,输出精细的设计稿。此外,我们注重细节,引导学生进行切图标注等规范化操作,为后续的前端开发打下坚实基础。设计完成后,我们模拟前端还原与走查环节,鼓励学生主动检查设计效果(如表 5 所示)。

表 5　课堂模拟公司流程

	公司实际工作	课堂内容
设计前	1.参与需求评审,了解项目提况 2.阅读需求文档,了解需求 3.与产品经理/交互设计师沟通细节 4.提供两到三套设计构思与设计师沟通细节 5.寻找设计灵感	1.提供真实项目案例,建设计师群发布要求,根据项目,安排学生个人或分组完成 2.根据需求文档进行项目梳理,汇报项目调研及构思情况,学生投票 3.提供两到三套设计构思,并与设计师沟通细节 4.多平台寻找设计灵感
设计中	1.根据需求有序输出设计稿 2.汇总设计规范与组件 3.切图与标注 4.设计验收	1.小组讨论完成初步原型,逻辑框架合理后输出设计稿 2.根据设计稿撰写相应规范 3.切图与标注 4.提交公司前端并沟通
设计后	1.前端还原走查 2.字体/色彩/间距还原度 3.数据复盘/迭代设计	1.前端完成初步视觉稿开发 2.学生检查效果并用文档汇总与设计不一致的地方 3.二轮检查并进行迭代设计

2.企业合作教学,"教师+设计师"联合指导

针对前期的企业项目,学生们可以在企业导师的指导下,参与实际项目的设计与实施,深入了解行业需求和规范。例如,结合深圳泰久信息系统股份有限公司的真题,项目设计师通过微信平台进行沟通指导。同时,我们邀请行业设计师、开发人员以及 AI 技术人员组成校外导师团队,为学生提供线上指导。

教师通过设计合理的过程考核机制来引导学生自主地进行知识转化和成果创作。① 在课程作业的评价体系中,我们引入了多元化的评价机制,打破了传统上仅由教师进行评价的单一格局。通过邀请企业设计师参与分享会和提供作品修改建议,我们确保了作业评价不仅涵盖了课堂知识,还融入了丰富的行业实践经验。这种"教师+设计师"联合指导与评价模式,巧妙地融合了教师的专业理论知识和企业设计师的实际操作经验,为学生打造了一个全面、立体的学习反馈网络。这确保了教育成果与社会需求的紧密对接,真正实现了"1+1>2"的协同效应。

---

① 张平,陈菁.设计服务社会:成果导向教学模式应用研究:以"数字界面设计"课程为例[J].数字通信世界,2021(9):273-274.

(三)教学方法

1.以项目任务为驱动展开教学

我们针对每个项目精心设计了项目任务单。该任务单不仅清晰标注了项目需求与关键时间节点,还紧密关联了核心知识点与明确的实训目标。以下为学生参与的实际项目。项目1:东湖樱花节H5设计,聚焦于创意H5活动策划,目的是培养学生的创意思维与实战能力,覆盖H5设计、活动策划及视觉传达等核心知识点(如图4所示)。项目2:学校官网设计,学生需要设计一个符合标准的学校官方网站,并深入理解网页界面的尺寸和设计规范,培养网页设计的专业素养与实践技巧,涉及网页设计、界面尺寸规范及用户体验等要素(如图5所示)。项目3:只是好物电商平台,学生搭建并管理好物平台,上传产品页,旨在让学生熟悉淘宝后台规范,为学生提供有利的就业方向。相关知识点包括电商平台设计、产品页优化及淘宝后台操作等(如图6所示)。这种项目单模式,明确划分了各个项目的需求与目标,帮助学生在实践中全面提升设计技能,并为将来的就业打下坚实的基础。

图4 东湖樱花节H5设计

图 5　学校官网重构

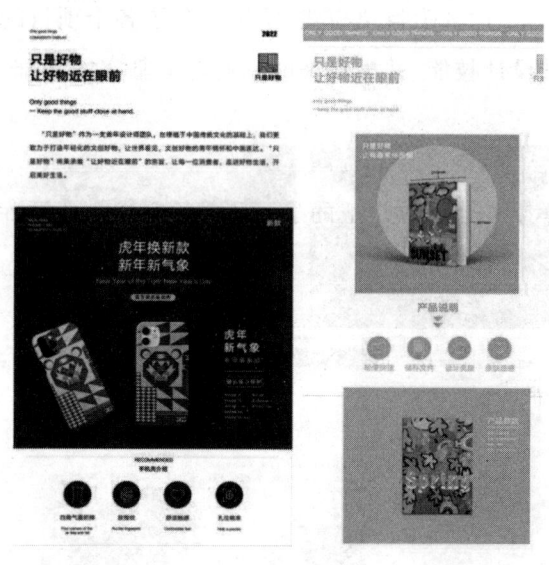

图 6　只是好物电商平台

2.融合案例分析、拆解法、团队协作与角色扮演：打造灵活多元的教学新生态

通过分析真实的数字界面设计案例，学生能够洞察到成功案例背后的原理以及失败案例的缺陷，进而提升他们的设计思维和决策能力。采用拆解法，将每个界面细分为 UI 视觉设计和 UX 交互设计两个核心部分。在视觉设计方面，从图文尺寸、对齐方式、边距、视觉焦点、界面风格等方面进行细致分析；而在交互设计方面，则从功能完整性、按钮互动状态、界面架构关系等方面进行深入探讨。通过这种方法，指导学生更有针对性地进行界面再设计。对于团队合作项目,组织学生分组,协作解决设计难题或完成项目任务,以增强他们的团队协作能力和沟通技巧。此外,通过设计情景模拟,让学生扮演各种角色,不仅提升了教学的趣味性,而且有助于学生更深入地理解用户需求和设计思维(如图7所示)。

用户角色扮演	用户场景模拟	设计师角色扮演	设计评审角色扮演
设计一个情境,要求学生**扮演不同类型的用户**。学生需要从所扮演的用户角度出发,思考他们的需求、偏好和使用习惯。	创建**真实的用户场景**,在特定的情境中扮演用户。例如,学生可以模拟购物网站的**用户体验**,从浏览商品到下单付款,体验完整的用户流程。	学生分组,每组分配特定**设计师角色**,如用户界面设计师、交互设计师、视觉设计师等。要求根据自己所扮演的设计师角色,负责不同方面的设计工作。	**模拟设计评审会议**,学生分别扮演**设计师和客户**角**色**。设计师解释自己的设计理念,客户提出反馈意见,帮助学生锻炼沟通和解释设计的能力。

图 7 角色扮演教学法

(四)构建一个综合、多样且层次丰富的数字界面设计教学资源库

在构建教学资源库的过程中,必须追求更高的科学性和合理性,以确保能够满足学生在各个层次上的学习和成长需求。资源库应包含以下方面:

1.数字与人工智能的工具

提供必要的数字化设计工具,包括设计软件的安装指南、使用教程以及工具下载链接。除了常见的设计软件外,我们还可以引入一些新兴的人工智能设计工具,例如自动化布局生成器、图像生成工具等,以助力学生更高效地完成设计任务。

2.教学资源

覆盖从基础知识到高级技能的各个层面。这些资源包括电子书籍、学术论文、案例分析、视频教程等多种形式,供学生在线阅读和下载。

3.在线学习平台

通过学习通平台,教师可以上传教学资源、发布课程内容、接收和评估学生的作业,同时促进学生与教师之间的交流互动,从而实现教学过程的数字化和信息化管理。

4.定期举行腾讯会议,邀请设计师参与学生的讨论并进行作业点评

通过这种方式构建一个科学合理、内容丰富且多样化的教学资源库,旨在为学生提供更优质、更个性化的学习支持。

结　语

在探寻应用型人才专业能力培养的新途径时,我们发现仅依靠传统课堂教学已无法充分满足行业对人才综合素质的高标准要求。因此,必须将项目实战深度整合进教学体系,以实现理论知识与实践技能的深度融合和相互促进。本次"数字界面设计"课程教学改革聚焦于项目式专题训练的强化,通过精心设计的项目案例,让学生解决真实问题,同时引入 AIGC 技术,拓宽学生的学习视野与实践边界,推动 UI 设计专业跨学科人才的培养。① 在教学过程中,我们重视通过小组学习和企业合作来丰富教学方式,结合案例分析和团队协作等多样化手段,以提高教学成效。这些教学改革的目标是培养学生的实践技能、创新思维和社会责任感,使他们能够适应数字化时代的设计需求,并为他们将来的市场就业奠定坚实的基础。

（赵雅婷,武汉传媒学院讲师）

---

① 陈碧璐,蒋剑平.UI 设计课程跨学科协同教学模式的探讨[J].湖南包装,2020:155-158.

图书在版编目(CIP)数据

中国传媒教育观察.2024/赵倩主编.--北京:中国传媒大学出版社,2024.12.
ISBN 978-7-5657-3821-0

Ⅰ.G206.2

中国国家版本馆CIP数据核字第2024XD9509号

中国传媒教育观察(2024)
ZHONGGUO CHUANMEI JIAOYU GUANCHA(2024)

主　　编	赵　倩
策划编辑	黄松毅
责任编辑	欧丽娜
封扉设计	拓美设计
责任印制	李志鹏
出版发行	中国传媒大学出版社
社　　址	北京市朝阳区定福庄东街1号　　邮　编　100024
电　　话	86-10-65450528　65450532　　传　真　65779405
网　　址	http://cucp.cuc.edu.cn
经　　销	全国新华书店
印　　刷	唐山玺诚印务有限公司
开　　本	787mm×1092mm　1/16
印　　张	14.25
字　　数	278千字
版　　次	2024年12月第1版
印　　次	2024年12月第1次印刷
书　　号	ISBN 978-7-5657-3821-0　　　　定　价　68.00元

本社法律顾问:北京嘉润律师事务所　郭建平